大家说历史

"开皇之治"与"贞观之治"

王永兴说隋唐

王永兴 著

生活·讀書·新知 三联书店

Copyright © 2019 by SDX Joint Publishing Company
All Rights Reserved.
本作品版权由生活·读书·新知三联书店所有。
未经许可,不得翻印。

图书在版编目(CIP)数据

"开皇之治"与"贞观之治":王永兴说隋唐 / 王永兴著. —北京:生活·读书·新知三联书店,2019.6
(大家说历史)
ISBN 978-7-108-06213-0

Ⅰ.①开… Ⅱ.①王… Ⅲ.①中国历史-隋唐时代-通俗读物 Ⅳ.①K240.9

中国版本图书馆 CIP 数据核字(2018)第 021489 号

特约编辑	赵 元	
责任编辑	杨柳青	
封面设计	陈乃馨	
责任印制	黄雪明	
出版发行	生活·讀書·新知 三联书店	
	(北京市东城区美术馆东街22号)	
邮 编	100010	
印 刷	常熟市文化印刷有限公司	
版 次	2019年6月第1版	
	2019年6月第1次印刷	
开 本	650毫米×900毫米 1/16 印张 23	
字 数	258千字	
定 价	58.00元	

总 说	敦煌吐鲁番文书与唐史研究	3
	敦煌吐鲁番出土唐代官府文书中"者"字的性质和作用	11
	宋本《大唐六典》	33
分 说	杨隋氏族	39
	唐太宗经营西北的策略	56
	唐代前期的河西节度	79
	朔方军	114
	韦皋在唐和吐蕃、南诏关系中的作用	128
	唐代均田制	153
	差科簿	175
	唐代色役制	210
	唐代土贡	241
	中晚唐的估法和钱币	256
	勾检制	280
	流外官	295
	关于《唐律疏议》中三条律疏的修改——读唐律札记	317

附 录	附录一 种花留与后来人	325
	——陈寅恪先生在清华二三事	
	附录二 陈寅恪先生"读书不肯为人忙"述义	335
	附录三 王永兴先生事略	349
	附录四 主要论著目录	358

| 后 记 | | 365 |

总说

敦煌文书是出自甘肃敦煌（唐代沙州敦煌县）莫高窟藏经洞的一大批古文书。这批文书大多是手写本，也有极少数是刻印的；其时间上自十六国，下至北宋初期；这批文书大多是汉文的，也有少数是其他文字。大约在19世纪末，看守莫高窟的王道士偶然发现了长时期封闭的藏经洞，于是少数文书流散出来。1907年，英国派遣的斯坦因来到敦煌，进入藏经洞，把我国的宝贵文化遗产，成包成箱地盗劫而去。斯坦因盗劫的这一大批敦煌文书现藏于英国伦敦的大英图书馆。1908年，法人伯希和来到敦煌，又盗走了一大批敦煌文书。这批文书现藏于法国巴黎国家图书馆。劫后的藏经洞中的古文书，1910年由清学部运来北京，在运送途中以及运到北京后，又被李盛铎等盗窃。这批文书现藏北京的中国国家图书馆。李盛铎还将所盗得的敦煌文书中较好的一批售与日本人，以后又售出一批。日本人橘瑞超等也在斯坦因、伯希和之后到敦煌劫购，因而在日本的龙谷大学等图书馆中也藏有一些敦煌文书。另外，在俄罗斯也有一些。

吐鲁番文书是出自新疆吐鲁番等地（唐代西州）古墓中的一大批古文书。20世纪初，长期埋藏于地下的珍贵文书流散出来。此后，一些外国人劫走一大批吐鲁番文书，现藏于日本龙谷大学及国外各地。

1959年以后的十几年中，我国考古工作者在

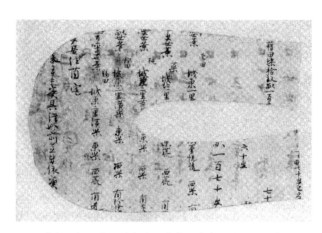

唐贞观年间的西州高昌县手实。手实是唐代居民自报户口、田亩以及本户赋役承担情况的表册,是编造户籍的基础

吐鲁番地区先后发掘清理了一大批古墓,获得了从晋到唐代的大量珍贵文书。

现有的敦煌吐鲁番文书有数万件,涉及的学术研究领域是多方面的,如宗教、哲学、语言、文学、美术、音乐、历史、地理、天文、历法、数学、医学等等。在这里,我讨论的只限于唐史。

我国开始研究敦煌文书是在1909年,第一部敦煌资料录文集是《敦煌石室遗书》(罗振玉编)。从1909年至今,研究者也同时研究吐鲁番文书。从1981年《吐鲁番出土文书》(国家文物局古文献研究室、新疆维吾尔自治区博物馆、武汉大学历史系编)出版后(现已出版十册),吐鲁番文书研究与敦煌文书研究比较普遍地开展起来。

敦煌吐鲁番文书是我国宝贵的文化遗产。在这一大批遗书中,唐代的最多。它们是研究唐史最重要的资料。把敦煌吐鲁番文书与《唐六典》、《通典》、《唐会要》、两《唐书》、《通鉴》等等史籍以及有关唐史的文献资料结合起来进行研究,已经使我们在唐史研究上取得了成绩,今后还会取得更大的成绩。以下就两个方面论述敦煌吐鲁番文书与唐史研究。

首先,敦煌吐鲁番文书为研究唐史提供了丰富的资料。敦煌吐鲁番文书的内容非常丰富,它包括法制文书、官府文书、田制文书、户籍、手实、差科簿以及与计账有关的资料、赋役制文书、寺院经济资料、各种契约以及有关公廨钱等等的资料。这样大量的多方面的资料,都是唐人记唐事,它们是研究唐史的原始材料,因而具有很高的史料价值。这样的资料是研究唐史不可缺少的。

例如律、令、格、式是法制文书的主体。《唐律》被完整地保留下来,但令、格、式大多已亡佚。保存在《唐律疏议》《唐六典》《通典》《唐会要》等书中的令、格、式,大多已不是完整的原貌。因此,敦煌文书中的唐《公式令》、唐神龙《刑部散颁格》、唐开元《水部式》等等,虽然都有残缺,但都能使我们看到唐令、格、式的大致原貌。这些令、格、式为研究者提供了有关唐官制、法制以及有关唐水利灌溉等多方面的原始史料,可补一般史籍文献之不足。在田制、赋役制等方面,敦煌吐鲁番文书的价值也是如此。

其次,就一些重大研究课题而论,敦煌吐鲁番文书使这些课题的研究取得了重要进展。兹举二例:

唐代均田制是我国史学界多年研究的重要课题,取得了成绩。但唐代均田制是否实行了?是否按照唐《田令》规定的那样实行了?这是中外学者热烈讨论的问题,但长期得不到一致的意见。20世纪50年代末,吐鲁番文书中的退田文书、欠田文书和给田文书公布了。这一大批资料证明,唐代均田制确实实行了,而且基本上是按照唐《田令》规定那样实行的。

唐武德七年《田令》规定:

> 世业之田,身死则承户者便授之;口分则收入官,更以给人。(见《旧唐书》卷四八《食货志》)

唐开元七年《田令》规定:

> 凡应收授之田,皆起十月,毕十二月。(见《唐六典》卷三"户部郎中员外郎"条)

> 若应收授之田,皆起十月,里正勘造簿历;十一月,县令亲自给授,十二月内毕。(见《唐六典》卷三〇"县令之职"条)

两次《田令》中规定的"收田"(从受田农民方面讲就是"退田")、"授田"(也就是"给田",从受田农民方面讲就是"受田"),是实行均田制的两个重要环节。每年十月授田,授给谁呢?授给那些欠田丁。所以,要了解均田制是否真的实行以及实行的具体情况如何,最要紧的就是要找到关于退田、给田以及欠田的具体记录。然而,这样的具体记录在一般的史籍文献中是难以找到的。在这一点上,保留至今的敦煌吐鲁番文书中的退田文书、给田文书和欠田文书恰好是当时的具体记录,为解决这一问题提供了大量的资料。

日本学者池田温著《中国古代籍帐研究》录文部分刊载吐鲁番出土的开元二十九年前后西州高昌县退田簿及有关文书七十六件。兹移录两户退田文书如后:

6. 户张阿苏剩退壹段壹亩永业(常田)城西拾里武城渠
   东至道　西张伯　南至道　北靳阿患
7. 壹段叁亩永业(常田)城东肆拾里柳中县屯续渠　东范
   西至渠南至渠　北王素
8. 户大女赵大观死退壹段贰亩永业(常田)城西贰里孔进
   渠　东赵住子西严君助　南至渠　北至渠
9. 壹段贰亩永业(部田)城西拾里芳其渠　东至渠　西至
   渠　南易田北鞠延亮
10. 壹段壹亩永业(部田)城西柒里坚石渠　东赵横　西至
    渠　南鞠悦北至渠

同上书又载吐鲁番出土的唐开元二十九年前后西州高昌县欠田簿二十九件,兹移录四行如下:

1. 宁昌乡
2. 合当乡第九第八户欠田丁中总一百人
3. 八十七人第九户
4. 康大智 二丁欠常田二亩 部田四亩　　刘威感 二丁欠常田二亩 部田三亩

   申屠嗣嘉 丁欠常田二亩 部田四亩

同上书又载吐鲁番出土唐开元二十九年西州高昌县给田簿六十四件。兹移录一段如下:

11. 壹段贰亩(枣)　城东卌里柳中县　东县令　西还公

南渠　北还公
12. "戎""给　王　泥　奴　充'泰'"
13. 曹善八壹段叁亩(部田)城西五里胡麻井渠　东渠　西张龙虎　南张钦北田种欢
14. "给'西'马　难　当　充'天'"

　　这一大批欠田文书、退田文书、给田文书都是距今一千多年以前实行均田制的实际记录,长期埋藏在地下,未经任何变动,是完全可靠的。这一大批文书完全证实了唐《田令》中规定的退田、给田是实行了的,均田制是实行了的。至于授田亩数严重不足等等,那是均田制实行过程中的问题。

　　此外,勾检制也是唐代官制研究中的一个重要问题,它既是唐代官制的特点,也是优点。史籍及文献中多处记载了这一制度,如《唐律疏议》卷五《名例律》"诸同职犯公坐者"条略云:

　　检勾之官,同下从之罪。
　　〔疏〕议曰:检者,谓发辰检稽失,诸司录事之类。勾者,署名勾讫,录事参军之类。

《唐六典》卷二"吏部尚书侍郎之职"条云:

　　凡同事联事及勾检之官,皆不得注大功已上亲。

但勾检制是否实行了?怎样实行的?敦煌吐鲁番文书中有关勾检的记载则肯定地、具体地回答了这一问题。如周长安三年(703)三月括逃使牒并敦煌县牒(大谷二八三五)(见池田温《中

国古代籍帐研究》),这一文书记述了对沙州逃户的处理问题。文书的最后部分有下列两行:

42. 三月十六日受牒,即日行判,无稽。
43. 录事　　检无　稽　失。

又如同上书载周长安三年三月敦煌县录事董文彻牒(大谷二八三六),这一文书记述了董文彻建议点阅紫子及布的缉绩。文书最末部分有下列两行:

32. 三月一日受牒,二日行判,无稽。
33. 录事张　　检无　稽　失。

这些检勾记录证明,唐代的勾检制是确实实行了的。

由以上的例子,我们可以看出,唐中央政府所制定的制度,在西北边远地区也得到贯彻执行。《田令》是唐中央政府制定的,欠田文书、退田文书、给田文书是西州的,这三种文书恰恰是《田令》实行的原始记录。勾检制是唐中央政府制定的,沙州文书是勾检制实行的原始记录。唐朝这个统一的中央集权的多民族的国家,不仅在关中地区、中原地区,即使在西北地区也同样贯彻执行了她的政令。因此敦煌吐鲁番文书中的田制文书以及户籍、手实、差科簿等等,不只是解决唐西边和西北边远地区有关问题的重要史料,也可以用来解决关中地区、中原地区以及其他地区的相同或相类的问题。

敦煌吐鲁番文书不仅证实了唐朝制定的律令得以实施,还证实了传世的有关唐史的史籍文献,如《唐六典》、《通典》、《唐会要》、两《唐书》等等是基本上可信的史料。当然,使用这些史籍文献,需要校勘考据和分析整理。

总之,敦煌吐鲁番文书是研究唐史所不可缺少的宝贵资料。充分利用这些资料,会使我们的研究工作向前推进一大步。

敦煌吐鲁番出土唐代官府文书中"者"字的性质和作用

近几年读敦煌吐鲁番文书,注意其结构及遣词用字,在语法语义上颇有难解者,因而也使文书内容难于理解。努力钻研之后,略有心得,"者"字的用法即是一例。

《吐鲁番出土文书》第九册载《唐开元二十一年推勘天山县车坊翟敏才死牛及孳生牛无印案卷》(七)[73 TAM 509∶8/28-1(a)]的前十五行云:

(前　缺)

1. □□□□四月末□□□□见

2. □□讠□□□科者。又款:其牛为未食青草

3. □长官□□□分明,敏才实不回换。又坊内东人,自从十

4. 七年配入坊□□□改动。实若回换,□坊岂能减口?请

5. 问即知者。又□□□牛为小,附帐渐大,经年毛色改转,所□不

6. 同,实是□□□生牛者。又款:如后食青草饱,毛退,检无印

7. 者,情愿陪上牛者。频问不移,依问车坊镇兵鱼二朗等四人,得

8. 款:自配入坊已来,经今四年,实是官牛,亦

不曲相扶抱,如后有

9. 人纠告一事参差,求受重罪者。又款:自到坊已来,不曾见印

10. 牛是实,亦不见回换者。又问翟敏才得款:所交牛数六岁已上

11. 吃青饱毛退,检无印者,求受重罪者。摄丞判奉牒,令推此牛,颇

12. 亦穷其巢穴,或有州印明验,或有毛长印无,所由礭(确)款有词,

13. 东兵众称不换。请至饱青呈验无印,科罪甘心。途穷计日非赊,

14. 理贵尽其词款。牒坊请所由官,数加巡检,至四月末来,毛落堪

15. 检覆,仰即状言。仍准前录申听裁者。

上引十五行文书共用十个"者"字。这些"者"字在文书内容上和语法上起着什么作用呢?杨树达先生在《词诠》一书中列举古代史籍文献上"者"字的用法有八类。上引文书六至七行及十一行"检无印者"两个"者"字,为遇夫先生指出的指示代名词。其余八个"者"字的作用基本上均可以遇夫先生所说的"语末助词,助词或句,表提示"来解释。这八个"者"字均在句末,均处于助词的位置,如上引文书七至九行:"依问车坊镇兵鱼二朗等四人,得款……求受重罪者。"这个"者"字处于句末助词的位置,它提示的是"得款"的"款",即鱼二朗等人之款的全部,即从"自配入坊已来"至"求受重罪"两句三十四字。如果不用"者"字,而代之以"云云",即得款"自配入坊已来……求受重

罪"云云,是完全可通的;或在首尾加引号,即得款"自配入坊已来……求受重罪",也是完全可通的。据此分析,这个"者"字的作用相当我们今天使用的"云云"或首尾句引号的作用。又如九至十行"又款:自到坊已来,不曾见印牛是实,亦不见回换者",这个"者"字的作用与上述"者"字相同,此字所提示的是"又款"之"款",即"自到坊已来"以下全句。这个"者"字可以"云云"或首尾句引号代替。以上分析两个"者"字之前的记述,应是款的原文或原文的简略,但如果是款的大意,则该"者"字只能相当"云云"了。其余二行、五行、六行、十一行、十五行六个"者"字的作用,均可用以上分析而推论得之,不赘述。

又《吐鲁番出土文书》第九册载《唐开元十九年唐荣买婢市券》,兹移录六至十行:

6. 开元拾玖年贰月　日,得兴胡米禄山辞:今将婢失满儿,年拾壹,于
7. 西州市出卖与京兆府金城县人唐荣,得练肆拾匹。其婢及
8. 练,即日分付了,请给买人市券者。准状勘责,问口承贱
9. 不虚。又责得保人石曹主等伍人款,保不是寒良诱
10. 等色者。勘责状同,依给买人市券。

给市券文书中引了米禄山辞和保人石曹主等五人款。辞与款的内容不难区分。从六行"今将失满儿"至八行"者"字之前是米禄山辞的内容。从九行"款"字之后到十行"者"字之前是石曹主五人款的内容。八行与十行两个"者"字均用于句末。米禄山辞是原文或原文的简略,八行的"者"字的作用为提示米

禄山辞,可代之以"云云"或句引号。石曹主五人款只是大意,十行的"者"字的作用为提示款文大意,相当于"云云"。

唐官府文书中的有些"者"字不只具有上文所说的作用,还可显示文案检判的层次与过程。兹举下列文书为例,加以分析。《吐鲁番出土文书》第九册载《唐开元二十一年西州都督府案卷为勘给过所事》,其五十至六十五行云:

50. 高昌县　　　　　为申麴嘉琰请过所所由具状上事
51. 　　陇右别　　　敕行官前镇副麴嘉琰,男清年拾陆。奴乌鸡年拾贰,婢千年年拾叁,已上家生。
52. 　　　　作人王贞子年贰拾陆,骆敬仙年贰拾叁。驴拾头八青黄、二乌、马壹匹骝。
53. 　　　　右被符称,得上件人牒称:今将前件人畜等往陇右。恐所在关镇守捉,不
54. 　　　　练行由,请给过所者。麴嘉琰将男及作人等赴陇右,下高昌县勘责。去后何
55. 　　　　人代承户徭?并勘作人是何等色?具申者。准状责问,得保人麴忠诚等
56. 　　　　五人款:麴琰所将人畜,保并非寒盗诓诱等色者。又问里正赵德宗,款:上
57. 　　　　件人户当第六。其奴婢先来漏籍,已经州司首附下乡讫。在后虽有小男
58. 　　　　二人,并不堪只承第六户。有同籍弟嘉瓒见在,请追问能代兄承户否?
59. 　　　　其驴马奴婢,并是琰家畜者,依问弟嘉瓒,得款:兄嘉琰去后,所有户

60. 繇一事以上,并请嘉瓚只承,仰不阙事者。依问鞠琰,得款:其作人王贞子、

61. 骆敬仙等,元从临洮军来日雇将来,亦不是诸军州兵募,逃户等色

62. 者。依问王贞子等,得款:去开元廿年九月,从临洮军,共鞠琰驱驮客作到

63. 此。今还却共鞠琰充作人,驱驮往临洮军。实不是诸军州逃兵募、

64. 健儿等色者。鞠嘉琰请将男及人畜等往临洮军,请过所。勘责

65. 状同,录申州户曹听裁者。谨依录申。

以上十六行文书是一件基本完整的状,即高昌县上西州都督府的状。第五十行是状的开始,第六十五行是状的结束。状中有符,符中有牒;状中又有五件款,内容比较复杂。但由于我们理解"者"字在文书中的作用,据"者"字,我们可将检案过程逐层次揭开,文书的结构也就清晰明确地展示出来。以下按文书顺序分析。

文书五十三行"右被符称"之符乃西州都督府下高昌县之符,此高昌县状中语也。同行"得上件人牒称"之牒乃鞠嘉琰上西州都督府之牒。此下则为符中复述牒文大意,至五十四行"者"字止。此"者"字提示自五十三行"今将"起至五十四行"请给过所"止之两句二十五个字。此为"者"字在语法上的作用。此"者"字也是检案判案过程的第一层次的标志。文书五十五行"具申者"的"者"字提示前此自五十四行"鞠嘉琰"起的两句三十六个字。此两句三十六字乃西州都督府符中语原文。

此"者"字也是检案判案过程第二层次的标志。五十六行"筹色者"的"者"字提示本行"五人款"后一句,乃高昌县状中复述麹忠诚等人款的大意。此"者"字也是检案判案过程第三层次标志之一。五十九行"家畜者"的"者"字提示里正赵德宗款的原文五句六十七字,乃高昌县状中复述里正赵德宗款原文。此"者"字也是检案判案过程第三层次标志之二。六十行"不阙事者"的"者"字提示麹嘉瓒款文大意,乃高昌县状中复述麹嘉瓒款文。此"者"字也是检案判案过程第三层次标志之三。六十一至六十二行"等色者"的"者"字提示六十行"得款"后一句三十二字,乃高昌县状中麹琰款文大意。此"者"字也是检案判案过程第三层次标志之四。六十四行"等色者"的"者"字提示自六十二行"得款"后三句四十八字,乃高昌县状中麹琰款文大意。此"者"字也是检案判案过程中第三层次标志之五。六十五行"听裁者"的"者"字提示六十四行"麹嘉琰"后两句二十八字,乃高昌县状原文。此"者"字也是检案判案过程第四层次的标志。

以上详细分析了"者"字在语法上和文案结构(也是文书结构)上的用法与作用,我们可以分析的结果为钥匙来解读内容结构很复杂的文书,并纠正有些研究者对文书的错误理解。

《吐鲁番出土文书》第八册载《唐西州高昌县牒为盐州和信镇副孙承恩人马到此给草蹹事》云:

(前　缺)

1. ☐☐☐☐ 右 军 子 将 温(盐)州和信镇副、上柱国赏绯鱼袋孙承恩

2. 柳中县被州牒:得交河县牒称,得司兵关得天山已西牒,递

3. □□件使人马者，依检到此，已准状，牒至，给草踏者。依检到此
4. □准式讫牒上者，牒县准式者，县已准式讫，牒至准式谨牒。

（后　缺）

永兴按，上引文书的标点断句均为原编者所加，错误多处，下文详说。

"者"字的作用如何是理解这件文书内容和结构的关键。"者"字表明引文的结束。据此可以判定每一牒一关的内容，恰似剥芭蕉，逐层剥析，将牒之内容还牒，关之内容还关，而可条分缕析这件文书。

文书记载：柳中县接到了西州的牒，牒文中说接到交河县的牒，县牒（当然是司仓牒）称接到司兵关，交河县司兵关称接到天山（县）以西来的牒。这个"天山已西牒"要求递□□件使人马者，即要求给孙承恩人马递料草踏。第一个"者"字（三行）之前的"递□□……"是对"天山已西牒"的复述，交河县司兵关称接到天山已西的牒有这样的内容。接着，司兵给交河县司仓的关中说：经检查知孙承恩已至此地，要司仓准状给草踏。第二个"者"字（三行）是对交河县司兵关的内容的提示。交河县司仓给州的牒中称："依检到此，（已）准式讫，牒上。"第三个"者"字（四行）提示了交河县牒西州的内容。第四个"者"字（四行）提示了柳中县接到西州牒的内容。接着，柳中县上牒表示已准式。文书后残第五行应为某年某月某日柳中县典某牒。

另件文书与此件文书的关系极为密切，有可能是此件文书中所说的"天山已西牒"，故附此略论之。同书载《唐西州高昌

县牒为子将孙承恩马匹草踏事》云：

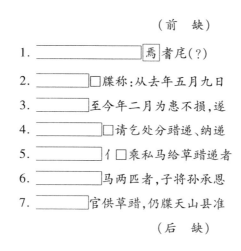

文书后缺，其下当为仍牒天山县准式。据此牒，知孙承恩从焉耆向东行，经过大碛路，首先经过西州境内的是天山县，文书中要求天山县给孙承恩草踏。结合上文分析，我认为，这件牒文即"天山已西牒"或与"天山已西牒"很有关系。原编者将这件文书置于后，前引文书置于前；但从两件文书内容看，这件"天山已西牒"或与"天山已西牒"有关文书应在前，而已行至柳中的文书应在后。

再回到前文引孙承恩到柳中县文书上来。"者"字在该文书中是我们解开其牒中套牒的锁链的一把钥匙，也是唯一的一把钥匙。根据以上分析，我们完全可以将前引文书重新标点。

（前　缺）

1. ＿＿＿＿右军子将、温（盐）州和信镇副、上柱国、赏

绯鱼袋孙承恩

2. 柳中县被州牒：得交河县牒称，得司兵关，得天山已西牒："递
3. □□件使人马"者。"依检到此，已准状，牒至，给草踏"者。"依检到此，
4. □准式讫，牒上"者。"牒县准式"者。县已准式讫，牒至，准式，谨牒。

（后　缺）

除引号新加外，我的标点与原编者的标点主要不同有三处：一为三行"人马"之后的"者"字，二为四行"牒上"之后的"者"字，三为四行"准式"之后的"者"字。我在这三个"者"字之后均加句号，原编者在这三个"者"字之后均加逗号。按照我的标点，这三个"者"字分别是三段（或句）的结束。据"者"字，我们可以判定"递□□件使人马"是"天山（县）已西牒"的内容，"依检到此，已准状，牒至，给草踏"是交河县司兵关的内容，"依检到此，(已)准式讫，牒上"是交河县司仓牒的内容，"牒县准式"是西州牒的内容。这样，文书内容的层次就很分明了。一件复杂的涉及多数官府多数牒、符等的文案就可一目了然。唐人可以据此明晰文案，我们也可据此将牒之内容还牒，符之内容还符，将复杂的文案分析明白，把文书读懂。

以上论述只是"者"字的一项主要作用，但"者"字对我们理解唐官府文书的帮助并不止此，它还能：

（一）使我们具体理解唐文案的判申情况

《大谷文书集成》壹载《周长安二年十二月敦煌县豆卢军死马肉处分案》（大谷二八四〇）云：

1. 豆卢军　　　牒敦煌县
2. 　军司　死官马肉钱叁阡柒佰捌拾文
3. 　壹阡陆佰伍拾文索礼　壹佰陆拾文郭仁福
4. 　叁佰文刘怀委　叁佰文氾索广
5. 　壹佰玖拾文马楚　叁佰叁拾文唐大瑰
6. 　壹佰伍拾文阴琛（出索礼）　叁佰文王会
7. 　肆佰文张亮
8. 牒,被检校兵马使牒称,件状如前者。
9. 欠者,牒敦煌县请征,便付玉门军,仍
10. 牒玉门军,便请受领者。此已牒玉门
11. 讫。今以状牒。牒至,准状,故牒。
12. 　　　长安二年十二月十一日典画？怀牒

（以下十三至二十一行为敦煌县判,从略）

全文书包括两部分,即豆卢军典致敦煌县牒和敦煌县判,构成敦煌县处理豆卢军死马肉案。牒文的内容复杂,它实际上包括检校兵马使下典的上牒和检校兵马使的判。八行和十行两个"者"字是理解这件文书的关键。如何理解八行"件状如前者"一句,关涉到唐官府文案的格式。兹先举出一件完整的文案,借以了解文案的格式。《大谷文书集成》壹载《周长安三年敦煌县处分逃户案》（大谷二八三五）云：

1. 　甘、凉、瓜、肃所居停沙州逃户
2. 牒,奉处分,上件等州,以田水稍宽,百姓多
3. 悉居城,庄野少人执作。沙州力田为务,
4. 小大咸解农功。逃迸投诣他州。

(中　略)

15.　　　　　此并甘、凉、瓜、肃百姓
16. 共逃人相知,诈称有苗,还作住计。若不牒
17. 上括户采访使知,即虑逃人诉端不息。
18. 谨以牒举,谨牒。
19.　　长安三年三月　日典阴永牒
20.　　付　司。辩示。
21.　　　　　十六日
22.　　　三月十六日录事　　受
23.　　　尉摄主簿　　付司户
24.　　　检案。泽白。
25.　　　　　十六日
26. 牒,检案连如前,谨牒。
27.　　　三月十　日史氾艺牒
28.　　以状牒上括逃御史。
29.　　谘。泽白。
30.　　　　　十六日
31.　　　依判,仍牒上凉、甘、肃、
32.　　　瓜等州准状。辩示。
33.　　　　　十六日

(中　略)

44.　尉摄主簿自判

(下　略)

从上引文书中可以看到,一件文案由典上牒开始,然后经过判司、通判官、长官三度判案。在这件判案过程中,根据四十四行

"尉摄主簿自判","泽"一人兼判官与通判官,"辩"是长官。总之,判案过程有两个主要层次或程序:一为典上牒,二为行判。明乎此,我们对死马肉案文书中两个"者"字的作用就可确定了。据第一"者"字(八行),"件状如前"是检校兵马使下典上牒的内容,典牒中列举了军司死马肉钱的情况,然后称"件状如前"。据第二个"者"字,"者"字之前是使司据典之牒文行判,判文云:"欠者,牒敦煌县请征,便付玉门军,仍牒玉门军,便请受领。"典牒与使判构成了"检校兵马使牒"的内容,两个"者"字,正体现了典上牒、使行判的程序。通过两个"者"字,我们可以对典牒与使判的内容更加明确。

唐官府文案中判案的情况有时十分复杂,而"者"字却能将复杂判案形式展现在我们面前。《吐鲁番出土文书》第九册载《唐开元二十一年西州都督府案卷为勘给过所事》,兹引录其中一段云:

7. 仓曹
8. 安西镇满放归兵孟怀福(贯坊州)
9. 户曹得前件人牒称:去开廿年十月七日,从此发行至柳
10. 中,卒染时患,交归不得。遂在柳中安置,每日随市乞食,养
11. 存性命。今患得损,其过所粮递并随营去。今欲归贯,
12. 请处分者。都督判付仓检名过者。得仓曹参军李克勤
13. 等状,依检案内去年十月四日得交河县申递给前件人程粮,
14. 当已依来递牒仓给粮,仍下柳中县递前讫有实者。安西
15. 放归兵孟怀福去年十月已随大例给粮发遣讫。今称染

16. 患久在柳中,得损请归,复来重请行粮,下柳中县先有给
17. 处以否?审勘检处分讫申,其过所关户曹准状者。
18. 关至,准状,谨关。
19.   开元廿一年正月廿一日
20. 功曹判仓曹九思   府

这件文书中有四个"者"字,它们展示了文案的判付过程。十二行"请处分者"的"者"字之前是孟怀福上户曹牒的内容,他请求过所及递粮;同行第二个"者"字之前的"付仓检名过"是都督判文。这样,这份文案就由户曹转至仓曹。仓曹现判案者为功曹判仓曹九思,当年经手给孟怀福递粮的是前仓曹参军李克勤,因此,当九思询问此案时,李克勤上状,汇报了当年对此案的处理情况,这就是第三个"者"字(十四行)前的内容。九思据此判云:"安西放归兵孟怀福……下柳中县先有给处以否?审勘检处分讫申,其过所关户曹准状。"第四个"者"字(十七行)前为九思判文,同意关户曹给过所,对给递粮事仍下柳中县审勘。其典据判,关给户曹,表示仓曹对此案的处理告一段落。文书中四个"者"字,分别标志着镇兵上牒、都督判、前仓曹状及判仓曹九思的判文。"者"字不仅是引文结束的标志,也为我们展示了此案的判付过程。

以上引录吐鲁番文书为例说明"者"字的作用,敦煌文书中也有这样的例子。伯二七六三背(二)《吐蕃巳年七月沙州仓曹典赵琼璋牒》云:

(前 略)

5.   右奉使牒:"前件给用文帐,事须勘责,差官勾

6. 　　　覆,牒举"者。使判:"差白判官勾"者。"准判,牒所由"
7. 　　　者。"辰年九月四日已后,至十二月卅日应给斛
　　　斗等
8. 　　　勘造讫,具录申勾覆所"者。谨录状上。
9. 牒,件状如前,谨牒。
10. 　　　　巳年七月　日典赵琼璋牒
11. 　　　　　　仓督汜它(?)
12. 　　　　　仓曹杨恒谦

文书中也有四个"者"字,这四个"者"字也体现了文案的申判过程。六行的第一个"者"字(即"牒举者"之"者")之前是使下典上使牒文。"牒举者"是唐官府文书中常用的名词,如《贞松堂藏西陲秘籍丛残》载残文书,其中一段云:

5. 长行马壹佰壹拾匹
6. 　右得专当官李仙等牒称:"上件马 夏
7. 　季料已蒙支给讫,其秋季料未有处
8. 　分,牒举"者。依检上件马秋季料未□
9. 　有实。函马及长行马等总一百廿匹
10. 　秋季料牒仓曹准式。仙　悉

此文书中也出现了"牒举者"一词。"者"字的含义为"云云",标志着前面的记述为引文或复述。牒举是"谨以牒举"的省文,"谨以牒举"是下申于上的常用语,"牒举者"是陈述下申于上的文书的惯用形式。再回到赵琼璋牒的论述,由于"事须勘责,差官勾覆"是使典申使牒中的话,故其下应有"谨以牒举"四字,而

在仓曹与赵琼璋的复述中就成了"牒举者"。六行的第二个"者"字前"差白判官勾"是使判文。七行第三个"者"字之前:"准判,牒所由"当为使典所牒文的重复,牒文的完整形式当为,"准判,牒所由,牒至,准状,故牒"。至此方是沙州所奉之使牒的全部内容。使牒经过受付程序,被付仓曹,仓曹据此判将辰年九月四日至十二月三十日的给用文帐造讫申勾覆所,典据之录申。八行第四个"者"字之前为沙州仓曹杨恒谦接受使牒后的判文。四个"者"字,使典上牒,使判,使下牒,仓曹受领牒文行判的处理程序展示得极为清楚。若无六行第二个"者"字,读者很可能就会将判牒所由也理解为使判的内容。若无七行第三个"者"字,则"辰年九月四日已后……具录申勾覆所"一段的内容也会被误认为是使判。如果这样,文书的层次和申判程序等就体现不出来了。而"者"字,正是在这复杂的申判判付程序中体现每一层次的标志。据此,我们可以结合当时的形势具体理解每一文案的处理程度及程序。

(二) 使我们进一步了解文案所经过的唐中央官府审议过程

《唐景龙三年八月尚书比部符》(OR8212－M272)云:

(前　缺)

1. 益思效□
2. 石及雍州奉天县令高峻等救弊状,并臣
3. 台司访知,在外有不安稳事,具状如前。其勾
4. 征逋悬,色类繁杂。恩敕虽且停纳,于后
5. 终拟征收。考使等所通,甚为便稳,既于公有益,
6. 并堪久长施行者。奉　敕宜付所司参详,逐

7. 便稳速处分者。谨件商量状如前,牒举者。今以
8. 状下州,宜准状,符到奉行。
9. 　　　　　　　主事谢侃
10. 比部员外郎奉古　　令史钳耳果
11. 　　　　　书令史
12. 　　　　　景龙三年八月四日下
13. 十五日,倩　　九月十五日录事　　受
14. 　连,顺白。十六日　　参军摄录事参军　　付
　　　　　　　（后　缺）

比部符是为解决勾征逋悬问题而下的。唐中央官府对这一问题有过多次讨论。文书中的"者"字,将中央官府对这一问题的审议过程,具体展现在我们眼前。六行的"者"字之前是高峻等救弊状及台司访知的内容。七行的第一个"者"字之前是救弊状及访知状奏上后,皇帝所下敕文,敕文要求付所司参详,"逐便稳速处分"。七行的第二个"者"字之前是参详后所司上的商量状。"牒举者"是引录或复述下申于上牒状文的惯用语。商量状的内容如何,文书上残,已不可知了。比部将救弊状、敕及商量状的内容融为一体,用"者"字标明事件的层次,这就是下于西州的比部符。"者"字所表现的中央官府对勾征逋悬的审议层次是大臣及台司上状,皇帝敕批付司参详,然后大臣详议,上商量状,以此作为国家统一执行的标准。文书中的"者"字,使审议过程及状、敕、商量状中的内容更为明了。

（三）使我们了解案件的推审勘问过程

本段论述可能与上文（一）稍有重复,但在本段中,我着重论述一件案审的步骤及细节。没有审,就没有最后的行判,审的

过程也很复杂。

《吐鲁番出土文书》第九册载《唐开元二十一年西州都督府案卷为勘给过所事》其中一段云：

125. 西安给过所放还京人王奉仙
126. 　右得岸头府界都游弈所状称：上件人无向北庭行文，至
127. 　酸枣戍捉获，今随状送者。依问王奉仙，得款：贯京兆府华
128. 　源县，去年三月内，共行纲李承偦（胤）下驮主徐忠驱驴，送兵赐
129. 　至安西输纳了。却回至西州判得过所，行至赤亭为患，
130. 　复承负物主张思忠负奉仙钱三千文，随后却趁来至
131. 　酸枣，趁不及，遂被戍家捉来。所有行文见在，请检即知
132. 　者。依检：王奉仙并驴一头，去年八月廿九日，安西大都护府
133. 　给放还京已来过所有实。其年十一月十日到西州，都督
134. 　押过，向东，十四日，赤亭镇勘过。检上件人无却回赴北庭来
135. 　行文者。又问王仙得款：去年十一月十日，经都督批得过
136. 　所，十四日至赤亭镇官勘过，为卒患不能前进，承

有债

137.　主张思忠过向州来,即随张忠驴驮到州,趁张忠不及,至

138.　酸枣戍,即被捉来。所有不陈却来行文,兵夫不解,伏听

139.　处分。亦不是诸军镇逃走及影名假代等色。如后推问,

140.　称不是徐忠作人,求受重罪者。又款:到赤亭染患,在赤

141.　亭车坊内将息,经十五日至廿九日,即随乡家任元祥却

142.　到蒲昌,在任祥傔人姓王不得名家停止。经五十日余。今年

143.　正月廿一日,从蒲昌却来趁张忠,廿五日至酸枣,趁不及

144.　□□□□□□□□州,所有不陈患由及却来文,

145.　□□□□□□□页从西行到安昌城死讫者。

以上引文是州户曹典对王奉仙过所案的整理。此案由岸头府都游弈所上状开始。文书中保存原岸头府都游弈所状,引录如下:

69. 岸头府界都游弈所　　　状上州

70.　安西给过所放还京人王奉仙

71.　右件人无向北庭行文,至酸枣戍捉获,今随状送。

（中　略）

75. 牒,件状如前,谨牒。

76. 开元廿一年正月廿七日典何承仙牒
77. 宣节校尉、前右果毅、要籍、摄左果毅都尉刘敬元

这是都游弈所上状原文,在户曹典整理的文书中则作"右得……状称……者"。行文与原状完全相同,只不过最后多一"者"字。"者"字标志着复述结束的作用,格外明显。

都游弈所状被都督判为"付功曹推问过",功曹便开始对案子的推审了。上引同一文书云:

85. 王奉仙年卌仙
86. 奉仙辩:被问,"身是何色,从何处得来至酸枣
87. 戍?仰答"者。谨审:但奉仙贯京兆府华源县,去
88. 年三月内共駄主徐忠驱駄送安西兵赐至安西
89. 输纳。却回至西州,判得过所。行至赤亭,为身患,
90. 复见负物主张思忠负奉仙钱三千文,随后却
91. 趁来。至酸枣趁不及,遂被戍家捉来。所有
92. 行文见在,请检即知,奉仙亦不是诸军镇逃
93. 走等色。如后推问不同,求受重罪。被问,依实。谨辩。

上引文是王奉仙被审后所答的辩词。八十七行"者"字之前即问话原文,审勘推问时的最后一句话往往是"仰答",这是上强迫下如实作答的语气。《吐鲁番出土文书》第七册载《唐垂拱元年康义、罗施等请过所案卷》第一件略云:

9. ▢▢▢▢被问所请过所,有何来文,

10. 仰答者！谨审：但罗施等并从西
11. 来，欲向东兴易。

第三件略云：

1. 你那潘等辩：被问得上件人等辞，请将
2. 家口入京，其人等不是厌良，该诱、寒盗
3. 等色以不？仰答者！谨审：但那你等保
4. 知不是厌良等色。

原编者于上引两件文书在仰答者后加了惊叹号，实际上惊叹号应置于"者"字之前。"仰答！"是上问下时的语气，"者"则标志着前此为引文。有时的审问并不以"仰答"二字作最后结束，如上引《吐鲁番出土文书》第九册载一文书的五行云：

29. 孟怀福年卌八
30. 　　问：安西放归，先都给过所发遣讫。昨至柳
31. 中疹患，即须挈取本过所留。今来陈请，仰答有何
32. 凭据者？但怀福安西都给过所是实。十月七日
33. 于此过。

据上引，此辩中，孟怀福被问的最后一句为"仰答有何凭据"，非"仰答"二字。以后所说的是官吏审问与案件有关人的情况。

被审人的回答称为辩。办案典据被审人口述录辩，或被审人上辩文时，要先写明被问的原话引文，这种引文以"者"字结束，然后在"谨审"后或只用"但"字，开始被审人的回答。案典

在整理文案时,要叙述在文案审理中被问人的回答等情况,不用被问辩等术语,而只称"款"字,用款来叙述被问人辩的内容,以"者"字作结束。如果我们比较文书八十五行至九十三行"奉仙辩……依实。谨辩"与文书一二七行至一三二行"得款……请检即知者"的内容,款与辩的关系一望可知,"款……者"是对辩文的重述术语。

被审人上辩后,官府开始检勘。这种检勘有时由本司执行,有时要付他司检,如上文引《吐鲁番出土文书》第九册载案卷略云:

111. 功曹　　　　付法曹司检。典曹仁　功曹参军宋九思

法曹检勘之牒我就不具引了。此文书一三二行"依检"至一三五行"者"之前也是检勘牒文。一三五行的"者"字,正表明对牒文的重述。审、辩、检勘在处理案子时往往使用多次,文书中多次出现"又款……者",表明被审人多次被问,多次陈辩;而需要时,则对每次辩文进行检勘。经过反复地问、辩及检,一切明白无误,才由典整理案子的审理过程,录状申判司,判司行判后,咨通判官长官,文案才得到最后的处理。在案典录状之时,"者"字的使用就很关键。案典用"者"字表示案件的审理层次,用"者"字表示引文或复述牒文辩文的结束,用"者"字使判官明确此一文案所经过的问、辩、检过程。这样,"者"字使用频繁,也就不可避免了。

"者"字在唐官府文书中相当"云云"或句号引号的作用,概括起来很简单,但将"者"字运用到官府文书的解读中,它的作

用是多方面的。我们可以据"者"字,了解唐文案的判付程序,了解唐文书的上下交关,了解唐中央官府对文案的审议过程,也可以了解唐某一案例处理时官司进行的问审检勘。"者"字在唐官文书中的作用很值得重视。

许多官府文书符中有牒,牒中又有牒,纷繁复杂,很难解读。对"者"字的作用的正确理解,是我们解读这类文书的钥匙。

先师陈寅恪先生教诲:"读书须从识字始。"在本文中,我分析了敦煌吐鲁番文书中"者"字的作用,这就是识字。杨遇夫先生的教示使我对"者"字的作用有了正确的理解,指导帮助我识字。读书无止境,识字也无止境。敬以对寅师和遇夫先生感念之情结束此文。

宋本《大唐六典》

总说

《大唐六典》三十卷,成书于开元二十六年(738),题唐玄宗御撰,实为毋煚、余钦、韦述等人所执笔,是一部官修的记述当代官制之书。宋陈振孙《直斋书录解题》引韦述所撰《集贤记注》说此书"以令式入六司,像《周礼》六官之制,其沿革并入注"。陈寅恪先生《隋唐制度渊源略论稿》在归纳历代论《六典》之文和近代国内外研究成果后指出:"开元时所修六典乃排比当时施行令式以合古书体裁,本为粉饰太平制礼作乐之一端,故其书在唐代行政上遂成为一种便于征引之类书,并非依其所托之周官体裁,以设官分职实施政事也。"因为它的内容直接取材于当时施行的令式,注中又扼要记述了职官的职能兼及沿革变迁,所以它是我们今天研究唐史,特别是唐代官制的比较原始和准确的史料。

南宋绍兴四年温州州学刻《大唐六典》是此书现存最早的刻本。书为广幅蝴蝶装,每半叶十行,每行十九至二十字,多者二十一字,注双行二十三字,白口,左右双阑。版心单鱼尾,上偶尔记字数,下记六典几、叶数、刻工姓名。原版刻工计有林元、万勉、万正、郭实、陶中、孟立、林允、余正、江青、郭敦、曹溢十一人。卷三十后有绍兴四年詹棫题刻书跋十二行,以及"左文林郎充温州州学教授张希亮校正""左宣教郎知温州永嘉县主管劝农公事詹棫题志"署衔两行。南宋时此书版片曾取入国子监,成为官版书。宋孝宗初年和宁宗末年曾

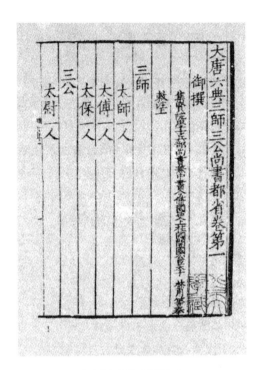

宋本《大唐六典》影印本

有两次较集中的修版,其余修版处亦未有晚于南宋者。此本约印于宋亡之前,现仅存残本十五卷,其发现及流散情况,傅增湘《藏园群书题记初集》卷三《校宋绍兴刊唐六典残本跋》中曾有说明:"余于戊午年(1918)长教部时,发敬一亭所庋内阁红本麻袋,检出宋残本数册,命储之历史博物馆中。其散落于厂肆者,李椒微师(李盛铎)收得数册,余亦收得二册。通计所存为卷一至三、卷七至十五、卷二十八至三十,凡十五卷,已得全书之半。""余所收第三十卷……纸背钤有国子监崇文阁朱文大印。余别见内阁残宋本多有此印,审为元代官书。"

现存十五卷分藏三处。一、卷七至十一原藏旧历史博物馆，现藏南京博物院，其中卷七第一页纸背钤有国子监崇文阁官书印。二、卷三第十二至十四页、第十六至二十二页，卷二十八至三十藏北京图书馆，即原傅增湘所收的二册。书后有近人王秉恩、沈曾植跋，其中卷二十八第一页及卷三十末页纸背有国子监崇文阁官书印。三、卷一、卷二、卷三前十页及卷十二至十五，藏北京大学图书馆，即原李盛铎所收的二册。其中卷一、卷十二首页及卷十五末页纸背皆亦钤有国子监崇文阁官书印。三处所藏共计得十五卷，恰为全书之半。此外，又有卷三第十五页，曾印于缪荃孙辑《宋元书式》中，原页现不知流转何处。

此温州刻本《大唐六典》，宋亡入元遂为国子监官书，明中叶尚藏于宫中，王鏊曾自"中秘"抄出全书可证。王抄本于正德乙亥（1515）由席书、李承勋刊版印行，始有民间刻本。嗣后的明嘉靖本和清扫叶山房本、广雅书局本皆据正德本传刻。宋本之散失仅存半部，或当在明清之际，但残本仍一直留藏清宫。傅增湘等得此残本后，曾据以校补正德本，发现除校补讹文夺字外，更重要的是可补卷三及卷七阙文两大段，恰合宋本两整页。所补为卷三金部郎中条"若杂彩十段则丝布二匹"下所脱正文二百五字，注文三百七十二字，卷七屯田郎中条"凡天下诸"下所脱正文八十一字，注文七百二十字。以后日本学者玉井是博据此残本照片与日本近卫本和我国广雅书局本互校，也颇有所获，写成《南宋本大唐六典校勘记》（见《东方文化丛考》）。

残宋本既属善本，又分藏几处，很多专家都不曾亲见，或没有看到残卷的全部。1984年，中华书局把上述残卷汇为一编影印出版。影印本行款尺寸一依原式，书中原有二十二处后人所题浮签,除个别几条因遮盖正文改印眉端外,其余一仍其旧。另外还据《宋元书式》补入卷三第十五页,又将卷十二首页、卷十五末页纸背之印附于书后。一卷在手,检阅甚便,为海内外学者所乐见。

分说

杨隋氏族

分说

这里,拟就杨隋氏族问题,申述我学习陈寅恪先生史学的一些体会。

一

在《陈垣敦煌劫余录序》一文中,陈寅恪先生说:

> 一时代之学术,必有其新材料与新问题,取用此材料,以研求问题,则为此时代学术之新潮流。

一时代学术之兴及其发展,必以新材料为基础。据此推论,史学研究必以史料为基础。先生对史料之重视如此,这是读先生之书者都能理解的。先生不仅重视史料,还特别善于使用史料,对史料的使用有特殊能力。对于这一点,即或是熟读先生之书者,也未必能深刻理解。兹以李唐氏族问题为例,申述如下。

在《唐代政治史述论稿》上篇统治阶级之氏族及其升降一章中,寅恪先生极为详尽而精辟地论述了李唐氏族问题。第一个结论是《册府元龟》卷一《帝王部·帝系门》、《旧唐书》卷一《高祖纪》、《新唐书》卷一《高祖纪》、《新唐书》卷七〇上《宗室世系表》、《北史》卷一〇〇《序传》、《晋书》卷八七《凉武昭王传》所载李唐氏族出自陇西李氏,即凉武昭王李暠之后,是错误的;又根据唐光业寺碑

隋文帝像

("中央研究院"历史语言研究所藏有拓本)及《元和郡县图志》卷一七"赵州"条,李唐先世出自赵郡李氏。这就是说,对于研究及确定李唐氏族及其世系,上述六种书所载大批史料的价值很低,这大批史料是伪造的、不真实的,不可信从。寅恪先生这一论证已是发千年之覆,史无伦比;但就寅恪先生自己的卓识来讲,这一个结论还不是最高峰。最高峰是第二个结论,即李唐自认为出自陇西李氏是假造伪托,这一大批史料不真实不可信,价值很低;但对于研究确定宇文泰、苏绰等人制订的西魏、北周立国的根本政策,即关中文化本位政策来讲,这一大批史料的价值却很高。李唐改山东郡望为陇西郡望是真实的、可信的,这样的史料是不可缺少的。为什么和怎样从第一个结论发展为第二个结论？我认为我们应注意寅恪先生在论述中他的思维活动，特别是思维活动中关键之处。兹试申述之。

《唐代政治史述论稿》上篇《统治阶级之氏族及其升降》云：

> 然宇文氏只分有少数之六镇民族，复局促于关陇一隅之地，终能并吞分有多数六镇民族及雄踞山东富饶区域之高齐，其故自非仅由一二君主之贤愚及诸臣材不材之所致，盖必别有一全部系统之政策，为此东西并立之二帝国即周、齐两朝胜败兴亡决定之主因，可以断言也。

联系前此至本书本篇开端论述之主旨（即李唐氏族改易之过程）和本段上下文的论述，本段论述可注意者有两点：一为李唐氏族之改易应纳入西魏北周立国根本政策（即关中本位政策）中加以考察，这涉及宇文泰、苏绰等人在当时严峻形势下的思维活动和心理状态。二为寅恪先生的历史观。他重视杰出人物在历史发展中的重要作用，在一定时期内的决定作用，但他更重视制度和政策的重大作用。在历史发展的过程中，就作用而论，制度和政策超过杰出人物。后者即寅恪先生的历史观超出本文之范围，可不详述。关于前者，在《冯友兰中国哲学史上册审查报告》（见《金明馆丛稿二编》）中，寅恪先生说：

> 盖古人著书立说，皆有所为而发。故其所处之环境，所受之背景，非完全明了，则其学说不易评论，而古代哲学家去今数千年，其时代之真相，极难推知。吾人今日可依据之材料，仅为当时所遗存最小之一部，欲借此残余断片，以窥

> 测其全部结构,必须备艺术家欣赏古代绘画雕刻之眼光及精神,然后古人立说之用意与对象,始可以真了解。所谓真了解者,必神游冥想,与立说之古人,处于同一境界,而对于其持论所以不得不如是之苦心孤诣,表一种之同情,始能批评其学说之是非得失,而无隔阂肤廓之论。否则数千年前之陈言旧说,与今日之情势迥殊,何一不可以可笑可怪目之乎?但此种同情之态度,最易流于穿凿傅会之恶习。

寅恪先生所论者为古代哲学家及其著书立说,应同样适用于古代政治家及其制订的制度与政策。我们以上引论述来研究寅恪先生在《唐代政治史述论稿》中对宇文泰、苏绰等人所制订的关中本位政策及其内容之一李唐氏族改易的评论,应分为两层:一为对寅恪先生持论不得不如是之苦心孤诣之真了解;二为寅恪先生对宇文泰、苏绰等人所制订的包括李唐氏族改易等等为内容的关中本位政策之真了解。

在《清华大学王观堂先生纪念碑铭》(见《金明馆丛稿二编》)中,寅恪先生说:"士之读书治学,盖将以脱心志于俗谛之桎梏,真理因得以发扬。"又说:"惟此独立之精神、自由之思想,历千万祀,与天壤而同久,共三光而永光。"观堂先生是如此,寅恪先生更是如此。他一生读书治史,为了追求真理,发扬真理。在《唐代政治史述论稿》下篇《外族盛衰之连环性及外患与内政之关系》中,寅恪先生说:

> 又唐代武功可称为吾民族空前盛业,然详究其所以与某甲外族竞争,卒致胜利之原因,实不仅由于吾民族自具之精神及物力,亦某甲外族本身之腐朽衰弱有以招致中国武

力攻取之道,而为之先导者也。国人治史者于发扬赞美先民之功业时,往往忽略此点,是既有违学术探求真实之旨,且非史家陈述覆辙,以供鉴戒之意,故本篇于某外族因其本身先已衰弱,遂成中国胜利之本末,必特为标出之,以期近真实而供鉴戒,兼见其有以异乎夸诞之宣传文字也。

在以上引文中,寅恪先生两次强调治史者要探求真实,写出真实之史,这就是追求真理,发扬真理。要做到这一点,就必须有独立之精神、自由之思想。只有这样,才能"未尝侮食自矜,曲学阿世","贬斥势利,尊崇气节"(此四句用寅恪先生《赠蒋秉南序》中语,载《寒柳堂集》)。试想曲学阿世,唯势利之是图,因而丧失独立之精神、自由之思想,这样的人本身就是不真实的,不真实之人怎能写出真实之史。寅恪先生继承并发展了以高尚真实之人写真实之史这一中华民族史学的优良传统。先生的史学著作确实写出中华民族历史的原有真实面貌,此即真实之史,此即追求真理,真理因得以发扬也。探求真实是先生撰著《唐代政治史述论稿》及《隋唐制度渊源略论稿》之苦心孤诣,也是先生论述西魏北周历史上之重大问题如关中本位政策等之苦心孤诣。我们可以想象,在论李唐氏族问题得到第一个结论之后,先生以探求真实之精神追究到底,为什么李虎要伪托陇西郡望?为什么汉将之有功者都要伪托关陇郡望?在先生对南北朝史,特别是对西魏、北周历史以及对宇文泰、苏绰等思想行为具有通识的条件下,理所当然地得到第二个结论。

其次,寅恪先生对宇文泰、苏绰等人制订关中本位政策以及这些历史人物的思维活动心理状态的真了解,表现在《唐代政治史述论稿》上编《统治阶级之氏族及其升降》的一段文字中,寅恪先生说：

> 宇文泰率领少数西迁之胡人及胡化汉族割据关陇一隅之地，欲与财富兵强之山东高氏及神州正朔所在之江左萧氏共成一鼎峙之局，而其物质及精神二者力量之凭借，俱远不如其东南二敌，故必别觅一途径，融合其所割据关陇区域内之鲜卑六镇民族，及其他胡汉土著之人为一不可分离之集团，匪独物质上应处同一利害之环境，即精神上亦必具同出一渊源之信仰，同受一文化之薰习，始能内安反侧，外御强邻。而精神文化方面尤为融合复杂民族之要道。在此以前，秦苻坚、魏孝文皆知此意者，但秦魏俱欲以魏晋以来之汉化笼罩全部复杂民族，故不得不亟于南侵，非取得神州文化正统所在之江东而代之不可，其事既不能成，仅余一宇文泰之新途径而已。此新途径即就其割据之土依附古昔，称为汉化发源之地（魏孝文之迁都洛阳，意亦如此，惟不及宇文泰之彻底，故仍不忘南侵也），不复以山东江左为汉化之中心也（中略）。此宇文泰之新途径，今姑假名之为"关中本位政策"，即凡属于兵制之府兵制及属于官制之周官皆是其事。其改易随贺拔岳等西迁有功汉将之山东郡望为关内郡望，别撰谱牒，纪其所承（中略），又以诸将功高者继塞外鲜卑部落之后（中略），亦是施行"关中本位政策"之例证，如欲解决李唐氏族问题当于此中求之也。

> 概括言之，宇文泰改易氏族之举，可分先后二阶段：第一阶段则改易西迁关陇汉人中之山东郡望为关内郡望，以断绝其乡土之思（中略），并附会其家世与六镇有关，即李熙留家武川之例，以巩固其六镇团体之情感（中略）。第二

阶段即西魏恭帝元年诏以诸将之有功者继承鲜卑三十六大部落及九十九小部落之后，凡改胡姓诸将所统之兵卒亦从其主将之胡姓，径取鲜卑部落之制以治军，此即府兵制初期之主旨（中略）。李唐之得赐姓大野，即在此阶段中所为也。

永兴谨按：引文中的着重号是我加的，表示宇文泰的思维活动与心理状态。引文开端五行，寅恪先生分析当时三大势力鼎峙之政治、经济、军事、文化形势，宇文泰处于劣势。这样的形势是宇文泰的思维活动以及通过思维谋略而制订的关中本位政策的客观条件。一个重要历史人物的思想及其决策主要是客观形势的产物，这是寅恪先生卓越史识之一，也是他的重要治史方法之一。宇文泰固人杰也，他的决策与他的才智谋略有密切关系，但更重要的是当时的客观形势，为了图生存图发展，他不得不也不能不采取关中本位政策。

关陇一隅之地的民族情况很复杂：有来自六镇的鲜卑人和鲜卑化的汉人，有来自山东的汉人士族和一般将领，有土著汉人士族和一般人士，他们的利害不同，分歧很大，在强大敌人高欢的军事进攻下，新建立的立足未稳的西魏很可能分崩离析。上列引文中寅恪先生分析宇文泰的心理状态"始能内安反侧"一语的"反侧"，正是宇文泰所忧虑的，宇文泰这种心理状态可以高欢自述他自己的心理状态来对比具体说明。《北齐书》卷二四《杜弼传》（《北史》卷五五《杜弼传》同）云：

弼以文武在位，罕有廉洁，言之于高祖。高祖曰："弼来，我语尔。天下浊乱，习俗已久，今督将家属，多在关西，黑獭常相招诱,人情去留未定。江东复有一吴儿老翁萧衍者,专事衣冠礼乐,中原士大夫望之以为正朔所在。我若急作法纲,不相饶借,恐督将尽投黑獭,士子悉奔萧衍,则人物流散,何以为国？尔宜少待,吾不忘之。"

高欢忧虑随从他的六镇人投奔宇文泰,士大夫投奔萧衍。宇文泰忧虑随从他的六镇人投奔高欢,士大夫投奔萧衍;而且忧虑更甚,因为他的军事经济文化势力远不如高欢。这样的忧虑自然发展为寅恪先生所分析宇文泰的思维活动:"融合其所割据关陇区域内之鲜卑六镇民族,及其他胡汉土著之人为一不可分离之集团。"要做到这一点,其措施之一就是"改易西迁关陇汉人中之山东郡望为关内郡望,以断绝其乡土之思"。大家都是关陇人,关陇是共同的乡土;同时,这一关陇集团都与六镇有关。这样看来,改有功诸将之山东郡望为关内郡望(如李虎改赵郡李氏为陇西李氏)乃宇文泰关中本位政策及关陇集团政策之产物。《新唐书·宗室世系表》等六种书所记李唐出自陇西又是真实可信的,此即上文所述寅恪先生论述李唐氏族的第二个结论。寅恪先生能从第一个结论发展到第二个结论,就在于他能精确分析三个势力鼎峙的客观形势以及在此客观形势下宇文泰的心理状态和思维活动,其结果是制订关中本位政策,简言之,就在于他真了解宇文泰不得不采用关中本位政策之苦心孤诣。

寅恪先生论述李唐氏族,从第一个结论发展到第二个结论,充分表现先生使用史料的特殊能力,充分表现先生治史的特殊能力。这一特殊能力取得的源泉有三:

一为先生具有独立之精神、自由之思想,具有追求真理、发扬真理的崇高思想与气节。

二为先生对中华民族历史具有通识。关于李唐氏族问题，先生通晓南北朝史、隋唐史，通晓萧衍、高欢、宇文泰鼎峙期间的客观形势，通晓宇文泰、苏绰的思想和创业治国的政策。

三为先生继承并发展我国传统的训诂考据之学，尤其是宋贤的治史方法，熔两者于一炉而冶之，形成先生独特之史学方法。

世之研究寅恪先生之史学者，不可不注意以上三项。研究者往往忽视第一项，其实，此项特别重要，以高尚真实之人写真实之史，治史与为人不可分，这是我民族史学的优良传统。寅恪先生继承之，张大之。

二

上文简述寅恪先生论证李唐氏族改易的过程和意义，李唐氏族改易是宇文泰关中本位政策的内容之一。李唐氏族改易乃一个性真实之事例，只指李虎一家，但此个性真实包含共性真实。随宇文泰西迁关中，汉族诸将都有氏族改易之事。兹略述杨隋氏族问题。

关于杨隋氏族问题，寅恪先生无专文论述，但授课中数次涉及。他指出，杨隋氏族与李唐氏族为同类性质问题，《隋书》《北史》文帝外家《吕氏传》所记述者，足以证明杨隋出自高门士族弘农华阴杨氏乃不可能之事。多年来，我读此一时期出版的隋史专著和有关隋史的论文，大多肯定杨隋乃弘农华阴汉太尉杨震之后裔，就想到20世纪30年代和40年代寅恪先生关于这问题的教诲，拟撰短文，述先生之学。但听课笔记已毁于"文革"，记忆如有误，撰文发表，将有损于先生之令德，因此，噤不敢发。

此后,武汉大学教授石泉学长兄来京过舍下,谈及师门往事,我以杨隋氏族问题请教,他所说的与我相同,可证我的记忆无误。

按《隋书》卷一《高祖纪上》云:

> 高祖文皇帝,姓杨氏,讳坚,弘农华阴人也。汉太尉震八代孙铉,仕燕为北平太守。铉生元寿,后魏代为武川镇司马,子孙因家焉。元寿生太原太守惠嘏,嘏生平原太守烈,烈生宁远将军祯,祯生忠,忠即皇考也。

《北史》卷一一《隋本纪上》云:

> 隋高祖文皇帝姓杨氏,讳坚,小名那罗延。本弘农华阴人,汉太尉震之十四世孙也。震八世孙,燕北平太守铉。铉子元寿,魏初为武川镇司马,因家于神武树颓焉。

《周书》卷一九《杨忠传》云:

> 杨忠,弘农华阴人也。

这三条史料所记述的,有两点应注意:

（1）杨坚是天下高门弘农华阴杨氏的后裔。

（2）杨元寿（杨忠的四代祖）在北魏初年为武川镇司马,因家于武川。

先说第二点。按《魏书》卷一八《广阳王深传》(《北史》卷一六《广阳王深传》同)载论六镇疏云:

> 昔皇始以移防为重,盛简亲贤,拥麾作镇,配以高门子弟,以死防遏,不但不废仕宦,至乃偏得复除。当时人物,忻慕为之。及太和在历,仆射李充当官任事,凉州土人,悉免厮役;丰、沛旧门,仍防边戍。自非得罪当世,莫肯与之为伍。征镇驱使,但为虞候、白直,一生推迁,不过军主。然其往世房分,留居京者,得上品通官;在镇者,便为清途所隔。或投彼有北,以御魑魅,多复逃胡乡。乃峻边兵之格,镇人浮游在外,皆听流兵捉之。

北魏以道武帝登国元年(386)建国,十一年后改元皇始,即北魏初年也,则广阳王深上疏中所说的"皇始以移防为重",正是《北史·隋本纪上》所说的杨震九世孙杨元寿为武川镇司马之时。北魏初期都平城,北边防戍极为重要,故以鲜卑贵族能武事者为之将领,即"盛简亲贤,拥麾作镇"也。北魏乃鲜卑政权,严胡汉之分,虽拉拢使用汉族大姓,但大都为文臣谋士。此镇司马乃镇将下主兵的重要官职,绝不可能任用汉族高门士族,可确言也。杨忠四代祖杨元寿为武川镇司马而家于武川之事,乃后世伪托,不可信。为什么会有这样伪托呢?我在本文第一部分引录《唐代政治史述论稿》一段文字,寅恪先生在论述宇文泰改易西迁关陇汉人之山东郡望为关内郡望之后,又说:

> 并附会其家世与六镇有关,即李熙留家武川之例,以巩固其六镇团体之情感。

杨元寿家于武川也是相同之事例。宇文泰出自六镇,其部下之鲜卑人和鲜卑化汉人亦大多出自六镇,他又对西迁关陇原在山东居住的汉人如李虎、杨忠辈,附会其家世与六镇有关,大家都出自六镇,自然应有相同的感情,应结成坚固的集团,此即关陇集团,乃关中本位政策的重要内容。就杨忠、杨坚的氏族家世来讲,杨元寿为武川镇司马留家武川之事不可能真实,但就关中本位政策来讲,这一事例却是必要的、真实的。读寅恪先生之书者,不可不于此等处多所措意也。

第二点阐述既竟,兹言第一点,即杨坚是否为天下高门弘农华阴杨氏之后裔问题。按照寅恪先生之史学,《隋书》《北史》的记载是错误的不可信。寅恪先生论点有力证据为《隋书》卷七九《高祖外家吕氏传》及《北史》卷八〇《隋文帝外家吕氏传》,两书记述相同,兹移录《隋书》之文如下:

> 高祖外家吕氏,其族盖微。平齐之后,求访不知所在。至开皇初,济南郡上言,有男子吕永吉,自称有姑字苦桃,为杨讳妻。勘验知是舅子,始追赠外祖双周为上柱国、太尉、八州诸军事、青州刺史,封齐郡公,谥曰敬;外祖母姚氏为齐郡公夫人。诏并改葬,于齐州立庙,置守冢十家。以永吉袭爵,留居京师。大业中,授上党郡太守。性识庸劣,职务不理。后去官,不知所终。
>
> 永吉从父道贵,性尤顽骏,言词鄙陋。初自乡里征入长安,上见之悲泣。道贵略无戚容,但连呼高祖名,云:"种末(《北史》诸本作未)定不可偷,大似苦桃姊。"是后数犯忌讳,动致违忤。上甚耻之,乃命高颎厚加供给,不许接对朝士。

据上引,与杨忠联姻之吕氏,乃山东寒族之低劣人家。南北朝之士族高门,"凡婚而不娶名家女,为社会所不齿"(寅恪先生语,见《元白诗笺证稿》载《读莺莺传》)。如杨忠为弘农华阴杨震之后裔,乃天下第一高门也,与山东寒族吕氏联姻,为绝不可能之事。但杨忠确实娶山东寒族之女吕苦桃为妻,则杨忠非弘农华阴杨氏之后裔,可以确言。《周书·杨忠传》有"年十八,客游泰山"一语,则杨忠可能为山东或邻近地区的寒族。史无记载,难于确定。

行文至此,自然应归结为,据寅恪先生之史学,《隋书·高祖纪》《北史·隋文帝纪》《周书·杨忠传》所载关于杨忠、杨坚家世之史料,以之研究确定杨隋氏族,必然得出错误的结论。这些第一手原始材料乃伪托假造,不可信从也。

按《通鉴》卷一五六《梁纪十二》武帝中大通六年独孤信与辛纂战,"信令都督武川杨忠为前驱"。之下,胡三省注云:

> 杨忠,隋文帝之父也。隋氏自以为出于华阴杨震,而忠则出居武川。隋氏序其世曰:"本弘农华阴之杨,汉太尉震十四世至文帝。震八世孙,北平太守铉,铉子元寿,魏初为武川镇司马,因家于神武树颓县。元寿生惠嘏,嘏生烈,烈生祯,祯生忠。"

此段注文中最应注意一句为"隋(杨)氏自以为出于华阴杨震,而忠则出居武川"。"自以为"乃怀疑之词。胡三省之意为,隋氏出于华阴杨震及杨忠出居武川,未必属实。胡三省诚史学大家,宜其有此卓识。

检视目前行用的中国通史隋氏部分,大多著者依据《隋书·高祖纪》《北史·隋文帝纪》《周书·杨忠传》对杨氏族做出

隋代彩绘陶甲马武士俑,1982年陕西省西安市郭家滩罗达墓出土

错误确定,如一本流通颇广的中国通史说:

> 隋文帝……系出华阴杨氏,是士族高门。

又如一本高等学校历史系教材,论及杨坚时说:

> 杨氏家族出自六镇之一的武川镇。

又一本隋唐史专著,在前一部分说:

> 隋朝皇室,据说出于汉代以后的士族高门弘农华阴杨氏。

但在同书另一部分却说:

> 隋文帝杨坚,弘农华阴人。

"据说出于汉代"云云,与胡三省相同,对旧史记载持怀疑态度,著者治史有卓识,值得钦敬。其他著者肯定杨隋出自弘农华阴杨震,仍为旧史所欺,使人感到遗憾。鉴于此种情况,阐述寅恪先生之学说,可谓必要之事,此本文之所以撰著也。

在本文第一部分,我已简要阐述寅恪先生关于李唐氏族问题的完整学说。第一个结论是旧史记载李唐出自陇西李暠乃假造伪托,不可信。第二个结论是此假造伪托包含有真实因素,即为了结成关陇集团,宇文泰不得不改易西迁关陇诸汉将的郡望。而关陇集团又为关中本位政策的主要内容之一,关中本位政策是西魏、北周立国以及转弱为强的根本政策,其作用达百余年之久。这些都是可信的,真实的。寅恪先生之不可及不仅在于第一个结论,更在于第二个结论。他不只是怀疑旧史关于李唐氏族的记载,更肯定旧史所记为假造伪托;然后更进一步论定此假造伪托史料的重要性,即就关陇集团及关中本位政策来讲,宇文泰改易李虎的郡望是必要的、真实的。

按:在《唐代政治史述论稿》上篇《统治阶级之氏族及其升降》中,寅恪先生指出:

> 兹依据上引资料及其解释,再将李唐世系先后改易之

历程及胡化汉化问题加以说明。此世系改易之历程,实不限于李唐皇室一族,凡多数北朝、隋唐统治阶级之家,亦莫不如是,斯实中国中古史上一大问题,亦史学中千载待发而未发之覆也。

根据这一论断以及寅恪先生论述李唐氏族改易过程和意义,举一反三,杨隋氏族改易过程和意义与之相同,毋庸赘述。

关于杨隋氏族问题尚需稍加阐述者,即宇文泰又以诸将功高者继塞外鲜卑部落之后(见《周书》卷二《文帝纪下》及《北史》卷九《周本纪上》西魏恭帝元年条等)。

永兴谨按:寅恪先生在《唐代政治史述论稿》上篇《统治阶级之氏族及其升降》的论述中已论及此点。寅恪先生又说:

> 第二阶段即西魏恭帝元年诏以诸将之有功者继承鲜卑三十六大部落及九十九小部落之后,凡改胡姓诸将所统之兵卒亦从其主将之胡姓,径取鲜卑部落之制以治军,此即府兵制初期之主旨。

按:杨忠为诸将之有功者,在魏恭帝初赐姓普六如氏(见《周书》卷一九《杨忠传》)。《魏书》卷一一三《官氏志》在神元皇帝时余部诸姓内入者中有普陋茹氏,当即《周书·杨忠传》之普六如氏。这一措施为关中本位政策的重要内容,意义重大。根据这一措施,六柱国及十二大将军所统率之兵,皆为部落兵,寅恪先生称之为"径取鲜卑部落之制以治军",诚为卓识。部落兵乃最善战之兵,西魏、北周之兵力因而十分强大。这一措施实行之后十个月,即魏恭帝元年十二月,亦即梁元帝承圣三年十二月,西魏取江陵,俘梁元帝。江陵为长江中游战略要地,西魏占据江陵,即能控制长江中游。前此一年,即魏废帝二年八月,亦即梁元帝承圣二年八月,西魏取蜀,控制长江上游。至此,西魏控制了长江上游及中游。后此二十四年,即北周武帝建德六年(577),亦即陈宣帝太建九年,周灭北齐,统一中国北方。就全国来讲,北周统治地区已是十分天下有其九,陈所有者只三吴一隅之地,分裂割据近三百年的统一局势已经形成。其原因有多端,但西魏、北周的强大是主要原因。西魏、北周所以强大的原因也有多端,但实行关中本位政策是主要原因。

唐太宗经营西北的策略

李唐承袭西魏、北周以来之关中本位政策立国,首都在长安,关中地区为其根基所在。为保卫其根基,不能不在西北地区保有强大军事力量。实行府兵制度时如此,府兵制逐渐破坏之后仍复如此。

唐代前期之军事格局显著于开元、天宝时期,但在思想上、策略上实始于贞观期间。唐太宗灭高昌置西州、庭州及幸灵州招徕敕勒,为其经营西北的重要事件。

贞观十四年灭高昌设置西州、庭州

唐灭高昌设置西州,两《唐书》之《太宗纪》及《侯君集传》均有记载,但不及《通鉴》记载之详明,兹移录其文如下。

《资治通鉴》卷一九五"唐太宗贞观十三年二月"条略云:

> 高昌王麹文泰多遏绝西域朝贡,伊吾先臣西突厥,既而内属,文泰与西突厥共击之。上下书切责(中略)。颉利之亡也,中国人在突厥者或奔高昌,诏文泰归之,文泰蔽匿不遣。又与西突厥共击破焉耆,焉耆诉之。

据此可见高昌在唐与西域交通道路上的重要位置。高昌侵犯焉耆,不仅威胁唐帝国西北边防,又

清代刘源绘《凌烟阁功臣图》:吏部尚书陈国公侯君集

有堵塞唐通四镇之门户之危险,故太宗决意讨伐之。

同书"贞观十三年十二月"条云:

> 壬申,遣交河行军大总管、吏部尚书侯君集,副总管兼左屯卫大将军薛万均等将兵击之。

同书"贞观十四年八月"条略云:

> (高昌王文泰)及闻唐兵临碛口,忧惧不知所为,发疾卒,子智盛立。

军至柳谷（中略），于是鼓行而进，至田城。谕之，不下，诘朝攻之，及午而克，虏男女七千余口。以中郎将辛獠儿为前锋，夜，趋其都城，高昌逆战而败；大军继至，抵其城下。

先是，文泰与西突厥可汗相结，约有急相助；可汗遣其叶护屯可汗浮图城，为文泰声援。及君集至，可汗惧而西走千余里，叶护以城降。智盛穷蹙，癸酉，开门出降。君集分兵略地，下其二十二城，户八千四十六，口一万七千七百。地东西八百里，南北五百里。

上欲以高昌为州县，魏征谏曰："陛下初即位，文泰夫妇首来朝，其后稍骄倨，故王诛加之。罪止文泰可矣，宜抚其百姓，存其社稷，复立其子，则威德被于遐荒，四夷皆悦服矣。今若利其土地以为州县，则常须千余人镇守，数年一易，往来死者什有三四，供办衣资，远离亲戚，十年之后，陇右虚耗矣。陛下终不得高昌撮粟尺帛以佐中国，所谓散有用以事无用，臣未见其可。"上不从，九月，以其地为西州，以可汗浮图城为庭州，各置属县。乙卯，置安西都护府于交河城，留兵镇之。

君集虏高昌王智盛及其群臣豪杰而还。于是唐地东极于海，西至焉耆，南尽林邑，北抵大漠，皆为州县，凡东西九千五百一十里，南北一万九百一十八里。

褚遂良也反对设置西州，与魏征的意见大致相同，详见《通鉴》卷一九六"贞观十六年"。唐太宗坚持讨伐高昌，灭高昌后，坚持设置西州、庭州，其远见卓识，非魏征、褚遂良所能知能行也。《通鉴》载高昌麹文泰之罪状，其一为遏绝朝贡，其二为与西突厥共击内属之伊吾,其三为蔽匿自突厥流移高昌之唐朝人,其四为与西突厥共击破焉耆。据此,太宗伐高昌,不仅为灭一小国,得一驯服蕃臣,其主要目的为控制西域,保卫大唐帝国西北边疆并开疆拓土也。为达到此目的,必须在西北边防上建设一个军事经济根据地,西州乃最适宜地区。要确切完全理解唐太宗这一意图,首先要了解西、庭、伊三州之地理形势——即自河西首府凉州通往西域之关键地区也。

《新唐书》卷四〇《地理志》"陇右道西州交河郡"条云:

> 自州西南有南平、安昌两城,百二十里至天山西南入谷,经礌石碛,二百二十里至银山碛,又四十里至焉耆界吕光馆。又经盘石百里,有张三城守捉。又西南百四十五里经新城馆、渡淡河,至焉耆镇城。

永兴按:据《通典》卷一七四《州郡》四略云:

> 安西府东至焉耆镇守军八百里……西至疏勒镇守捉(兴按:"捉"乃衍文)军三千里(《太平寰宇记》作二千里)……西南(《太平寰宇记》作"南")到于阗二千里。

永兴按:《新唐书·地理志》及《通典》所记者应为通行驿路,亦即行军大道。据上引,由驿路自西州西南行至焉耆,再行八百里至安西都护府(龟兹),亦即达到西域的心脏地区。

《新唐书》卷四〇"北庭大都护府"条云:

> 自庭州西延城西六十里有沙钵城守捉,又有冯洛守捉,

又八十里有耶勒城守捉，又八十里有俱六城守捉，又百里至轮台县，又百五十里有张堡城守捉，又渡里移得建河，七十里有乌宰守捉……又渡黑水，七十里有黑水守捉，又七十里有东林守捉，又七十里有西林守捉。又经黄草泊、大漠、小碛，渡石漆河，逾车岭，至弓月城。过思浑川，蛰失蜜城，渡伊丽河，一名帝帝河，至碎叶界。又西行千里至碎叶城。

永兴按：《元和郡县图志》卷四〇"陇右道"下"庭州"条云："沙钵镇，在府西五十里，当碎叶路。"当即上引《新唐书·地理志》之沙钵城守捉；"俱六镇，在州西二百四十里，当碎叶路"，当即《新唐书·地理志》之俱六城守捉。二地均为自庭州西去碎叶行军大道上之军镇也。以上据《新唐书·地理志》简述自西州西南行至焉耆的道路和自庭州西行通往碎叶的道路。前者在天山南，后者天山北，通往西域两条大道均自西、庭州地区开始。在军事上及一般交通上，西、庭地区之重要意义可知也。

《新唐书》卷四〇《地理志》"陇右道伊州伊吾郡"条略云：

纳职。（下……自县西经独泉、东华、西华驼泉，渡茨其水，过神泉，三百九十里有罗护守捉；又西南经达匪草堆，百九十里至赤亭守捉，与伊西路合。别自罗护守捉西北上之驴岭，百二十里至赤谷；又出谷口，经长泉、龙泉，百八十里有独山守捉；又经蒲类，百六十里至北庭都护府。）

永兴按：自伊州纳职县西行至罗护守捉，折向西南为去西州驿路，折向西北为去庭州驿路。按《元和郡县图志》卷四〇"陇右道"下略云：

唐咸亨三年(672)西州都督府下军团符,新疆吐鲁番阿斯塔那201号墓出土

伊州,(伊吾。下。)

八到。(东南取莫贺碛路至瓜州九百里。)

又按《沙州都督府图经》残卷(伯二〇〇五号)略云:

185　双泉驿

186　右在州东北四百七十七里一百六十步瓜

187　州常乐县界。唐仪凤三年闰十月奉

188　敕移稍竿道就第五道莫贺延碛

189　置。沙州百姓越界捉。奉如意元年

190　四月三日　　　　　　敕,移就稍竿道行。至

191　证圣元年正月十四日　　　　敕,为沙州

192　遭贼,改第五道来往。南去瓜州常乐

193　县界乌山驿六十九里二百六十步。北去

194　第五驿六十里八十步。

据上引可知《元和志》之"莫贺碛路"即《沙州都督府图经》之"第五道莫贺延碛置"也,《元和志》脱"延"字。此路即伊州至瓜州之驿路,再东经肃州、甘州,到达凉州。伊州西及西北通西州、庭州,东南经瓜、沙、肃、甘四州通凉州;凉州乃唐西北地区政治经济军事文化之中心也,伊州在地理上的重要意义亦可知也。西、庭、伊三州这一地区,西及西南有两条大路通往西域,东南有驿路通向凉州。凉州为保卫西北边疆之后方总根据地,西州则为保卫西北边疆之前沿据点;凉州为唐在西域开疆拓土之后方总根据地,西州则是唐在西域开疆拓土之前沿根据地。唐太宗之所以坚持讨伐高昌,并力拒魏征之谏,设置西州者,盖主要由于上述形势之考虑也。至于高昌居民多汉人,亦为便于设置州县之一条件。如平高昌之后,其地成为羁縻州府,仍为麹氏所统治,则不可能成为唐帝国保卫西北边疆之前沿据点,更不可能成为唐在西域开疆拓土之前沿根据地。以唐太宗之雄才大略、远见卓识,当然能见及之并力行之,千载之后,吾侪应以同情之心理而理解之也。复次,贞观十四年之时,唐北疆之外的东突厥,其势力渐次恢复,西北疆之外的西突厥相当强大,西及西南疆外之吐蕃甚为强大,唐帝国西北地区将要受到威胁,为长治久安计,太宗不能不筹划西北边疆之军事,英明之贞观天子固当如是也。

贞观十四年唐灭高昌,得户八千四十六,口一万七千七百,亦即此年九月西州初建时之户口数。据史籍及吐鲁番出土文书,高昌及初建时之西州,社会经济相当发达。除重要地理位置外,这一点亦应使西州受到重视。但若使西州发挥其重要地理位置及相当发达的社会经济的作用,必须在西州贯彻实行唐中央政府的法令,而田制、赋役制、兵制及其他制度的更新则为先决条件。所谓更新即建立与实行在关陇地区、中原地区早已行之有效的各种制度。西州确如此做了,并为时较早,效率很高,兹举出史料以证明之。

《吐鲁番出土文书》第四册载《唐西州某乡户口》帐云:

(一)

(前　缺)

1　　　　人　☐☐☐

2　合当乡归朝总　☐☐☐

3　　　六人并　☐☐

4　　　四人　男☐

5　　　二人　妇女

6　合当乡良贱总四百廿七

7　　四　百　廿　七　　良

8　　一百六十九　男夫

9　　二百五十八　妇女

10　☐☐人　贱

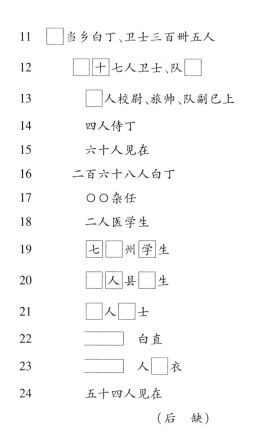

首先应确定上列文书的时间,文书出自哈拉和卓一号墓,编者说明略云:"本墓经盗扰……所出文书兼有麴氏高昌及唐代。其有纪年者,最早为高昌延寿十六年(639),最晚为唐贞观十四年(640)。"因为文书出土墓经过盗扰,"贞观十四年"这一纪年只能作为确定本文书时间的参考。有的敦煌吐鲁番学研究者考订本文书的时间为,自唐贞观十四年至贞观二十三年之间。这一考定很稳妥,但我认为应更确切更早一些。文书第二行"合当乡归朝总☐☐☐☐","归朝",归于天朝也,此乃以旧高昌臣民向唐

天子及唐中央政府第一次报告之用语,其时间应在西州设置后的一二年间,即贞观十五年或十六年,不应再晚了。

同书载《唐贞观十八年西州高昌县武城等乡户口帐》略云:

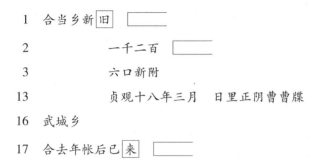

这里的"旧"指的是前一年计帐中的数字,从十七行看,前一年,即贞观十七年,西州各县已正式申帐了。据此可以推知,西州贞观十五、十六年初报户口,称归朝,以后格式则如十八年文书所示,称"新旧","去年帐后已来"了。据此将上件文书时间限定为贞观十五或十六年。

文书一至十行为当乡总人口数及良贱制;文书十一至十三行为府兵制;十四行为亲侍制;十七行为杂徭制;十八至二十行为州县学制。二十一行"士"上缺一字,应填"幕",即幕士;二十三行"衣"上缺一字,应填"执",即执衣;幕士、白直、执衣均为色役,此三行乃色役制也。

以上六种制度均为唐制。在西州建置后一两年的短时间内,行之于关陇地区、中原地区的多种唐制,已行之于西州,殊堪注意。此外,同墓出土的还有唐西州高昌县顺义等乡勘田簿、唐西州左照妃等勘田簿、唐西州赵相意等勘田簿、唐西州张庆贞等勘田簿。在广大地区上进行勘田,其目的应是为实行均田制作准备。从原高昌田制改为唐均田制,州、县、乡官府必须掌握民户所有土地的实际情况,因而要勘测田地。可以推断,勘田之后紧接着实行均田制,其时间应在置西州后数年之内。均田制为唐代前期多种制度中最重要者。西州实行均田制的同时,赋役制亦必实行。均田制、租庸调制和户口帐所反映的六种制度,几乎为唐前期所实行制度的全部。在这远离首都五千里以外新征服的边境地区,短短几年内迅速地几乎全部实行了唐中央政府制定的制度,其原因、其意义,不能不引起我们的深思。

唐灭高昌、置西州,乃太宗力排众议所定的政治军事策略。置西州后迅速实行的一整套制度,实为前一政治军事策略的继续。当太宗决定伐高昌设置西州时,当然要考虑到此后的一系列措施,以达到控制西域的目的。西州既已建立,地方官府推行国家制度,此乃经常之事。但在短短二三年内,如此迅速地实行均田制等一整套制度,除唐代前期一般行政效率较高这一因素外,我认为,唐太宗的特殊关注,应是重要原因。要研究贞观后期唐在建设西北边境地区并由此经营西域取得的成功,首先应了解唐太宗的思想性格,因为灭高昌,设西州、庭州和安西都护府,伐焉耆,征讨龟兹,南迁安西都护府等等,主要是太宗决定的。高瞻远瞩,善于抓住时机,是唐太宗思想性格的一个方面;勇于进取(攻),以攻为守则是另一个方面。两方面互相结合,在实行关中本位政策的唐初,即出现了西北地区的一系列军事行动。贞观后期,吐蕃虽逐渐强大,但还无力进攻以龟兹为中心的天山以南地区;在天山以北的西突厥,因内部不统一,力量互相削弱,不能向南发展。这一时机,对唐是有利的。因此从贞观十四年到二十二年的八年期间,贞观天子把唐帝国的军事政治力量牢固地安置在西州地区,并发展到天山以南的龟兹地区,设置四镇,初步控制了西域。

在上述一系列军事政治措施中,发展建设西州,使西州富庶强大并贯彻执行唐中央政府的法令,是最重要的。上文据几件吐鲁番文书考订,在设置西州后的两三年中,即贞观十五六年及稍后,唐在西州实行了国家制定的均田制等一系列制度,这本身就是执行国家的法令,又为随时颁布的法令的执行创立有利条件。这一系列制度的实行促使社会经济发展,特别是农业、商业的发展。充分发挥西州和庭州、伊州在驿路交通上的枢纽作用,也需要西州富庶(如食粮充裕等)。上文引《新唐志》所载几条驿路,如伊州至西州和庭州的驿路上,有罗护守捉、赤亭守捉、独山守捉等。多处驻军与保护驿路有关,这为数不少的兵士需要沿路及其附近供给食粮。以下举出一件为时较晚的吐鲁番文书,作为推论证明。

《大谷文书集成》贰载唐天宝年间北庭(永兴按,原书作"河西",误)天山军兵士食仓粮文书(大谷三三五四),兹移录有关数行:

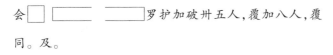

会 □ □ □ 罗护加破卅五人,覆加八人,覆同。及。

1　廿□人蒲昌县界

2　一十九人罗护镇界

文书"会"下一行为勾官朱书,所缺字为某某仓,言罗护镇驻军食仓粮若干人,此罗护镇即《新唐志》所载自西州至伊州驿路上的罗护守捉。

又同上文书另一断片(大谷三三五五)略云：

银山支,及。
5　四人天山县界。

"银山支"一句乃勾官名及勾官朱书,银山指银山仓,天山县界驻军四人食银山仓粮也。据《新唐志》,自西州至焉耆的驿路经过天山县,在天山县界内保护驿路之兵士食附近银山仓粮。

天宝年间上距贞观后为时百年,我推测,也许具体的兵员布置及因军事重心不同,配食之仓及人数有所变化,但驻军食当地或附近仓粮的原则,应前后一致。

可见,若发挥西州地区(包括庭州、伊州)驿路交通枢纽的作用,必须有富庶的西州,而实行均田制等一系列制度则为必要的客观条件。

除交通枢纽的重要作用外,西州地区还是肇端于贞观后期、完备于开、天之际的西北军事格局(河西、北庭、安西)中的组成部分,即安西都护府及四镇的前沿根据地也。唐太宗经营西域的策略之一为进可攻,退可守,如贞观二十二年平龟兹,设置四镇,安西都护府由西州南迁龟兹,即进攻;永徽二年,由于贺鲁强大南犯,唐不得不放弃四镇,安西都护府北还西州,即退守也。这一策略的制定及实施,有赖于西州地区的富庶强盛,能真正发挥前沿根据地的作用。由于在西州迅速实行均田制等国家制度,西州地区富强,既能发挥其交通枢纽作用,又能发挥其前沿根据地作用,此即灭高昌、设西州,并迅速实行国家各种制度之深远意义所在。身居长安而心悬五千里外西疆之贞观天子,之所以当初运独见之明,灭高昌,置西州、庭州,派兵驻守,其目的作用正在于此。

贞观二十年唐太宗行幸灵州及对敕勒部族之招徕

贞观二十年唐太宗幸灵州及敕勒诸部族之入朝,两《唐书》之《太宗纪》及有关敕勒诸传均有记载,均不如《资治通鉴》记载之详备明确,兹据《通鉴》之记载并参证有关史料略论述之。
《通鉴》卷一九八"唐太宗贞观二十年"略云:

> 薛延陀余众西走,犹七万余口,共立真珠可汗兄子咄摩支为伊特勿失可汗,归其故地。寻去可汗之号,遣使奉表,请居郁督军山之北;使兵部尚书崔敦礼就安集之。

唐太宗像

敕勒九姓酋长,以其部落素服薛延陀种,闻咄摩支来,皆恐惧。朝议恐其为碛北之患,乃更遣李世勣与九姓敕勒共图之。上戒世勣曰:"降则抚之,叛则讨之。"己丑,上手诏,以"薛延陀破灭,其敕勒诸部,或来降附,或未归服,今不乘机,恐贻后悔,朕当自诣灵州招抚。其去岁征辽东兵,皆不调发"。

李世勣至郁督军山,其酋长梯真达官帅众来降。薛延陀咄摩支南奔荒谷,世勣遣通事舍人萧嗣业往招慰,咄摩支诣嗣业降。其部落犹持两端,世勣纵兵追击,前后斩五千余级,虏男女三万余人。秋七月,咄摩支至京师,拜右武卫大将军。

(八月)己巳,上行幸灵州。

江夏王道宗兵既渡碛,遇薛延陀阿波达官众数万拒战,道宗击破之,斩首千余级,追奔二百里。道宗与薛万彻各遣使招谕敕勒诸部,其酋长皆喜,顿首请入朝。庚午,车驾至泾阳。回纥、拔野古、同罗、仆骨、多滥葛、思结、阿跌、契苾、跌结、浑、斛薛等十一姓各遣使入贡,称:"薛延陀不事大国,暴虐无道,不能与奴等为主,自取败死,部落鸟散,不知所之。奴等各有分地,不从薛延陀去,归命天子。愿赐哀怜,乞置官司,养育奴等。"上大喜。辛未,诏回纥等使者宴乐,颁赉拜官,赐其酋长玺书,遣右领军中郎将安永寿报使。

壬申,上幸汉故甘泉宫,诏以"戎、狄与天地俱生,上皇并列,流殃构祸,乃自运初。朕聊命偏师,遂擒颉利;始弘庙略,已灭延陀。铁勒百余万户,散处北溟,远遣使人,委身内属,请同编列,并为州郡;混元以降,殊未前闻,宜备礼告庙,仍颁示普天"。

庚辰,至泾州;丙戌,逾陇山,至西瓦亭,观马牧。九月,上至灵州,敕勒诸部俟斤遣使相继诣灵州者数千人,咸云:"愿得天至尊为奴等天可汗,子子孙孙常为天至尊奴,死无所恨。"甲辰,上为诗序其事曰:"雪耻酬百王,除凶报千古。"公卿请勒石于灵州,从之。

(十月)丙戌,车驾还京师。

(十二月)戊寅,回纥俟利发吐迷度、仆骨俟利发歌滥拔延、多滥葛俟斤末、拔野古俟利发屈利失、同罗俟利发时健啜、思结酋长乌碎及浑、斛薛、奚结、阿跌、契苾、白霫酋长,皆来朝。庚辰,上赐宴于芳兰殿,命有司[厚加给待],每五日一会。

同书贞观二十一年云:

(正月)丙申,诏以回纥部为瀚海府,仆骨为金微府,多滥葛为燕然府,拔野古为幽陵府,同罗为龟林府,思结为卢山府,浑为皋兰州,斛薛为高阙州,奚结为鸡鹿州,阿跌为鸡田州,契苾为榆溪州,思结别部为蹛林州,白霫为寘颜州;各以其酋长为都督、刺史,各赐金银缯帛及锦袍。敕勒大喜,捧戴欢呼拜舞,宛转尘中。及还,上御天成殿宴,设十部乐而遣之。诸酋长奏称:"臣等既为唐民,往来天至尊所,如诣父母,请于回纥以南、突厥以北开一道,谓之参天可汗道,置六十八驿,各有马及酒肉以供过使,岁贡貂皮以充租赋,仍请能属文人,使为表疏。"上皆许之。于是北荒悉平,然回纥吐迷度已私自称可汗,官号皆如突厥故事。

(四月)丙寅,置燕然都护府,统瀚海等六都督、皋兰等七州,以扬州都督府司马李素立为之。

永兴按:贞观二十年八月丙寅(七日)至十月丙戌(二十八日)唐太宗灵州之行,乃唐代前期政治及军事上之头等大事。有关史籍,唯《通鉴》记述详备,不仅记述其行程及行程中之大事,其前因后果亦详书之。如读者细读《通鉴》记事,即可约略窥知太宗此行之重大意义。斯陈寅恪先生所以称之为空前杰作也。

唐太宗乃有远见卓识、雄才大略之政治家、军事家。其所见者在空间不限于禹域九州之内,远及亚洲全部,特别是北亚、西北亚及中亚,在时间上不限于己身在位之时,而及于百年之后。开元、天宝之军事业绩,实承袭并实现贞观天子之军事策略,两者相距百年,实一脉相传也。兹就以下四点论述之。

(1) 大漠南北之政治军事形势

贞观二十年三月己巳(七日),唐太宗在辽东战败之后,以悔愧的心情回到首都长安。征高丽战争之败是太宗一生指挥战争唯一一次大失败。上谓李靖曰:"吾以天下之众困于小夷,何也?"靖曰:"此道宗所解。"上怅然曰:"当时匆匆,吾不忆也。"(略引录自《通鉴》卷一九八"唐太宗贞观二十年"条)太宗病,"欲专保养","军国机务并委皇太子处决"(均见《通鉴》),但至六月己丑(五日),决定自诣灵州,招抚敕勒诸部,并谓"今不乘机,恐贻后悔",即机不可失、时不再来也。何以如此,首先应了解当时漠南、漠北的政治军事形势。

贞观四年,唐灭东突厥颉利汗国,太宗用温彦博策,徙居处漠南之东突厥人于唐北疆之东至幽州,西至灵州的广大地域。至贞观十三年,因结社率之反,七月庚戌,诏怀化郡王李思摩为乙弥泥孰俟利苾可汗,率领迁在北疆之内的东突厥人及其他胡人渡河,归还他们在漠南原居故地。至贞观十五年初,东突厥俟利苾可汗始率部北济河。前年受诏,至此方渡河北返,可见南迁之突厥人不愿北返旧地也。《通鉴》卷一九七"唐太宗贞观十八年"末云:"俟利苾之北渡也,有众十万,胜兵四万人,俟利苾不能抚御,众不慊服。(十二月)戊午,悉弃俟利苾南渡河,请处于胜、夏之间;上许之。"总之,自贞观四年至贞观十八年,东突厥人自漠南迁徙大河之南,不数年又迁回大河之北即漠南,又不数年复自漠南迁徙于大河之南胜州、夏州之间。两次自漠南南迁,有少数部落留居不走,也有少数部落北奔依附于敕勒部族。因此漠南处于空虚无主、离散以至混乱状态中。

大漠之北居处者为敕勒十四部族,最强大者为薛延陀,隶属于东突厥颉利汗国。贞观四年东突厥颉利汗国瓦解后,漠北敕勒诸部族部分属于薛延陀,但回纥、仆骨、拔野古诸部族亦甚强大,薛延陀不能制服。漠北敕勒诸部族基本上处于分离状态,少数部族自漠南内属于唐。如斛薛部族处于灵州(见《通鉴》卷一九三贞观五年),又如契苾酋长何力帅部落六千余家诣沙州降,诏处之于甘、凉之间(见《通鉴》一九四"贞观六年"),又如思结部居五台(见《通鉴》卷一九六"贞观十五年")等。此居五台之思结部或即"贞观四年三月庚午思结俟斤帅众四万来降"者(见《通鉴》卷一九三)。

(2) 释"今不乘机,恐贻后悔"

此唐太宗于贞观二十年六月己丑之言。"乘机",乘之甚强大之机也。此时薛延陀行将全部统治漠北进入漠南,贞观十九年唐以强大兵力两次击败之,使薛延陀失去统治漠北之能力,唐以抚慰策略可招徕漠北敕勒十三姓,此乃良机也。如不在此时使敕勒十三姓归服,其内部较强大之部族如回纥必将代薛延陀统治漠北,故此机不可失也。兹移录《通鉴》两段记事以证明上列阐释。

《通鉴》卷一九八"唐太宗贞观十九年"末略云:

> 上之征高丽也,使右领军大将军执失思力将突厥屯夏州之北以备薛延陀。薛延陀多弥可汗既立,以上出征未还,引兵寇河南,上遣左武候中郎将长安田仁会与思力合兵击之……薛延陀大败,追奔六百余里,耀威碛北而还。多弥复发兵寇夏州。己未,敕礼部尚书江夏王道宗,发朔、并、汾、箕、岚、代、忻、蔚、云九州兵镇朔州;右卫大将军、代州都督薛万彻,左骁卫大将军阿史那社尔,发胜、夏、银、绥、丹、延、鄘、坊、石、隰十州兵镇胜州;胜州都督宋君明、左武候将军薛孤吴,发灵、原、宁、盐、庆五州兵镇灵州;又令执失思力发灵、胜二州突厥兵,与道宗等相应。薛延陀至塞下,知有备,不敢进。

永兴按:薛延陀于寇灵州之战中大败,故唐兵追击至漠北;稍后薛延陀又寇夏州,唐发二十四州之府兵及灵、胜二州突厥兵,兵力甚为强大,故薛延陀虽至塞而不敢侵犯也。

《通鉴》卷一九八唐太宗贞观二十年六月略云:

> 薛延陀多弥可汗,性褊急,猜忌无恩,废弃父时贵臣,专用己所亲昵,国人不附。多弥多所诛杀,人不自安。回纥酋长吐迷度与仆骨、同罗共击之,多弥大败。乙亥,诏以江夏王道宗、左卫大将军阿史那社尔为瀚海安抚大使;又遣右领卫大将军执失思力将突厥兵,右骁卫大将军契苾何力将凉

州及胡兵,代州都督薛万彻、营州都督张俭各将所部兵,分道并进,以击薛延陀。

上遣校尉宇文法诣乌罗护、靺鞨,遇薛延陀阿波设之兵于东境,法帅靺鞨击破之。薛延陀国中惊扰,曰:"唐兵至矣!"诸部大乱。多弥引数千骑奔阿史德时健部落,回纥攻而杀之,并其宗族殆尽,遂据其地。诸俟斤互相攻击,争遣使来归命。

永兴按:据上引,贞观十九年末唐大败薛延陀,六个月后,唐又以更大的兵力攻击薛延陀,并击溃之,薛延陀几乎被消灭。其目的不仅为消灭北疆外一强大势力,更重要的是争取招徕全部敕勒十三姓,命阿史那社尔为瀚海安抚大使显示了这一目的。此后,薛延陀余众七万余口归其故地,此故地在何处?据《旧唐书》卷一九九下《铁勒传》略云:"其(薛延陀)余众尚五六万,窜于西域。"《唐会要》卷九六"薛延陀"条亦有相同记载,可知薛延陀之故地为西域。在薛延陀西逃之后,漠北敕勒十三姓无所归依,唐如招抚,必欣然归服,此亦即太宗所谓"乘机"之"机"也。太宗乘机亲往灵州招抚,漠北敕勒十三姓全部归服,这一广大地区成为唐之羁縻府州,置燕然都护府遥控之。

(3) 灵州的地理形势

严耕望著《唐代交通图考》篇六长安西北通灵州驿道及灵州四达交通线,其引言中有关于灵州"然以地居长安之直北,坦途不过千余里,故有外御、内卫之双重作用"。严氏之说诚是。

永兴按:据《元和郡县图志》卷四"关内道"略云:

灵州,(灵武,大都督府。)

八到。(东南至上都一千二百五十里,西南至凉州九百里,北至碛南弥娥川水一千里。)

按:凉州为西北军事中心,灵州与凉州拱卫京师及京畿,此内卫也。北至碛南弥娥川水一千里,又据上引严耕望氏书附图,黄河北(亦即碛南)有碛口,乃漠北敕勒诸族渡漠南来之孔道,复有突厥南庭黑沙。灵州西临黄河,北距黄河不远,如敌人来犯,击之近且便,此外御也。灵州的地理形势如此,乃作为北疆内军事政治中心上选之地。此点太宗恐早已闻知,今亲自来灵州,应有亲自观察之意,可推知也。

总括以上分析,可知太宗此次西幸灵州之目的有二:一为招徕漠北敕勒十三姓,使漠北成为唐帝国可羁縻之地,使居处漠南之蕃族失去北面凭依;一为亲自观察灵州之地理形势,其心中实有建立北疆军事重镇之考虑。此虽近于神游冥想,然太宗乃雄才大略有远见之人,建立北疆军事重镇以捍卫国土,不能不有此考虑也。

(4) 招徕敕勒部族求得兵源

太宗之重视敕勒部族,应稍深入分析之。唐代初期,在兵农合一的条件下,府兵已渐失去其战斗力,不堪使用。但大唐帝国不能无兵,兵从何处求得,即兵源何在?大唐帝国应有众多良将,但当时良将实不多,何处选拔良将?故此唐太宗不能不使用蕃兵蕃将也。太宗所使用之蕃将胡兵多为敕勒部族,附此略述之。在《论隋末唐初所谓"山东豪杰"》(见《金明馆丛稿初编》)一文中,寅恪先生略云:

综合上引关于山东豪杰之史料,就其性强勇,工骑射,组织坚固,从事农业,及姓氏多有胡族关系,尤其出生地域之分配诸点观之,深疑此集团乃北魏镇戍屯兵营户之后裔也。

先生又引《魏书》卷七上《高祖纪上》略云:

> (延兴元年)冬十月丁亥,沃野、统万二镇敕勒叛。诏太尉、陇西王源贺追击,至枹罕,灭之,斩首三万余级,徙其遗迸于冀、定、相三州为营户。

> (延兴二年)三月,连川敕勒谋叛,徙配青、徐、齐、兖四州为营户。

据此,北魏营户之后裔,即敕勒部族之后裔,隋末唐初之山东豪杰似为敕勒部族。唐太宗之戡定内难,实得此等敕勒族人之助力也。

《通鉴》卷一九八"唐太宗贞观二十一年"云:

> (十二月)龟兹王伐叠卒,弟诃黎布失毕立,浸失臣礼,侵渔邻国。上怒,戊寅,诏使持节、昆丘道行军大总管、左骁卫大将军阿史那社尔,副大总管、左骁卫大将军契苾何力,安西都护郭孝恪等将兵击之,仍命铁勒十三州、突厥、吐蕃、吐谷浑连兵进讨。

按:契苾何力是敕勒契苾部族的首领。铁勒即敕勒,"十三州"应作"十三府州",亦即漠北敕勒十三府州,均派其部落兵参加。这次伐龟兹大战的主力军可能是敕勒十三部族的部落兵。据此亦可推知，太宗幸灵州招徕敕勒部族，其目的之一为求得兵源也。

唐太宗灵州之行及招徕敕勒部族，其目的固为使敕勒部族不为东突厥所利用以攻击唐，以及为其北面凭依；同时，唐可与敕勒部族南北夹击东突厥。因东突厥居处漠南（亦即大河之北），唐在河南，而敕勒居处漠北也。为唐帝国求得兵源亦为太宗灵州之行招徕敕勒的目的。贞观之末年，唐之府兵制渐次败坏，兵农合一之府兵已失去战斗力，以至不堪攻战，然则唐用何人充兵以保卫国家民族耶？太宗乃英明之天子，雄才大略，远见卓识，不能不考虑此一重大问题并解决之。太宗戡定内难所使用之武力为山东豪杰，山东豪杰乃敕勒人也。太宗虽败走刘黑闼，但亦认识刘黑闼之勇猛善战，刘黑闼亦敕勒人也。居处漠北之敕勒十三姓虽均勇于骑射攻战，但分散不统一，如施以恩泽，易于招抚为唐效力，成为保卫大唐帝国的武装力量，此唐太宗之苦心孤诣，亦其立国之军事策略。开元、天宝之际，河西、北庭、安西三镇兵多敕勒部族，乃太宗军事策略之实施。虽前后相距百年之久，如细究之，其一脉相传固可窥知也。

唐高宗懦弱无大志，实不堪承袭太宗之遗业。武则天虽精明果敢，能选贤任能，治国安民有可称誉，但对四周外蕃族多软弱无对策，如东突厥默啜侵略深入内地，威胁长安、洛阳，武则天几乎束手无策，只能出之于诅咒，称默啜为斩啜。其不能发展太宗对外之军事策略，抑又可知矣。唐玄宗英明果敢，有远见，继承太宗对外政策及军事策略，故河西、北庭、安西三镇之兵多为敕勒部族及其他蕃族也。

唐代前期的河西节度

唐帝国在西部及西北地区的军事格局,创建于太宗之世,而完备于玄宗在位期间。开、天时期西部及西北地区的重大军事成就,是此军事格局百余年来所发生的效果。唐帝国立足于当时世界文明强大国家之林,西部及西北地区的军事成就是重要基石之一。

唐开、天之际的边境十节度,重要者为河西、陇右、安西四镇、北庭、朔方、河东、范阳。前四者均在西及西北地区,朔方虽居北面,但在战争中则与河西相倚重。西部及西北地区四节度有共同任务,即保卫本地区并经营西域,但由于所处地域不同,任务又各自不同。四节度中,河西及陇右互相支持,河西、安西四镇及北庭则以河西为中心,以安西四镇、北庭为两翼,河西为经营西域的后方总部,安西四镇、北庭则为两个前沿根据地。此即西部及西北地区的军事格局。

河西节度的设置

据《资治通鉴》,幽州(即范阳)于景云元年十月丁酉首设节度使,同年稍后,于凉州继设河西节度使。据《新唐书·兵志》,自景云以后,"接乎开元",朔方、陇右、河东,皆置节度使。

关于河西节度使领州,上引《资治通鉴》卷二一〇及《新唐书·方镇表》均为凉、甘、肃、伊、瓜、沙、西七州。《资治通鉴》可能即据《新唐书·方镇表》。

《资治通鉴》卷二一五"唐玄宗天宝元年"略云：

> （河西节度）统赤水、大斗、建康、宁寇、玉门、墨离、豆卢、新泉八军，张掖、交城、白亭三守捉，屯凉、肃、瓜、沙、会五州之境，治凉州。

按：宁寇军，《资治通鉴》注云："在凉州东北千余里。"《旧唐书》卷三八《地理志》同。中华书局标点本《旧唐书》校勘记云："据《通典》卷一七二、《元和志》卷四〇，'凉州'应为'甘州'之误。"所言甚是。据此，河西节度使屯兵之州应有甘州，共为六州，非五州也。

《资治通鉴》景云元年及《新唐书》方镇表，均称河西节度使领州之中有伊、西二州，但《资治通鉴》天宝元年记河西节度使屯兵之州中无伊、西二州。此点应略加说明。按《资治通鉴》卷二〇七"则天后长安二年"云：

> （十二月）戊申，置北庭都护府于庭州。

《元和郡县图志》卷四〇"陇右道"下略云：

> 庭州，长安二年改置北庭都护府，按三十六蕃。

《唐六典》卷三〇"都护府"条云：

> 都护、副都护之职，掌抚慰诸蕃，辑宁外寇，觇候奸谲，

征讨携离。

就都护之职而言,都护府领蕃州,不领一般州县。长安二年设置的北庭都护府,治于庭州,但不领毗邻的伊、西州。因此,在八年后即景云元年设置河西节度使时,属于陇右道距凉州不远的伊、西二州,当然就成节度使的领州了。两年后,形势发生变化,按《唐会要》卷七八"节度使门"略云:

> 先天元年十一月,史献除伊、西节度兼瀚海军使,自后不改。至开元十五年三月,又分伊西、北庭为两节度。至二十九年十月二十九日,移隶伊西、北庭都督四镇节度使。

伊、西两州自成节度和移隶四镇节度,则天宝元年时之河西节度使领州中当然不包括伊、西两州了。

《新唐书·方镇表》所云河西节度副使治甘州,诸书不载,《岑嘉州诗》可与之相印证。《岑嘉州诗》卷二《送张献心充副使归河西杂句》,诗末云:

> 花门南,燕支北,张掖城头云正(一作碛云)黑,送君一去天外忆。

张掖即甘州,不须解释。关于花门,《新唐书》卷四〇"陇右道甘州张掖郡"略云:

> 县二。
> 删丹。(中下……又北三百里有花门山堡。)

《元和郡县图志》卷四〇"陇右道"下"甘州"条云：

> 删丹县，本汉旧县，属张掖郡。按焉支山（永兴按：中华书局本校勘记引《考证》云：一作"燕支""焉耆"），一名删丹山，故以名县。山在县南五十里，东西一百余里，南北二十里，水草茂美，与祁连山同。

据此，北有花门山堡，南有燕支山之城即张掖（甘州）城也。岑参送行去张掖之张献心，即河西节度副使也。

河西节度使辖军

《元和郡县图志》卷四〇"陇右道"下"凉州"条云：

> 河西节度使（都管兵七万三千人，马万八千八百匹），备羌胡。统赤水军（在凉州城内。管兵三万三千，马万三千匹。本赤乌镇，有青赤泉，名焉。军之大者，莫如赤水，幅员五千一百八十里，前拒吐蕃、北临突厥者也）、大斗军（凉州西二百里。本是赤水军守捉，开元十六年改为大斗军，因大斗拔谷为名也。管兵七千五百人，马二千四百匹）、建康军（证圣元年尚书王孝杰开镇，周回以甘、肃两州中间阔远，频被贼钞，遂于甘州西二百里置此军。管兵五千二百人，马五百匹。东去理所七百余里也）、宁寇军（甘州东北十余里。天宝二年置。管兵一千七百人，马五百余匹）、玉门军（肃州西二百余里。武德中杨恭仁置。管兵千人，实三百人，马六百匹。东去理所一千一百余里）、墨离军（瓜州西北一千

里,管兵五千人,马四百匹。东去理所一千四百余里)、新泉军(会州西北二百里。大足初郭元振置。管兵七千人。西去理所四百里也)、豆卢军(沙州城内。以当匈奴要路,山川迥阔,神龙初置豆卢军以镇之。管兵四千五百人,马四百匹。去理所一千七百余里)、张掖守捉(东去理所五百里,管兵六千五百人,马一千匹)、交城守捉(凉州西二百里。管兵一千人)、白亭军(凉州西北三千里。管兵一千七百人)。

《通典》卷一七二《州郡》二《序目下》"大唐"、《旧唐书》卷三八《地理志》、《资治通鉴》卷二一五唐玄宗天宝元年均载河西节度使辖军全部。《唐会要》卷七八《节度使》、《唐六典》卷五《兵部》、《新唐书》卷五〇《兵志》亦载有河西节度使辖军,但不完全。以下探讨河西节度使的主要辖军。

1. 赤水军

《唐会要》卷七八《节度使》(每使管内军附)略云:

> 河西节度使,景云二年四月,贺拔延嗣为凉州都督,充河西节度使……至开元二年四月,除阳执一,又兼赤水、九姓、本道支度、营田等使。

《新唐书》卷六七《方镇表》云:

> (景云元年)置河西诸军州节度、支度、营田、督察九姓部落、赤水军兵马大使。

"九姓"即九个蕃族部落。据上引史料,河西节度使与九姓关系密切,特别是赤水军,出自九姓,乃蕃族部落兵也。兹考释九姓:

《旧唐书》卷四〇《地理志》"河西道"云:

凉州中都督府

  吐谷浑部落 兴昔部落 阁门府 皋兰府 卢山府
金水州 蹛林州 贺兰州

  已上八州府,并无县,皆吐浑、契苾、思结等部,寄在凉州界内,共有户五千四十八,口一万七千二百一十二。

永兴按,以上八州府,皆蕃州也,即八个蕃族部落,居凉州境内,亦即上引《唐会要》及《新唐书·方镇表》所云九姓之八,尚缺一姓。

《新唐书》卷四三下《地理志》"羁縻州"略云:

陇右道:
突厥州三,府二十七。
皋兰州(贞观二十二年,以阿史德特健部置,初隶燕然都护,后来属。)
兴昔都督府
右隶凉州都督府
回纥州三,府一。
蹛林州(以思结别部置。) 金水州 贺兰州
卢山都督府(以思结部置。)
右初隶燕然都护府。总章元年,隶凉州都督府。
吐谷浑州一。

阎门州

右隶凉州都督府

上引《新唐书·地理志》"蕃州府"七,即七姓,较《旧唐书·地理志》少一姓,尚缺二姓。

《新唐书》卷一一〇《诸夷蕃将·契苾何力传》(《旧唐书》卷一〇九《契苾何力传》略同)云:

> 契苾何力,铁勒哥论易勿施莫贺可汗之孙。父葛,隋末为莫贺咄特勒(勤),以地近吐谷浑,隘陋多疠疡,徙去热海上。何力九岁而孤,号大俟利发。
>
> 贞观六年,与母率众千余诣沙州内属,太宗处其部于甘、凉二州,擢何力左领军将军。
>
> (贞观)十四年,为葱山道副大总管,与讨高昌,平之。
>
> 始,何力母姑臧夫人与弟沙门在凉州,沙门为贺兰都督。十六年,诏何力往视母。(《旧传》云:诏许何力觐省其母,兼抚巡部落。)于是(《旧传》作"时")薛延陀毗伽可汗方强,契苾诸酋争附之。

据此,铁勒的契苾部在贞观初期曾徙居甘、凉二州。《旧志》所载隶属凉州都督府的契苾部族应包括有唐一代名将契苾何力所在的部落,可无疑也。

《旧唐书》卷一九九下《铁勒传》略云:

> (贞观)二十一年,契苾、回纥等十余部落,以薛延陀亡散殆尽,乃相继归国。太宗各因其地土,择其部落,置为州

府。以回纥部为瀚海都督府,仆骨为金微都督府,多览葛为燕然都督府,拔野古部为幽陵都督府,同罗部为龟林都督府,思结部为卢山都督府,浑部为皋兰州,斛薛部为高阙州,奚结部为鸡鹿州,阿跌部为鸡田州,契苾部为榆溪州,思结别部为蹛林州,白霫部为寘颜州……至则天时,突厥强盛,铁勒诸部在漠北者渐为所并。回纥、契苾、思结、浑部徙于甘、凉二州之地。

上列贞观时之诸蕃州府,与武则天时在甘、凉二州之九蕃州府相同者为卢山、皋兰、蹛林,但已徙居内地,与边境外的一般羁縻州有所不同。按《新唐书》卷二一七上《回鹘传》亦载回纥等部为瀚海等十二蕃州府,唯"金徽"作"金微",并云:"武后时,突厥默啜方强,取铁勒故地,故回纥与契苾、思结、浑三部度碛徙甘、凉间。"总之,武后在位期间,徙于甘、凉二州者为回纥、契苾、思结、浑四部族。《旧唐书·地理志》载此四族之八州府,较《新唐书·方镇表》之九姓,尚少一部落。此一部落应为《旧唐书·铁勒传》之"契苾部为榆溪州"。

根据以上分析,处于甘、凉间之回纥、契苾、思结、浑四族九州府(部落),即九姓;联系上文引《唐会要》所云"又兼赤水(军)、九姓使"及《新唐书·方镇表》所云"督察九姓部落、赤水军兵马大使",可知赤水军之官兵来自回纥、契苾、思结、浑四族九部落(九姓),赤水军乃蕃族所组成之部落军队,或具有部落性质之军队也。按《唐会要》卷九八《回纥》云:

独解支卒,子伏帝匐立,为河西经略副使,兼赤水军使。

《册府元龟》卷九七四《外臣部·褒异》云：

> （开元七年）七月甲申，河西经略副大使，兼赤水军使，左金吾卫大将军员外置同正员。回纥伏帝匐卒，赠特进，赐帛三百段，遣中使吊祭。

按：唐徙回纥部族于甘、凉间，其内徙部族长为独解支，在高宗末及武后在位初期。伏帝匐继独解支为部族长，推测应在武后在位期间。伏帝匐一生以回纥部族酋长的身份为赤水军使，则其部落成员即为赤水军兵士。契苾、思结、浑三部族亦应如此，部族酋长为赤水军将官，部落一般成员为赤水军兵士。赤水军乃蕃族部落兵也。

上引《元和郡县图志》云，河西节度使管兵七万三千人，有马一万八千八百匹。兵士与军马之比约为 7：1，骑兵较多。赤水军管兵三万三千，有马一万三千匹，兵士与军马之比约为 3：1，骑兵更多。

《新唐书》卷二一七上《回鹘传》云：

> 武后时，突厥默啜方强，取铁勒故地，故回纥与契苾、思结、浑三部度碛，徙甘、凉间。然唐常取其壮骑佐赤水军云。

《唐会要》卷九八《回纥》亦载此事，文云：

> 婆闰卒，子比来栗代立，比来栗卒，子独解支立。其都督亲属及部落征战有功者，并自碛北移居甘州界。故天宝末，取骁壮以充赤水军骑士。

文中"天宝末"乃误书。细读《旧唐书·回纥传》及《新唐书·回鹘传》，回纥独解支时相当于唐高宗末，而伏帝匐时则为武则天在位期间。"取骁壮以充赤水军骑士"，不可能迟至天宝末也。

关于唐取回纥、契苾、思结、浑之壮骑佐赤水军之意义，论述如下：

《唐会要》卷七二《诸蕃马印》略云：

> 契马与阿跌马相似，在阎洪达井巳北，独乐水巳南，今榆溪州。
> 蹛林州匐利羽马。
> 回纥马与仆骨相类，同在乌特勒山北安置。
> 思结马，碛南突厥马也，煜漫山西南，阎洪达井东南，于贵摩施岑卢山都督。
> 契苾马，与碛南突厥相似，在凉州阙氏岑，移向特勒山住。
> 浑马，与斛薛马同类，今皋兰都督。又分部落在皋兰山、买浚鸡山。

据上引《唐会要》："突厥马，技艺绝伦，筋骨合度。其能致远，田猎之用无比。《史记》匈奴畜马，即騊駼也。"而"思结马，碛南突厥马也"，"契苾马，与碛南突厥（马）相似"，"浑马，与斛薛马同类"，而"斛薛马，与碛南突厥（马）同类"，皆良马也，回纥马亦是良马。以善于骑射之勇士，御劲于驰驱之良马，宜赤水军成为所向无敌之劲旅也。

《资治通鉴》卷二〇三"唐则天后垂拱元年"云：

(六月)同罗、仆固等诸部叛,遣左豹韬卫将军刘敬同发河西骑士出居延海以讨之。(甘州删丹县北渡张掖河,西北行,出合黎山峡口,傍河东壖,屈曲东北行千里,有宁寇军,军东北有居延海。)同罗、仆固等皆败散。敕侨置安北都护府于同城以纳降者。

《陈伯玉文集》卷六《燕然军人画像铭并序》云:

龙集丙戌,有唐制匈奴五十六载,盖署其君长,以郡县畜之,荒服赖宁,古所莫记。是岁也,金微州都督仆固始桀骜,惑乱其人。天子命左豹韬卫将军刘敬同发河西骑士,自居延海入以讨之。特敕左补阙乔知之摄侍御史,护其军。夏五月,师舍于同城,方绝大漠,以临瀚海。

同书卷四《为乔补阙论突厥表》云:

臣某言,臣以专蒙,叨幸近侍,陛下不以臣不肖,特敕臣摄侍御史,监护燕然西军。

刘敬同统率的河西骑士,即《陈伯玉文集》卷六所说的燕然军人,亦即同书卷四所说的燕然西军。河西骑士何所指?燕然军人或燕然西军何以就是河西骑士?兹申述之。

《唐会要》卷七三《安北都护府》略云:

(贞观)二十一年正月九日,以铁勒、回纥十三部内附,置六都督府(回纥部置瀚海都督府,多滥葛部置燕然都督府,仆骨部置金微都督府,拔野古部置幽陵都督府,同罗部置龟林都督府,思结部置卢山都督府)、七州(浑部置皋兰州,斛萨部置高阙州,奚结部置鸡鹿州,阿跌部置鸡田州,契苾部置榆溪州,思结别部置蹛林州,白霫部置寘颜州)。并各以其酋帅为都督、刺史,给玄金鱼,黄金为字,以为符信……至四月十日,置燕然都护府,以扬州司马李素立为都护,瀚海等六都督(府)、皋兰等七州并隶焉。

根据上文分析,河西赤水军之官兵来自回纥、契苾、思结、浑四族九姓之徙居甘、凉二州者。据上引《唐会要》,此四族均在燕然都护府境内,可称他们为燕然军人。垂拱初年,燕然都护府虽已改称瀚海都护府(见《唐会要》卷七三及《资治通鉴》卷二〇一"唐高宗龙朔三年"),但文学之士习惯使用旧时之燕然称号,且有传为佳话、载诸史册之关于燕然的汉代古典,陈子昂书垂拱年间事而称燕然军人,并非错误。考辨至此,我们可以认为,赤水军之官兵可称为燕然军人,则河西骑士即赤水军中之骑兵部队也。据上引《元和郡县图志》,赤水军管兵三万三千,马一万三千匹。在河西诸军中,骑兵最多,所乘之马皆为良马,勇敢善战。河西骑士之佳称,非赤水军莫属也。

关于上引陈子昂《为乔补阙论突厥表》中之"燕然西军",试释如下:武后之世,内属之回纥、契苾、思结、浑四部族,居于甘州、凉州,并组成赤水军。甘州在凉州之西北,赤水军的总部应在凉州,在甘州的赤水军,可称之为赤水西军,亦即燕然西军也。上引《通鉴》所载垂拱元年刘敬同发河西骑士讨同罗、仆固,似发自甘州,胡注"甘州删丹县北渡张掖河"云云,亦似有此意。

关于赤水军的名称,据上引《元和郡县图志》:"本赤乌镇,有青赤泉(《唐会要》卷七八作"有泉,水赤"),名焉。"姑从之。至于赤水军设置的时间,《唐会要》卷七八《节度使》(每使管内军附)云:

> 武德二年七月,安修仁以其地来降,遂置军焉。

恐不可信。但赤水军设置之时间应早于河西节度,应在武后在位期间回纥、契苾四蕃族内属凉州、甘州之后。据上文分析,可推知也。

2. 豆卢军

《唐会要》卷七八《节度使》(每使管内军附)云:

> 豆卢军,置在沙州,神龙元年九月置军。

《元和郡县图志》卷四〇"陇右道"下,《新唐书》卷四〇《地理志》"陇右道"也有相同的记载。但《吐鲁番出土文书》第七册载《武周圣历二年(699)豆卢军残牒》云:

原编者说明:本件有"豆卢军经略使之印"两处。

（前　缺）

1　☐☐☐☐　付康福下兵☐☐☐☐
2　☐☐☐☐　为 此 已各牒讫☐☐☐
3　　　　[上残]☐ 历二年七月四日典☐☐☐
4　　　　　　☐☐☐管 王　新

此吐谷浑归朝文书之一也。此处仅注意其年月,三行"历"字之前应填"圣"字,即圣历二年七月四日。按《资治通鉴》卷二〇六唐则天后圣历二年略云:

> 初,吐蕃赞普器弩悉弄尚幼,论钦陵兄弟用事,皆有勇略,诸胡畏之。钦陵居中秉政,诸弟握兵分据方面,赞婆常居东边,为中国患者三十余年。器弩悉弄浸长,阴与大臣论岩谋诛之。会钦陵出外,赞普诈云出畋,集兵执钦陵亲党二千余人,杀之,遣使召钦陵兄弟,钦陵等举兵不受命。赞普将兵讨之,钦陵兵溃,自杀。夏四月,赞婆帅所部千余人来降,太后命左武卫铠曹参军郭元振与河源军大使夫蒙令卿将骑迎之……钦陵子弓仁,以所统吐谷浑七千帐来降。
>
> (秋七月)丙辰,吐谷浑部落一千四百帐内附。

据上引,《通鉴》记述吐谷浑内附之时间与吐鲁番文书同,即圣历二年。吐鲁番出土吐谷浑归朝文书钤有豆卢军经略使之印,可见圣历二年已有豆卢军。《唐会要》《元和郡县图志》《新唐书·地理志》载豆卢军设置于神龙元年(晚于圣历二年六年),均误,应从吐鲁番文书。

沙州置军何以名曰豆卢,豆卢之义云何,有何重要意义?兹申论之。

《通典》卷一九〇《边防六·西戎二·吐谷浑》略云:

> 武太后朝,郭元振上《安置降吐谷浑状》曰:"臣昨见唐休璟、张锡等众议商量,其吐谷浑部落,或拟移就秦(今天水郡)、陇(今沂阳郡),或欲移近丰(今九原郡)、灵(今灵武

郡),责令渐去边隅,使居内地……臣以为并是偏见之一端,未为长久之深册。……今吐谷浑之降者,非驱略而来,皆是渴慕圣化,冲锋突刃,弃吐蕃而至者也。臣谓宜当循其情以为制,勿惊扰之,使其情地稍安,则其系恋心亦日厚。当凉州降者(今武威郡),则宜于凉州左侧安置之。当甘州(今张掖郡)、肃州降者(今酒泉郡),则宜于甘、肃左侧安置之。当瓜州(今晋昌郡)、沙州降者(今敦煌郡),则宜于瓜、沙左侧安置之。但吐浑所降之处,皆是其旧居之地,斯辈既投此地,实有恋本之情。若因其所投之地而便居之,其情易安……"

上引郭元振上状,对于申论本文主旨很重要。首先,必须明确上状的时间。据《新唐书》卷六一《宰相表》和同书卷一一三《张锡传》,张锡在久视元年闰七月为宰相,据《资治通鉴》卷二〇七《唐纪》二三,久视元年闰七月时,唐休璟为陇右诸军大使,不久

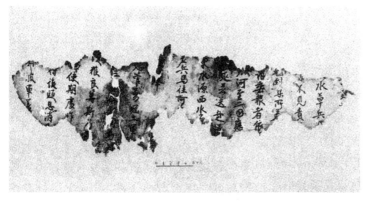

武周豆卢军牒为报吐谷浑后头消息事,新疆吐鲁番阿斯塔那225号墓出土

即为魏元忠所代。唐休璟与张锡议安置内降吐谷浑的时间应在久视元年闰七月；郭元振上安置内降吐谷浑状也应在同时或稍后。久视元年的前一年即圣历二年，此年六、七月，大批吐谷浑人内附，即吐鲁番文书所记吐谷浑人进入瓜、沙、甘、肃、凉五州，归朝内属，则郭元振建议安置者正是这一大批吐谷浑部落，可确言也。

为了支援吐谷浑北返归朝，唐使用的兵力为豆卢军、墨离军、建康军。按《旧唐书》卷三八《地理志》卷首"河西节度使"条略云：

> 建康军，在凉州西百二里，管兵五千三百人，马五百匹。

《唐会要》卷七八《节度使》（每使管内军附）云：

> 建康军，置在甘、肃二州界。证圣元年，王孝杰开四镇回，以两州界回远，置此军焉。

豆卢军在沙州，墨离军在瓜州，建康军如上所述。三军涉及瓜、沙、甘、肃、凉五州。这和郭元振上安置状中所说吐谷浑所降之处的五州完全相同。安置状中的"但吐浑所降之处，皆是其旧居之地，斯辈既投此地，实有恋本之情"一段，十分重要。这一段话说明，在圣历二年以前的长时期内，瓜、沙以及河西一带早已有大批吐谷浑人居住。由于长时期与汉人杂居，吐谷浑人逐渐汉化，大批吐谷浑人从事农耕，但一定也有相当的吐谷浑人仍保留骑射游猎的习俗，能武善战。唐政府把这些善于骑射的吐谷浑人组建成备边的军队，这就是吐鲁番文书记载的最迟在圣历二年已存在的豆卢军。

《北史》卷六八《豆卢宁传》云：

> 豆卢宁字永安，昌黎徒何人。其先，本姓慕容氏，燕北地王精之后也。高祖胜，以燕。皇始初归魏，授长乐郡守，赐姓豆卢氏。或云北人谓归义为"豆卢"，因氏焉，又云避难改焉，未详孰是。

《隋书》卷三九《豆卢勣传》云：

> 豆卢勣字定东，昌黎徒何人也。本姓慕容，燕北地王精之后也。中山败，归魏。北人谓归义为"豆卢"，因氏焉。

据此，鲜卑慕容氏因归义而为豆卢氏，则同出于鲜卑的吐谷浑人，因归义亦可为豆卢氏。我认为这就是最迟在圣历二年已建置的沙州豆卢军得名的缘由。豆卢军是吐谷浑人组成的军队。

在唐中央官府或地方官府看来，无论是在唐或唐前入居沙州一带的吐谷浑人及其子孙，只要他们还未完全汉化且保留鲜卑旧习，都可目之为归义的吐谷浑人，由这样一大批人组成的军队称之为豆卢军。

豆卢军得名的由来如上所述。这一史实反映了唐代前期，特别是圣历二年吐谷浑北返归朝之后，居住在瓜、沙河西地区的吐谷浑人增加很多，可能有更多的吐谷浑人参加军队，增强了唐的军事力量。

3. 墨离军

《元和郡县图志》载墨离军：瓜州西北一千里，管兵五千人，

马四百匹,东去河西节度使理所一千四百余里。《通典》《旧唐书·地理志》同。《资治通鉴》卷二一五"唐玄宗天宝元年"胡注云:

> 墨离军本月氏国,在瓜州西北千里,管兵五千人。

《唐会要》卷七八《节度使》(每使管内军附)云:

> 墨离军,本是月支旧国,武德初置军焉。

"本月氏国"或"月支旧国",殊难考定,暂置之。关于《元和郡县图志》《通典》《旧唐书·地理志》所云,墨离军东去凉州一千四百里,严耕望氏在《唐代交通图考》第二卷第十二篇云:

> 《通典》《元和志》,皆云此军东至凉州一千四百里,正为瓜州至凉州之里数。

严氏指出此点很重要,据此,墨离军即在瓜州附近,不可能远在千里之外也。

平日读书,笔记有关墨离及墨离军的史料。汇集这些史料加以分析,产生疑问:置军瓜州,何以名曰墨离?此军的构成如何?兹条列史料如下。

《旧唐书》卷一〇三《张守珪传》(《新唐书》卷一三三《张守珪传》同)云:

> (开元)十五年,吐蕃寇陷瓜州,王君㚟死,河西恟惧。

以守珪为瓜州刺史、墨离军使。

同书同卷《王忠嗣传》云：

(天宝五载)后频战青海、积石，皆大克捷。寻又伐吐谷浑于墨离，虏其全国而归。(《新传》作"平其国")

永兴按：《资治通鉴》卷二一五"唐玄宗天宝五年"云："与吐蕃战于青海、积石，皆大捷。又讨吐谷浑于墨离军，虏其全部而归。"《册府元龟》卷三五八《将帅部·立功》一一"王忠嗣"条亦载此事，作"墨离"，与旧、新传同，《通鉴》衍"军"字。

《新唐书》卷四〇《地理志》"陇右道鄯州西平郡"略云：

鄯城

自振武经尉迟川、苦拔海、王孝杰米栅，九十里至莫离驿。

永兴按：严耕望著《唐代交通图考》第二卷篇十三《河湟青海地区军镇交通网图》八，莫离驿的位置在吐谷浑故都：(一)树敦城之南，在吐谷浑故都；(二)伏俟城之东南，在青海湖之南，即在吐谷浑人长期居住的地区。我认为"莫离"即是"墨离"，乃吐谷浑语之音译。据此，我推测，设置于瓜州的墨离军，乃吐谷浑人所组成的军队，故以吐谷浑语墨离名其军。上文考释豆卢时已指出，瓜州及其附近，固为大批吐谷浑人居住也。上引《旧唐书·王忠嗣传》"寻又伐吐谷浑于墨离"，此墨离当然在吐谷浑地区。"墨离"为吐谷浑语，以其名某一地，亦可以其名吐谷浑人组成之军队,即墨离军也。

关于瓜州墨离军设置的时间,《唐会要》所云"武德初",亦难考定。兹据下列史料推论之。

《新唐书》卷二一八《沙陀传》云:

> 龙朔初,以处月酋沙陀金山从武卫将军薛仁贵讨铁勒,授墨离军讨击使。

《册府元龟》卷九五六《外臣部·种族》云:

> 沙陀突厥,本西突厥之别种也。唐则天通天中有黑(墨)离军讨击使沙陀金山,为金满州都督。

《旧五代史》卷二五《唐书·武皇纪上》云:

> 始祖拔野,唐贞观中为墨离军事(使),从太宗讨高丽、薛延陀有功,为金方道副都护,因家于瓜州。

以上三书所记之时间不同。唯《新唐书·沙陀传》及《册府元龟》所载可相通。沙陀金山在龙朔初为墨离军讨击使,三十年后即武后万岁通天时仍任或又任同一职务,亦可能之事。《旧五代史》之"因家于瓜州",可注意。如龙朔初设置以吐谷浑人为主体的墨离军,选择居于瓜州另一善战的蕃族首领为军使,亦可能有之事也。

从上述论证中,我们可以看到,赤水军、豆卢军、墨离军为蕃族所组成,值得注意。赤水军三万三千人,为回纥、契苾、思结、

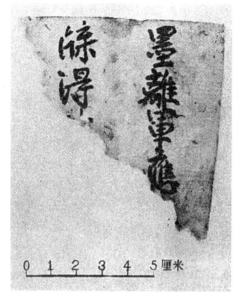

武周墨离军残文书,新疆吐鲁番阿斯塔那 225 号墓出土

浑四部族九部落所组成。豆卢军四千五百人,墨离军五千人,两者均是以吐谷浑人为主体的军队。此三军共四万二千五百人,约占河西节度管兵七万三千人之五分之三。三军外之五军三守捉所管兵中,尚有昭武九姓胡、党项人。总计之,河西节度所辖军七万三千人中的大多数为蕃族。河西节度所管军为蕃、汉组成以蕃族为主体的部队,可确言也。不仅河西节度如此,安西四镇节度及北庭节度也是如此。唐官府文献中也反映出这一情况。

《册府元龟》卷九九二《外臣部·备御》略云:

(开元)十五年十二月制曰:……惟吐蕃小丑,忘我大

> 德,侵轶封域,抄掠边甿……今故纠合诸军,团结劲卒……河西道蕃、汉兵团结二万六千人。

蕃、汉兵并举,此一例也。

《唐大诏令集》卷一三〇景龙四年《命吕休璟等北伐制》略云:

> 赤水军大使、凉州都督司马逸客……与右武卫将军陈家丘,右金吾卫翊府中郎将李玄道,副使、右骁骑卫鹿陵府折冲能昌仁,左卫神山府折冲陈义忠等,领当军及当界蕃、汉兵募健儿七万骑。

蕃、汉兵并举,此又一例也。

《曲江集》卷八《敕河西节度使牛仙客书》(开元后期)略云:

> 宜密令安西征蕃、汉兵一万人,仍使人昼夜倍道与大食计会,取叶护勃达等路入碎叶。令王斛斯自领精骑取其家口。河西节度内发蕃、汉二万人,取瓜州北高同伯帐路西入。

蕃、汉兵并举,此再一例也。

河西节度、安西四镇节度、北庭节度构成的西北军事格局,为全国军事大格局的组成部分。此西北军事格局的武装力量为蕃、汉组成以蕃兵为主体的军队。这一性质的形成乃由于大批蕃族内徙,居住于河西各地。

早在武德初年,凉州已有相当多的昭武九姓胡居住。如《资治通鉴》卷一八七"唐高祖武德二年"略云：

> 李轨将安修仁兄兴贵，仕长安，表请说轨，谕以祸福……兴贵曰："臣家在凉州，奕世豪望，为民夷所附。弟修仁为轨所信任，子弟在机近者以十数……"
>
> 兴贵至武威……于是退与修仁阴结诸胡起兵击轨。

安氏乃昭武九姓之一。据上引，可见昭武九姓胡内徙居于凉州者之多。

《册府元龟》卷九七七《外臣部·降附》略云：

> （贞观）六年十月，契苾何力率其部六十余家款塞，帝处之凉州……是年，党项等羌前后内属者三十万口。

《新唐书》卷二二一上《西域》上《党项传》略云：

> 又有白兰羌，吐蕃谓之丁零，左属党项，右与多弥接，俗与党项同。贞观六年，与契苾数十万内属。

《册府元龟》卷九七七《外臣部·降附》略云：

> 玄宗开元二年十月，胡禄屈二万帐诣北庭内属。

《资治通鉴》卷二〇六"则天后圣历二年"略云：

> （夏四月）钦陵子弓仁，以所统吐谷浑七千帐来降。

（秋七月）丙辰,吐谷浑部落一千四百帐内附。

永兴按：圣历二年内附之吐谷浑部落,置于瓜、沙及河西一带。

自武德至开元年间,类似上列蕃族内属的史实很多,限于此文篇幅,不能备举。

内属的蕃族大多保持原有部落,时间久了,也有些解散部落,与汉人杂居。内属蕃族习于骑射,能武善战,因而被组成军队,成为以河西节度、安西四镇节度、北庭节度所构成的西北军事格局的主要武装力量。

唐代前期百余年中大批蕃族内徙,主要由于亚洲大陆发生了几次重大历史事件。如贞观四年东突厥汗国的瓦解,显庆二年西突厥贺鲁汗国的覆灭,圣历年间吐蕃的严重内讧,开元四年,结合东、西突厥的默啜汗国的消亡,等等。

河西节度与西北军事格局

《资治通鉴》卷二一五"唐玄宗天宝元年"略云：

（是时）置十节度、经略使以备边。安西节度抚宁西域,统龟兹、焉耆、于阗、疏勒四镇,治龟兹城,兵二万四千。北庭节度防制突骑施、坚昆,统瀚海、天山、伊吾三军,屯伊、西二州之境,治北庭都护府,兵二万人。（突骑施牙帐在北庭府西北三千余里；坚昆在北七千里。瀚海军在北庭府城内,兵万二千人。天山军在西州城内,兵五千人。伊吾军在伊州西北三百里甘露川,兵三千人。）河西节度断隔吐蕃、突厥。

按《通典》卷一七二《州郡·二·序目下》、《元和郡县图志》卷四〇"陇右道"下"庭州"及《旧唐书》卷四〇《地理志》卷首称：北庭节度使防制突骑施、坚昆、斩啜。多"斩啜"，"斩啜"即默啜，盖《通典》等书所指时间在开元四年之前。其时，结合东突厥、西突厥的默啜汗国，对唐西北威胁甚大。《通典》《元和郡县图志》及《旧唐书·地理志》称河西节度使断隔羌胡，与《资治通鉴》称断隔吐蕃、突厥同。盖旧史谓吐蕃所居本汉西羌之地，目之为羌也。

抚宁西域，必须北防突骑施之南侵，南防吐蕃之北犯；更重要的是，切断吐蕃与突骑施之联结，以免四镇受到南北夹击。此外，防御大食东侵，也是安西四镇和北庭节度的任务。《通典》《资治通鉴》诸书均未述及，可能因大食之东犯为时较晚也。这一地理形势和军事形势是河西、安西、北庭构成军事格局的客观条件。易言之，西北军事格局是地理条件和当时的客观形势所造成的。陇右节度使的任务为备御吐蕃，与西北军事格局有关，但陇右与剑南构成西南军事格局，更符合当时的实际情况。

（一）西北军事格局形成历程简论

以河西节度为主与安西四镇节度、北庭节度构成的西北军事格局之形成，应追溯至唐太宗贞观十四年。该年，侯君集灭高昌，设置西州，并在交河城设置安西都护府。这是唐太宗一个人的决策。他不顾全部朝臣（包括元老重臣如魏征、褚遂良）的反对，高瞻远瞩，毅然采取了影响唐前期一百几十年的策略。在新征服而居有众多蕃户的土地上，设置西州和安西都护府；特别是九年之后，即贞观二十三年阿史那社尔平龟兹之后，安西都护府南迁龟兹，并设置龟兹、于阗、焉耆、疏勒四镇。安西都护府及四镇处于西域的心脏地区，远离唐西北边境地区。这四个军事据点,有如在众多蕃族的汪洋大海中的四个孤岛。正是这四个军事据点,成为唐经营西域的根据地。我推测,唐太宗之意为:经营并控制西域,借此保护唐的西北地区,并进一步保护关陇地区。这是以关中本位政策立国的大唐帝国必须采用的策略,但唯独具有远见卓识、雄才大略的唐太宗才能真知之,并决然实行之。

贞观二十三年,安西都护府迁往龟兹并统辖四镇,西州都督府统辖西、伊、庭三州并备御迄西迄北诸蕃族。这样,在武后在位至开元年间逐渐完备的西北军事格局的三个方面,基本上已具备两个。这是唐太宗在位期间已经实行了的。武则天、唐玄宗继续实行唐太宗的策略。论唐代前期西北军事格局,不能不自贞观十四年始。

则天后长安二年十二月戊申,置北庭都护府于庭州,按三十六蕃。唐睿宗景云元年末,置河西节度使,治凉州。按三十六蕃,即控制庭州以北以西广大地区诸蕃族部落,则北庭都护府设置之目为加强西州都督府,即西北军事格局中的一个方面。置河西节度使、辖八军三守捉,不仅加强了西北边境地区的军事力量,更重要的是,西北军事格局有了核心,有了后方总部。至此,包括三个方面以河西节度为主的西北军事格局初具规模。

兹应进一步论述者,何以在此期间(长安二年至景云元年为时八载)设置北庭都护府与河西节度使?其原因安在?我认为,其主要原因为结合东、西突厥的默啜汗国的强大并威胁唐西北地区。按《新唐书》卷二一五上《突厥传》云:

> 默啜负胜轻中国,有骄志,大抵兵与颉利略时等,地纵广万里,诸蕃悉往听命。复立咄悉匐为左察,骨咄禄子默矩

为右察,皆统兵二万。子匍俱为小可汗,位两察上,典处木昆等十姓兵四万,号拓西可汗。

《旧唐书》卷一九四上《突厥传》,"左察"为"左厢察","右察"为"右厢察",亦载默啜子为拓西可汗,典处木昆等十姓兵马事,并系此事于长安二年,即置北庭都护府之年也。拓西可汗典处木昆等十姓兵马,即原西突厥诸部族及其兵马也。这一局势如再发展,则永徽初西突厥贺鲁汗国对北庭以及四镇的侵犯和严重威胁势必重现。因此,唐只能加强西北地区的军事力量和完备西北军事格局,以应付此严重危机的局势。故自长安二年至景云元年约八年期间,先后设置北庭都护府和河西节度使。特别是河西节度使的设置,使西北军事格局臻于完备,为开、天期间唐经营西域获得成功创造了重要条件。

自长安二年至开元年间,西北军事格局中的河西、安西及北庭的军事力量又有所加强。表现有三:其一为北庭节度兵力的加强。按《元和郡县图志》卷四〇"陇右道"下"庭州"云:

> 瀚海军。(北庭都护府城中,长安二年初置烛龙军,三年,郭元振改为瀚海军。开元中,盖嘉运重加修筑。管兵一万二千人,马四千二百匹焉。)

按《唐会要》卷七八《节度使》(每使管内军附)亦云:"长安二年十二月,改为烛龙军,三年,郭元振奏置瀚海军。"此军前后两个名称都与回纥有关。

《新唐书》卷四三下《地理志·羁縻州》云:

关内道

回纥州十八,府九。(贞观二十二年分回纥诸部置。)

烛龙州。(贞观二十三年析瀚海都督[府]之掘罗勿部置,侨治温池。)

《资治通鉴》卷一九八"唐太宗贞观二十一年"云:

(春正月)丙申,诏以回纥部为瀚海府。

同书"贞观二十二年"云:

三月,己丑,分瀚海都督(府)俱罗勃部置烛龙州。

"俱罗勃部"应即是《新唐书·地理志·羁縻州》之"掘罗勿部"。(按:《新唐书·回鹘传》亦作"俱勃罗"。)《新志》作二十三年误,应从《通鉴》作二十二年。

据上引,因回纥所置之府曰瀚海,因回纥所置之州曰烛龙,则所以名曰烛龙军或瀚海军者,必为因回纥而置也。据此推论,北庭之烛龙军或瀚海军乃回纥人所组成之军队,或此军之主要组成部分为回纥人也。但庭州居民无回纥人,组成瀚海军之回纥人来自何处?

《资治通鉴》卷一九九唐高宗永徽二年云:

秋七月,西突厥沙钵罗可汗寇庭州,攻陷金岭城及蒲类县,杀略数千人。诏左武侯(严:"侯"改"卫"。)大将军梁建方、右骁卫大将军契苾何力为弓月道行军总管,右骁卫将军高德逸、右武侯将军薛(严:"薛"改"萨"。)孤、吴仁为副,发秦、成、岐、雍府兵三万人及回纥五万骑以讨之。

永兴按:《新唐书·契苾何力传》作"燕然都护府回纥"。此次战役使用了燕然都护府回纥五万骑兵。战役结束后,我推测,救援庭州而西来的回纥骑兵,可能被留下一部分以增强庭州的防御力量。这一部分回纥骑兵的后代,在长安年间组成烛龙军,又改称瀚海军。

北庭节度加强的兵力还有天山军,据《元和郡县图志》,此军驻西州城内,开元二年置,管兵五千人,马五百匹;另外还有伊吾军,据《元和郡县图志》,此军驻伊州西北甘露川,景龙四年置,管兵三千人,马三百匹。总之,自长安二年至开元二年之十一年中,北庭增强兵力二万人。

其二为河西节度兵力的加强。如"大斗军,本是赤水军守捉,开元十六年改为大斗军,管兵七千五百人,马二千四百匹"(见《元和郡县图志》)。由守捉改为军,兵马数必大有增加。据其兵、马数,大斗军乃大军也。又如,"宁寇军,天宝二年置,管兵一千七百人,马五百余匹"(见《元和郡县图志》)。

其三为安西都护府兵力的加强。据《资治通鉴》卷一九六"唐太宗贞观十六年"云:

初平高昌,岁发兵千余人戍守其地。

同书卷一九九"贞观二十二年"略云:

(阿史那)社尔拔其城(龟兹),使安西都护郭孝恪守

> 之……孝恪营于城外……那利奋至,孝恪帅所部千余人将入城。

可见,安西都护府初建立时之兵马不多,虽不止千余人,至多亦不过数千人。但《资治通鉴》记安西四镇天宝元年之兵数为二万四千人、马二千七百匹,增加多倍。我推测,增加兵力的大多数,应在武后末年至玄宗初年之间。

以上简述自贞观十四年至天宝元年西北军事格局形成的过程。景云元年河西节度使之设置为此历程中最重要之事,因西北军事格局以河西节度为主也。其兵力之增强,从贞观末年之数千人,至天宝元年增至十一万七千人、马二万六千三百匹,可谓强大矣。

(二)河西节度在西北军事格局中的督统作用及其重要意义

《曲江集》卷一二《敕河西节度副大使牛仙客书》略云:

> 河西节度副大使、太仆卿、摄御史大夫牛仙客:突骑施连岁犯边,凶恶如此……自夏至今,连营不散。疏勒虽解,边城见侵……卿可于河西诸军州拣练骁雄五千人,即赴安西,受王斛斯分部(永兴按:应作部分)。朕当发遣十八年安西应替五千四百八十人,与彼相续,足得成师……已敕盖嘉运与王斛斯,审量事宜,临时为计。既为卿探访所管,亦宜随要指麾。兼有别敕发三万人……又恐安西资用之乏,卿可于凉府将二十万段物往安西,令随事支拟及充宴赐。朕则续支送凉府。

首先应确定此敕书的时间,敕书云:"既为卿探(采)访所管。"则可知当时牛仙客兼河西采访使,按《唐会要》卷七八《采访处置使(宰相张九龄奏置)》云:

> 开元二十二年二月十九日,初置十道采访处置使。

《玉海》卷一三二"唐采访使"条云:

> 《会要》:开元二十二年二月十九日辛亥,初置十道采访处置使。(三月二十三日置印)河西牛仙客。张九龄奏置。

敕书又云:"朕当发遣十八年安西应替五千四百八十人。"开元年间,戍边兵募五年一替,据此,敕书应在开元二十二年,与上引《会要》载牛仙客任河西采访使于开元二十二年一致。因敕书有"自夏及今"之语,可确定敕书的时间为开元二十二年秋至冬季。

敕书载突骑施连岁犯边事,很重要,姑置不论。兹讨论两点:一为敕书所云,盖嘉运与王斛斯事,"既为卿探(采)访所管,亦宜随要指麾"。开元二十二年,盖嘉运为北庭节度使,王斛斯为安西四镇节度使。据敕书所云,北庭及安西四镇事,兼河西采访使之河西节度使可随要指麾,这一点说明河西节度使在西北军事格局中处于指挥督察地位,处于督统地位。此论西北军事格局者不可不知也。

北庭处于河西境内,当然应由兼采访使之河西节度使所督统。特别值得注意的是,处于西域心脏地区的安西都护府及四镇,亦由兼采访使之河西节度使所督统。但一考察安西都护府及四镇之实际情况,必然认为安西四镇为河西节度使所督统指挥,也是当然的,理应如此的。

关于安西四镇之实际情况,试论述如下。黄文弼著《塔里木盆地考古记》载《杨思礼残牒》云:

(前　缺)
1. 碛行军押官杨思礼请取□
2. 阗镇军库讫,被问依□□□□
3. 　　　　更问□□□
(后　缺)

在此书第九十五至九十六页,黄文弼先生说明云:"图4,杨思礼残牒,出拜城克子尔明屋佛洞,长14.2米,宽11.4厘米,起'碛行'讫'被问依'。"黄氏在"碛"下填"西"字,在"阗"上填"于"字,均是;并云:"按此残纸为押官杨思礼赴于阗镇军库文书,惜多残破,仅存两行,然亦珍贵。"亦是。

据残文书,杨思礼乃碛西节度使下之行军押官,"于阗镇军库"即于阗镇守使下储藏军械之库。按《资治通鉴》卷二一四"唐玄宗开元二十七年"条略云:

秋,八月,乙亥,碛西节度使盖嘉运擒突骑施可汗吐火仙。嘉运攻碎叶城,吐火仙出战,败走,擒之于贺逻岭。分遣疏勒镇守使夫蒙灵詧与拔汗那王阿悉烂达干潜引兵突入怛逻斯城,擒黑姓可汗尔微。

可见唐置安西四镇,每镇皆有镇守使,出土文书中之"于阗镇军库"属于于阗镇守使,其官职与疏勒镇守使同。推而言之,焉耆、龟兹皆有镇守使,安西都护为唐中央政府任命的安西四镇地区之军政长官,其下的各镇镇守使为四镇之军政长官,其下又有守捉(如葱岭守捉)。凡此,皆唐行于边境十节度地区之制度,行军押官亦行使于各节镇之制度。总之,安西四镇地区军事、政治之行政制度,与北庭、河西基本相同。开、天期间,龟兹、焉耆、于阗、疏勒虽仍保留国王及其下官僚,但实际掌权者为以安西都护为首的行政系统及各级军政官吏,这些皆为唐制,此点与羁縻府州不同。根据上述分析,河西节度使可指挥北庭,同样可指挥安西四镇。敕书所云,非一时权宜之计,乃经常之制也。

二为敕书所云,发河西兵五千人赴安西及于凉府将二十万段物往安西,即安西四镇兵员之调动补充及军费,皆须经过河西节度,北庭亦应如此。这是河西节度对安西四镇及北庭在人力财力两方面的督统。凉州是当时财务行政在河西地区的配所,北庭及安西的军费均取之于凉府。

河西节度使在西北军事格局中的督统作用表现为如上两点。

关于西北军事格局中三个方面的职能,即北庭防制突骑施、坚昆,安西抚宁西域,河西断隔吐蕃、突厥,此乃就地理形势以及由此而产生的军事政治形势之不同而言,非谓断隔吐蕃、突厥只由河西兵力,防止突骑施仅由北庭兵力,而抚宁西域只是安西之职责也。三者是统一不可分、互相错综联系的。此统一的职能即保全四镇,控制西域也。其次,必须注意,在开、天期间,由大食逐渐东来而产生的西北军事格局对大食之职能。唐有时联合大食以防止突骑施及吐蕃,但更为频繁的是,吐蕃联合大食,或突骑施联合大食，侵犯四镇，唐不得不防止两方面的进攻。此即西北军事格局对大食之职能。

关于唐挫败吐蕃与突骑施联合侵犯四镇的史实甚多，如《曲江集》卷一二《敕吐蕃赞普书》略云：

> 彼突骑施……偏僻荒远……赞普背朕宿恩，共彼相厚……今与突骑施和亲，密相结托，阴有赞助。

同书《敕吐蕃赞普书》略云：

> 今得安西表来，莽布支率众已到，今见侵轶军镇，并践暴屯苗……突骑施异方禽兽，不可以大道论之。赞普与其越境相亲，只虑野心难得。

同书卷一〇《敕安西节度王斛斯书》略云：

> 敕王斛斯：吐蕃与我盟约，歃血未干，已生异心，远结凶党，而甘言缓我，欲待合谋。连衡若成，西镇何有。

同书同卷《敕安西节度王斛斯书》略云：

> 去岁因有狂贼在彼，屡有战亡，昨得表言，对之怆恻……兼闻吐蕃与此贼（指突骑施）计会，应是要路斥候。

据敕书"吐蕃与我盟约，歃血未干"之语，此次吐蕃与突骑施联合进犯四镇，当在开元二十二年或稍后，因《旧唐书》卷一九六上《吐蕃传》有二十二年,遣将军李佺于赤岭与吐蕃分界立碑之记载也。此时,王斛斯任安西节度使。敕书中"连衡若成,西镇何有",表明唐为保全四镇而战。在战役中玄宗仍敕吐蕃赞普书,是要以政治攻势破坏吐蕃与突骑施的联合。

关于吐蕃与大食、突骑施的联合,《资治通鉴》卷二一一"开元五年"条记载:

> 安西副大都护汤嘉惠奏突骑施引大食、吐蕃,谋取四镇,围钵换及大石城(钵换即拨换城。大石城盖石国城也)。已发三姓葛逻禄兵与阿史那献击之。

此突骑施、吐蕃、大食联合图取四镇的一次战役。可见丝绸之路上,战役频仍,西北军事格局正为保护四镇、保障丝绸之路而设。

开、天期间,吐蕃与突骑施联合,吐蕃与大食、突骑施联合进犯四镇的战争发生多次,唐以河西节度为主的西北军事兵力,多次取得胜利,保全了四镇,控制了西域,同时保证了丝绸之路的畅通,因而河西关陇地区长期稳定,经济文化得以发展,唐帝国能居于当时世界强大国家的前列。西北军事格局为唐帝国繁荣强大的重要条件之一,其作用可谓大矣。

朔方军

唐玄宗天宝十四年十一月,安禄山、史思明的幽燕胡骑,自范阳出发,进攻洛阳,指向长安。当时颜真卿所纠集的民兵没能挡住,哥舒翰所率领的从西边国防上召回来的健儿,也是一触即溃。潼关失陷,长安不守。在这种土崩瓦解的情势中,能与幽燕胡骑对抗以及收复两京的,只有郭子仪、李光弼、仆固怀恩率领的朔方军。如杜甫在《洗兵马》一诗中所云:

> 中兴诸将收山东,捷书夜报清昼同。河广传闻一苇过,胡危命在破竹中。祗残邺城不日得,独任朔方无限功。

乃诗人纪实之作。

《旧唐书》卷一二〇《郭子仪传》略云:

> (宰相房琯)自为统帅以讨贼。帝(肃宗)素重琯,许之。兵及陈涛,为贼所败……唯倚朔方军为根本。

又云:

> 子仪闻之,因兵部侍郎张重光宣慰回,附章论奏曰:"……间者羯胡构乱,九服分崩,河北、河南,尽从逆命。然而先帝(肃宗)仗朔方之众,庆绪奔亡;陛下借西土之师,朝义就戮。"

郭子仪像

《旧唐书》卷一二一《仆固怀恩传》略云：

> 肃宗虽仗朔方之众，将假蕃兵以张形势。

又云：

> （怀恩）乃上书自叙功伐，曰："……且臣朔方将士，功效最高。为先帝（肃宗）中兴主人，是陛下蒙尘故吏。"

可以证明，朔方军在战败安史、恢复李家政权的过程中，起了决定作用。

朔方军何以能勇敢善战呢？一般唐朝官兵遇到安史的幽燕胡骑，都是望风败北，何以朔方军能与之抗衡而且可以战胜了呢？今就其将校和兵士的种族来讨论。

（一）将校方面

《旧唐书》卷一二〇《郭子仪传》略云：

> 郭子仪，华州郑县人。父敬之，历绥、渭、桂、寿、泗五州刺史。（子仪）始以武举高等补左卫长史，累历诸军使。（天宝）十三载，改横塞（军）为天德军，子仪为之使，兼九原太守、朔方节度右兵马使。

《旧唐书》卷一一〇《李光弼传》略云：

> 李光弼，营州柳城人。其先，契丹之酋长。父楷洛，开元初，左羽林将军同正、朔方节度副使。（光弼）少从戎，起

明人绘李光弼像

家左卫郎。天宝初，累迁左清道率，兼安北都护府、朔方都虞侯。

《旧唐书》卷一二一《仆固怀恩传》略云：

> 仆固怀恩，铁勒部落仆骨歌滥拔延之曾孙。贞观二十年，铁勒九姓大首领率其部落来降，分置瀚海、金微等九都督府于夏州，别为蕃州以御边。拔延生乙李啜拔，乙李啜拔生怀恩，世袭（金微）都督。天宝中，加左领军大将军同正员、特进。历事节度王忠嗣、安思顺，皆以善格斗，达诸蕃情，有统御材，委之心腹。

又云：

> 至（代宗宝应二年）七月改元广德。怀恩以寇难已来，一门之内死王事者四十六人，而为人媒孽。蕃性犷戾，怏怏不已。乃上书自叙功伐，曰："洎乎禄山作乱，大振王师。（臣）阖门忠烈，咸愿杀身，兄弟死于阵敌，子侄没于军前，九族之亲，十不存一。臣男玢尝被同罗虏将，盖亦制不由己，旋即弃逆归顺，臣斩之以令士众。臣及男瑒不顾危亡，身先行阵。"

《旧唐书》卷一三四《浑瑊传》略云：

> 浑瑊，皋兰州人也，本铁勒九姓部落之浑部也。高祖大俟利发浑阿贪支，贞观中为皋兰州刺史。曾祖元庆，祖大

寿,父释之,皆代为皋兰都督。大寿,开元初历左领卫中郎将。释之,少有武艺,从朔方军,积战功于边上。瑊本名曰进,年十余岁即善骑射,随父战伐,勇冠诸军。累授折冲果毅。

《旧唐书》卷一六一《李光进光颜传》略云:

> 李光进,本河曲部落稽阿跌之族也。父良臣,袭鸡田州刺史,隶朔方军。光进姊适舍利葛旃,杀仆固玚而事河东节度使辛云京。光进兄弟少依葛旃,因家于太原。肃宗自灵武观兵,光进从郭子仪破贼收两京。

《旧唐书》卷一一〇《王思礼传》略云:

> 王思礼,营州城傍高丽人也。父虔威,为朔方军将,以习战闻。思礼少习戎旅,随节度使王忠嗣至河西。

《旧唐书》卷一二一《李怀光传》略云:

> 李怀光,渤海靺鞨人也。本姓茹。其先徙于幽州,父常为朔方列将,以战功赐姓氏。怀光少从军,以武艺壮勇称,朔方节度使郭子仪礼之益厚。

根据以上所引史料,可知(甲)朔方军将领除郭子仪一人外,都是北边少数民族。尤以铁勒部族人最多、最重要,如仆固怀恩一部落、浑瑊一部落、阿跌光进一部落都是。(乙)所有少数民族将领在朔方军中皆父死子继,世袭为将。这是胡人的部落制,不是大唐制度。(丙)朔方军中的铁勒三部落都是全部落皆在军中的,因为上引《仆固怀恩传》说世袭金微都督,而他上代宗的书里一再地说"一门之内死王事者四十六人","阖门忠烈,咸愿杀身,子侄没于军前,九族之亲,十不存一"。这些事实证明了整个仆固部落都参加战斗的。浑部落世袭皋兰州都督,阿跌部落世袭鸡田州刺史,也都隶于朔方军。则其全部落参加战斗,也必定和仆固部落的情形相同,这种全族参加军队也是胡人的部落制,不是大唐制度。

(二)兵士方面

《旧唐书》卷一二一《仆固怀恩传》略云:

> 郭子仪为帅,以宽厚容众,素重怀恩,其麾下皆朔方蕃、汉劲卒,恃功怙将,多为不法。

《旧唐书》卷二〇〇上《史思明传》略云:

> (至德元载)四月,朔方节度郭子仪以朔方蕃、汉二万人自土门而至常山。

《通鉴》卷二一七唐肃宗至德元载云:

> 子仪引兵自井陉出。夏,四月,壬辰,至常山,与光弼合,蕃、汉步骑共十余万。

《唐大诏令集》卷五九上元元年九月《郭子仪都统诸道兵马收复

范阳制》略云：

> 宜令子仪都统诸道兵马使，仍遣射生衙前六军英武长兴宁国左右威远骁骑等，左厢一万人：马军三千人，步军七千人；右厢一万人：马军三千人，步军七千人；渭北官健一万人：马军二千，步军八千；朔方留后蕃、汉官健八千人：马军八百，步军七千二百人；蕃、汉（疑当作浑）部落一万人：马军五千人，步军五千人；鄜坊等州官健一万人；宁州官健一万人。

《通鉴》卷二二一"唐肃宗乾元二年三月九节度败于相州"条《考异》引《邠志》云：

> 三月六日，史思明轻兵抵相州。郭公使仆固怀恩以蕃浑马军邀击破之。

同书同卷"乾元二年七月"条云：

> （李）光弼以数千骑东出氾水，仆固怀恩继至，光弼引坐，与语。须臾，阍者曰："蕃浑五百骑至矣。"（胡注：蕃浑谓诸蕃种及浑种）光弼变色，怀恩走出，召麾下将，阳责之曰："语汝勿来，何得固违？"光弼曰："士卒随将，亦复何罪？"命给牛酒。

《旧唐书》卷一五四《孔巢父传》略云：

兴元元年,李怀光拥兵河中。七月,复以巢父兼御史大夫,充宣慰使。既传诏旨,朔方蕃浑之众数千皆在行列,颇骄悖不肃。闻罢怀光兵权,众咸忿恚。

《旧唐书》卷一三四《马燧传》略云:

(李)怀光将徐廷光以兵六千守(长春)宫城,御备甚严。燧挺身至城下呼廷光,乃喻之曰:"公等皆朔方将士,禄山以来首建大勋,四十余年,功伐最高。奈何弃祖父之勋力,背君上,为灭族之计耶?"

《通鉴》卷二三一"唐德宗贞元元年五月"云:

韩游瑰请兵于浑瑊,共取朝邑。李怀光将阎晏欲争之,士卒指邠军曰:"彼非吾父兄,则吾子弟(胡注:朔方军分屯河中邠州,故云然,时韩游瑰将邠军以讨李怀光),奈何以白刃相向乎?"语甚嚣,晏遽引兵去。

根据以上所引史料,可知(甲)朔方军的兵士是蕃、汉混杂的。几条史料中说到朔方军都是蕃、汉并提,尤以《唐大诏令集·郭子仪都统诸道兵马收复范阳制》中与其他军队比较,朔方军之为胡、汉混杂而成,更为明显。《通鉴》乾元二年三月条《考异》引《邠志》及七月条说到仆固怀恩的麾下兵都是胡卒,《孔巢父传》说到李怀光的麾下兵也是胡卒。蕃、汉并提,一定是蕃兵在军中的人数或地位的轻重与汉兵相等,这是就常理而论。上引《唐大诏令集》一史料中,朔方军的骑兵较其他军队多。更如

《唐大诏令集》卷一一八至德二年正月《谕西京逆官敕》云：

> 使郭子仪领朔方精骑三万、步卒五千。

是朔方军中骑兵极多。胡、汉相较，自然是胡善于骑，则朔方军的骑兵很可能都是胡卒。就中唐时代的战术而论，骑兵优于步卒。这样讲起来，骑兵是朔方军的精锐所在，主力所在，也就是说，少数民族的兵队是朔方军的精锐所在，主力所在。（乙）朔方军的兵士也是父死子继，世袭为兵。父兄子弟皆在军中，也就是说一族一家皆在军中。上引《马燧传》说朔兵将士"奈何弃祖父之勋力"，《通鉴》"贞元元年五月"条说"士卒指邠军（朔方军之戍于邠州部分）曰：彼非吾父兄，则吾子弟"，都是最明白的证据。这种世袭兵，全族参军，是胡人的部落制，不是大唐制度。

总之，根据以上两段分析，就朔方军的将校和兵士而论，朔方军乃是蕃、汉混杂，以胡兵为主力的部落制的军队。它所以能抵抗安史的幽燕胡骑，而且可以战胜它，就是因为这个道理。

朔方军何以就成为蕃、汉混杂以胡兵为主力的部落制的军队呢？现在就它的地理环境来讨论。

《通鉴》卷二一八唐肃宗至德元载五月"上（玄宗）将发马嵬"条《考异》引《幸蜀记》曰：

> （高）力士曰："朔方近塞，半是蕃戎，不达朝章，卒难教驭。"

则朔方军所在之地本是蕃、汉混居。军中多有胡卒，必是因此。更如《唐会要》卷七八《节度使》云：

朔方节度使。开元元年十月六日敕:"朔方行军大总管,宜准诸道例,改为朔方节度使。其经略定远,丰安军,西、中受降城,单于、丰、胜、灵、夏、盐、银、匦、长、安乐等州,并受节度。"

"经略定远,丰安军"皆在灵州,"西、中受降城"皆在丰州,所以不必单讲。

现在就朔方军节度使所统辖的丰、胜、灵、夏、盐、银、匦、长、安乐九州和单于都护府来讨论。《旧唐书》卷三八《地理志·关内道》略云:

> 丰州下,贞观四年,以突厥降附,置丰州都督府,不领县,唯领蕃户。十一年废,地入灵州。二十三年,又改丰州。天宝元年,改为九原郡。乾元元年,复为丰州。

同上引又略云:

> 灵州大都督府,(贞观)二十年,铁勒归附,于州界置皋兰、高丽、祁连三州,并属灵州都督府。永徽元年,废皋兰等三州。调露元年,又置鲁、丽、塞、含、依、契等六州,总为六胡州。开元初废,复置东皋兰、燕然、燕山、鸡田、鸡鹿、烛龙等六州,并寄灵州界,属灵州都督府。天宝元年,改灵州为灵武郡。
>
> 燕然州 寄在回乐县界,突厥九姓部落所处。户一百九十,口九百七十八。
>
> 鸡鹿州 寄在回乐县界,突厥九姓部落所处。户一百

三十二,口五百五十六。

鸡田州　寄在回乐县界,突厥九姓部落所处。户一百四,口四百六十九。

东皋兰州　寄在鸣沙县界,九姓所处。户一千三百四十二,口五千一百八十二。

燕山州　在温池县界,亦九姓所处。户四百三十,口二千一百七十六。

烛龙州　在温池界,亦九姓所处。户一百一十七,口三百五十三。

同上引又略云:

夏州都督府　旧领县四:朔方、德静、宁朔、长泽。

云中都督府　党项部落,寄在朔方县界,管小州五:合利(应依《新书》四三卷为舍利州)、思璧州、阿史那州、绰部州、白登州。户一千四百三十,口五千六百八十一。

呼延州都督府　党项部落,寄在朔方县界,管小州三:贺鲁州、那吉州、跌跌州。户一百五十五,口六百五。

桑乾都督府　寄朔方县界,管小州四:郁射州、艺失州、毕失州、叱略州。户二百七十四,口一千三百二十三。

定襄都督府　寄治宁朔县界,管小州四:阿德州、执失州、苏农州、拔延州。户四百六十,口一千四百六十三。

达浑都督府　延陀部落,寄在宁朔县界,管小州五:姑衍州、步讫若州、嵯弹州、鹘州、低粟州。户一百二十四,口四百九十五。

安化州都督府　寄在朔方县界。户四百八十三,口二千五十三。

宁朔州都督府　寄在朔方县界。户三百七十四，口二千二十七。

仆固州都督府　寄在朔方县界。户一百二十二，口六百七十三。

同上又引云：

银州下
归德州　寄治银州界，处降党项羌。

同上引又云：

宥州　调露初，六胡州也。长安四年，并为匡、长二州。神龙三年，置兰池都督府，仍置六县以隶之。开元十年，复分为鲁、丽、契、塞四州。十一年，克定康待宾后，迁其人于河南、江淮之地。十八年，又为匡、长二州。二十六年，自江淮放回胡户，于此置宥州，及延恩、怀德、归仁三县。

《新唐书》卷三七《地理志·关内道》云：

咸州　中。本安乐州。初，吐谷浑部落自凉州徙于鄯州，不安其居，又徙于灵州之境。咸亨三年，以灵州之故鸣沙县地置州以居之。

同上引又云：

> 单于大都护府，本云中都护府，龙朔三年置，麟德元年更名。

根据以上所引史料，可知朔方节度使所统辖之九州内，丰州、匡长二州及安乐州所居住的都是蕃户。夏州、银州是蕃、汉杂居。单于都督府就是夏州境内的云中都督府，所处的是党项部落，《新唐书》卷四三记载云中都督府所析颉利右部也全是蕃户。这样讲来九州之内有四州全处蕃户，二州蕃、汉杂居，单于都督府也全是蕃户。

更如《唐风楼碑录》册二三《原藏氏碑录·臧怀恪碑》云：

> 由是深为(朔方)节度使王晙所器，奏充都知兵马使。尝以百五十骑遇突厥斩啜八部落十万余众于狼头山。虏矢如雨，公徒且歼。时仆固怀恩之父设支适在其中，独遮护之。由此获免，遂与设支部落二千帐来归。

《新唐书》卷四三下《地理志·羁縻州·关内道》云：

> 回纥州十八，府九。(贞观二十一年，分回纥诸部置。)
> 金微都督府(以仆固部置。)

《新唐书》卷二一五上《突厥传》略云：

> 默啜负胜轻中国，有骄志，大抵兵与颉利时略等，地纵广万里，诸蕃悉往听命。岁入边，戍兵不得休。

根据以上所引史料，可知贞观末年于塞外所置的金微都督府，在武则天时，因默啜强大，又为突厥所并。直到开元初重降于唐。而这次投降是进入朔方节度使所统辖的塞内来。因为上引《臧怀恪碑》里说，"遂与设支部落二千帐来归"。仆固部落随着朔方都知兵马使归降，自然是处于朔方节度使统辖的区域内。这样讲来，仆固部落也与它的同族人六胡州的铁勒一样，都处在朔方节度使的辖区内。

　　总而言之，朔方节度使的辖区内，多为蕃戎。我们又确知这些蕃戎部落中的仆固、浑、阿跌三部落都参加朔方军，而且都是它的最主要的斗将。根据第二段所引《唐大诏令集》卷五九上元元年《郭子仪都统诸道兵马收复范阳制》里所说的"朔方蕃、汉（疑当作浑）部落一万人：马军五千人，步军五千人"，又确知这些蕃戎部落也参加了朔方军。则朔方军将校与兵士的主要来源，就是这些蕃戎部落了。因此得到的结论是，朔方军的地理环境，所居住的多为以铁勒部族为主体的少数民族部落，这些部落就是朔方军的将校和兵士的主要来源。所以朔方军就成了以铁勒人为主力的部落制的军队，唐朝官兵遇到安史的幽燕胡骑便即溃败，朔方军独能与之抗衡，而且可以战胜了，就是因为这个道理。

韦皋在唐和吐蕃、南诏关系中的作用

唐德宗在位初期,国内一系列叛乱,使安史之乱以来不稳定的政局更加动荡,国力相当衰弱。贞元初,强大的吐蕃联合南诏、回纥北上东进,攻势凌厉,特别是在贞元三年平凉劫盟之后,唐西及西北边境,到处受到吐蕃的侵犯。如《新唐书》卷二一六下《吐蕃传》略云:

> 结赞以羌、浑众屯潘口,傍青石岭,三分其兵趋陇、汧阳间,连营数十里,中军距凤翔一舍,入吴山、宝鸡。李晟尝蹶大木塞安化隘处,虏过,悉焚之。诏神策将石季章壁武功,良臣移师百里城。虏又剽汧阳、华亭男女万人以畀浑、羌。吐蕃又入丰义,围华亭,绝汲道。虏日千骑四掠,陇兵不敢出。更攻连云堡,为虚梁绝堑而升,守将张明远降于虏。虏分捕山间亡人及牛羊率万计,泾、陇、邠之民荡然尽矣。是岁,三州不宿麦。虏数千骑犯长武城,城使韩全义拒之。韩游瑰兵不出,于是虏安行邠、泾间。诸屯西门皆闭。虏治故原州保之。

《旧唐书》卷一九六下《吐蕃传》略云:

> 自是(贞元三年八月)吐蕃率羌、浑之众犯塞,其汧阳贼营,距凤翔四十里,京师震恐,士庶奔骇。

总之,唐西及西北边境受到吐蕃的侵犯,长安受到威胁。但是到贞元末年,从唐的西南边境到西北边境,吐蕃的侵犯不只被遏止,而且唐从防守转为进攻。此后,吐蕃在河西陇右的统治力量逐渐削弱,直到大中初,吐蕃不得不撤出河西陇右,形势发生了重大变化。形势变化有多种原因,韦皋及其政策是形势变化的根本原因之一。

韦皋的政策如何？概括言之,第一,把南诏从依附吐蕃变为依附唐,把唐与吐蕃、南诏之间的蛮、羌诸族从依附吐蕃变为依附唐。第二,利用蛮、羌诸族以及南诏的力量大大加强唐的军事力量,连续战败吐蕃,严重地削弱了吐蕃的军事力量和政治力量。

韦皋功烈著于西南为治唐史者习知。而《唐书·韦皋传》几乎整个篇幅所写的都是韦皋于西南治剑南、和南诏、逐吐蕃的功业。《通鉴》卷二三一"唐德宗贞元元年六月"条云:

> 辛卯,以金吾大将军韦皋为西川节度使。(胡注云:为韦皋功烈著于西南张本。)

胡三省所注甚明确。蜀为唐、吐蕃、南诏角逐之地,三大势力之间散居着蛮、羌诸族。蛮、羌因上述三大势力,特别是唐与吐蕃的强弱而或臣或叛。蜀地处于民族矛盾交汇地区,韦皋在这一复杂的民族矛盾中所采取的方针是绥服蛮羌、争取南诏、孤立吐蕃。韦皋按这一方针采取了一整套政策和策略,最后,扭转了形势,开创了唐与吐蕃、南诏关系的新局面。

《新唐书》卷一五八《韦皋传》略云:

> 初，东蛮地二千里，南倚阁罗凤，西结吐蕃，狙势强弱为患。皋能绥服之，故战有功。

《通鉴》卷二三二"贞元三年"条韦皋奏云：

> 今吐蕃弃好，暴乱盐、夏，宜因云南及八国生羌有归化之心（胡注：八国生羌，白狗君、哥邻君、逋租君、南水君、弱水君、悉董君、清远君、咄霸君），招纳之，以离吐蕃之党，分其势。

《旧唐书》卷一四〇《韦皋传》云：

> 皋又招抚西山羌、女、诃陵、白狗、逋租、弱水、南水等八国酋长，入贡阙廷。

韦皋一到剑南，所尽力招抚的为两种部族：东蛮等诸界蛮族及东女国、西山八国羌族。东蛮等蛮族散居于剑南道南部与南诏之间，依违于唐、吐蕃与南诏三大势力，是唐联系南诏必须使用的力量，也是南诏、吐蕃寇唐的向导。东女国、西山八国羌族处于巂州与吐蕃之间，因唐、吐蕃强弱决定依违，史书称之为"两面羌"。因蛮、羌在唐、吐蕃、南诏之间的地理位置及其重要的军事位置，韦皋到剑南的头等大事便是绥服蛮羌。招抚诸蛮，可通南诏；招抚诸羌，可析吐蕃之势。这是韦皋制定绥服蛮羌这一方针的原因。但韦皋如何招抚？而剑南界的诸蛮羌又为何能够归附？史籍所载，很不具体，本文旁征诸籍，对韦皋的政策进行推测。

《通鉴》卷二三二"贞元三年"条云：

> 及西川节度使韦皋至镇,招抚境上群蛮,异年寻潜遣人因群蛮求内附。

韦皋在贞元元年至剑南,贞元四年通南诏,贞元五年始与吐蕃交战。在这几年里,他的功绩未明书于诸史籍,只《通鉴》云"韦皋至镇,招抚境上群蛮"。而我从零散史料推测,韦皋在招抚群蛮的同时,也在治蜀、练兵,而治蜀、练兵,使剑南的军事力量强大,是招抚诸蛮的必要条件。

《新唐书》卷一五八《韦皋传》云：

> 始,皋务私其民,列州互除租,凡三岁一复。皋没,蜀人德之,见其遗象必拜。

《旧唐书》卷一四〇《韦皋传》云：

> 皋在蜀二十一年,重赋敛以事月进,卒致蜀土虚竭,时论非之。

新、旧《唐书》记载相悖,我怀疑两处记载都是事实,只是时间、地点不同。韦皋对蜀人的除赋税,是其入蜀之初,故《新唐书》加一"始"字。韦皋始至蜀时,蜀本身是很富饶的。《通鉴》卷二二六"大历十四年九月"条略云：

> 西川节度使、同平章事崔宁,在蜀十余年,恃地险兵强,

> 恣为淫侈,朝廷患之而不能易。至是,入朝。杨炎言于上曰:"蜀地富饶,宁据有之,朝廷失其外府,十四年矣。宁虽入朝,全师尚守其后,贡赋不入,与无蜀同。"

至大历十四年时,蜀地已十余年未向中央入贡赋。因此韦皋至蜀,所承袭的是地富兵强的局面,诸书中多不记载韦皋如何治蜀,其原因正是如此。韦皋除租赋争取民心,是他刚入蜀时治蜀的策略,"德之"的是蜀人,而卒致蜀土虚竭,是十几年来累与吐蕃作战、保持强有力的军队和供奉"月进"的结果,"非之"的是时论。《通鉴》卷二三六"贞元元年八月癸丑"条两书均采,但将韦皋除租与重赋敛一事时间颠倒,殊为失考。

韦皋治蜀,一方面要保持蜀本身的富强,轻税百姓,保持民心;另一方面,又要利用蜀本身的富强进行练兵。蜀兵历来很强,于《通鉴》"地险兵强"一句可见,故韦皋练兵的史料很少,《旧唐书·韦皋传》云:

> 皋遣大将王有道简习精卒。

精卒的简习在贞元五年的战争中已见成效,精卒的来源当是韦皋治蜀练兵的结果。韦皋所处的蜀地,为吐蕃、南诏联合进攻,诸蛮羌"两头""两面"依违的民族矛盾交织的地区,是吐蕃与南诏所欲夺取之地,富蜀强兵有着决定性的意义,只有蜀富兵强,才可威怀诸蛮,争取南诏,以致武力进攻吐蕃。

韦皋在治蜀练兵的同时,又解决了与唐处于对抗地位的诸獠的矛盾。《新唐书》卷二二二下《南蛮下·南平獠传》云:

> 贞元中,嘉州绥山县婆笼川生獠首领甫枳兄弟诱生蛮为乱,剽居人,西川节度使韦皋斩之,招其首领勇于等出降。或请增栅东凌界以守,皋不从,曰:"无戎而城,害所生也。"獠亦自是不扰境。

这样,轻易地解除了后顾之忧,可以直接实行对诸蛮的招抚政策。

东蛮能受韦皋之招抚,其主要原因为吐蕃剥削重及当时蜀比较强,但韦皋的招抚政策也起了一定的作用。关于韦皋的招抚蛮羌的措施,史籍记载零散且不明确,本文从不完全的史料中,试探讨韦皋招抚政策的方法及特点。

1. 从东蛮中两林、勿邓开始

《册府元龟》卷九六五《外臣部·封册第三》(《通鉴》卷二三三略同)云:

> (贞元)四年四月,封东蛮鬼主骠旁、苴梦冲、苴乌星等为和义、顺政等郡王。骠旁等自陷巂州,臣于吐蕃,绝朝贡者二十余年。及是,剑南节度韦皋招诱之,始弃吐蕃内附来朝,特封为郡王,且衣以冠带,仍给两林、勿邓等部落印而遣之。

《新唐书》卷一五八《韦皋传》云:

> 诏以那时为顺政王,梦冲怀化王,骠傍和义王,刻"两林""勿邓"等印以赐之。

《通鉴》《册府》与《新唐书》所记贞元四年封东蛮王爵的人不同，贞元四年是苴那时还是苴乌星封王？这不但涉及一个王爵的考证，还涉及韦皋招抚东蛮的政策问题。

《新唐书·韦皋传》又云：

> 皋计得云南则斩虏右支，乃间使招徕之，稍稍通西南夷。明年（贞元二年），蛮大首领苴那时以王爵让其兄子乌星。始，乌星幼，那时摄领其部，故请归爵。皋上言："让礼行于殊俗，则怫戾者化，愿皆封以示褒进。"诏可。

《册府》《通鉴》及《新唐书》所记封三王为贞元四年，而苴那时让王爵为贞元二年，可见，至少在贞元二年时，韦皋已招抚了东蛮中的两林部落。《通鉴》卷二三二"贞元三年"条云：

> 闰月，己未，韦皋复与东蛮和义王苴那时书，使诇伺导达云南。

可见苴那时在贞元三年已为和义王。

《新唐书》卷二二二下《南蛮下·乌蛮传》云：

> 贞元中，复通款，以勿邓大鬼主苴嵩兼邛部团练使，封长川郡公。及死，子苴骠离幼，以苴梦冲为大鬼主，数为吐蕃侵猎。

在苴梦冲之前，贞元中勿邓鬼主苴嵩就已和唐通款，这显然是在贞元四年之前。从这里，可以推出韦皋的政策：韦皋至镇，首先招抚的为东蛮中的勿邓、两林部落,对受招抚的苴嵩、苴那时首先封爵,通过对两林、勿邓部落的招抚,来诱东蛮的其他部落。苴那时贞元二年已得王爵,因此,贞元四年所封者为苴乌星,即韦皋的"皆封以示褒进"政策的体现。

唐对东蛮首领的封爵及赐印,表明了唐对东蛮的直接控制。东蛮首领代唐统治其部,东蛮与唐不是平等的两国关系,而是隶属于唐、成为大唐帝国的一部分。东蛮的归附,应归功于韦皋的招抚,而在招抚中,从两林、勿邓入手的政策,是适合当时矛盾而采取的、起了重要作用的政策。

2. 恩威并济

韦皋对所招抚的诸蛮族首领,从小事入手,考虑到他们的利益,对他们及其所领的部落进行惠怀。

《新唐书》卷二二二下《南蛮下·乌蛮传》云:

> 三王(两林、勿邓、丰琶)皆入朝,宴麟德殿,赏赉加等。岁给其部禄、盐、衣彩,黎、巂二州吏就赐之。以山阻多为盗侵,亡失所赐,皋令二州为筑馆,有赐,约酋长自至,授赐而遣之。

> (丰琶鬼主)骠傍年少骁敢,数出兵攻吐蕃,吐蕃间道焚其居室、部落,亡所赐印章,皋为请,复得印。

为东蛮首领筑馆,为骠傍请印,在韦皋的军事民族政策中为小事,但这保证了唐赐予东蛮之物的兑现。这样的小事,使韦皋深得众蛮之心,巩固了东蛮对唐的依附关系,是韦皋惠怀政策的一部分。

同书同卷又略云:

> (戎州管内)又有鲁望(《旧书》卷一九七《南蛮传》作"虏望")等部落,徙居戎州马鞍山,皋以其远边徼,户给米二斛,盐五斤。

剑南诸蛮的生产力水平不一致,鲁望等部落为诸蛮族中较落后者,韦皋给其民米盐,以农业经济对其影响,是其推恩政策的一个方面,也是他在少数民族之间加强经济影响的一个措施。

韦皋在施恩惠怀的同时,根据东蛮特殊的军事位置及各部族之间的复杂情况,又镇之以威。

同书同卷云:

> 巂州新安城傍有六姓蛮:一曰蒙蛮,二曰夷蛮,三曰讹蛮,四曰狼蛮,余勿邓及白蛮也。戎州管内有驯、骋、浪三州大鬼主董嘉庆,累世内附,以忠谨称,封归义郡王。贞元中,狼蛮亦请内附,补首领浪沙为刺史,然卒不出。剑南西川节度使韦皋檄嘉庆兼押狼蛮。

诸蛮内部极复杂,韦皋对犹豫者弃之,择忠顺之将而任用,以恩招抚同时,施之以威。

《通鉴》卷二三三"贞元七年十二月"条云:

> 勿邓酋长苴梦冲,潜通吐蕃,扇诱群蛮;隔绝云南使者。韦皋遣三部落总管苏峞(按:《云南志》卷一云南界内途程称为巂州刺史苏隗)将兵至琵琶川。

同书卷二三四"贞元八年"条:

> 春,二月,壬寅,执梦冲,数其罪而斩之,云南之路始通。

《新唐书》卷二二二下《南蛮下·乌蛮传》云:

> 然苴梦冲内附吐蕃,断南诏使路,皋遣巂州总管苏峞以兵三百召梦冲至琵琶川,声其罪而斩之,披其族为六部,以样弃主之。及苴骠离长,乃命为大鬼主。

苏峞之官职据《通鉴》《云南志》及《新书》所记,可能为巂州刺史兼领三部落总管。韦皋深知东蛮在唐与吐蕃之间的反复,虽三部落有鬼主,仍使巂州刺史领三部落总管。在勿邓潜通吐蕃时,韦皋对其进行军事镇压,然后分其势力,其后任命苴骠离为大鬼主,又是施以恩。韦皋对东蛮既招抚,又武力镇压;既分其族,又给其权,恩威并济。筑馆、请印,其事虽小,可以示恩;狼蛮刺史不就,勿邓勾结吐蕃,可以示威。这样,防止了东蛮与吐蕃的再联合,保证了诸蛮族在唐吐蕃的角逐之中一直与唐并力,这是唐最终于蜀逐出吐蕃的重要政策。

3. 从其俗

韦皋所领剑南西川为多种民族的居住地,诸蛮族也有各自的习俗及特点。韦皋在招抚中,是如何对待蛮夷之俗的?

《旧唐书》卷一九七《南蛮·南诏蛮传》云:

> 先是,韦皋奏南诏前遣清平官尹仇宽献所受吐蕃印五,二用黄金,今赐请以黄金,从蛮夷所重,传示无穷。从皋之请也。

这是一段云南的史料。但"从蛮夷所重",有着普遍性。只赐金印一事,便反映了韦皋在招抚惠怀蜀内外诸民族时的政策。韦皋对诸蛮羌族的社会风俗十分了解,而且在具体事情中,从其民族习惯所重。史料所写虽是韦皋对待南诏,但可以推知,他对诸蛮族的风俗也是如此。遵从诸蛮族风俗,为韦皋的民族政策,也是他能够招抚成功的原因之一。

由于以上措施,韦皋招抚了诸蛮族,并保证了他们与唐联合的巩固。对于诸羌,韦皋在贞元三年的上奏中,便提出了"招纳之,以离吐蕃之党,分其势"的措施。当时诸羌隶属于吐蕃,《旧唐书》卷一九七《南蛮·东女国传》云:

> 其哥邻国等,皆散居山川,弱水王即国初女国之弱水部落。其悉董国,在弱水西,故亦谓之弱水西悉董王。旧皆分隶边郡,祖、父例授将军、中郎、果毅等官。自中原多故,皆为吐蕃所役属。其部落,大者不过三二千户,各置县令十数人理之。土有丝絮,岁输于吐蕃。

东女国及西山八国诸羌为吐蕃所役属,在经济上,岁输吐蕃丝絮,受其侵掠及压榨,归唐之心不能没有;然而,诸羌所臣属的吐蕃强大,惧吐蕃之心自然也有。韦皋在招纳诸羌的同时,一方面武力进攻吐蕃,一方面又争取在剑南有极大影响的南诏。在韦皋利用东蛮力量多次败吐蕃,又恢复唐与南诏友好关系后,东女国及西山八国诸羌都来归附。《旧唐书》卷一九七《南蛮传·东女国传》略云:

> 贞元九年七月,其王汤立悉与哥邻国王董卧庭、白狗国

>王罗陀忽、逋租国王弟邓吉知、南水国王侄薛尚悉曩、弱水国王董辟和、悉董国王汤息赞、清远国王苏唐磨、咄霸国王董藐蓬,各率其种落诣剑南西川内附……西川节度使韦皋处其众于维、霸、保等州,给以种粮耕牛,咸乐生业。

贞元九年来归附者为东女国及西山八国,这九羌国是举部落来归附的。这些羌族的原居住区,同书同卷云:

>东与茂州、党项接,东南与雅州接,界隔罗女蛮及白狼夷。

诸羌国原在茂、雅等州界外,其率部落归附后,韦皋使其处于州界内,并给以种粮耕牛,使其从事农业生产,从经济上起,开始汉化。诸羌族是韦皋所招抚的最彻底的一族。

《旧唐书》卷一九七《南蛮传赞》略云:

>史臣曰:"西南之蛮夷不少矣,虽言语不通,嗜欲不同,亦能候律瞻风,远修职贡。但患己之不德,不患人之不来。"

所谓有"德",包括两方面内容:一是自己国富兵强,二是招抚有方。韦皋在对诸蛮羌的招抚上,兼备之,故可谓有"德"。

通过对蛮羌尤其是对东蛮招抚,韦皋完成了争取南诏和武力对抗吐蕃的决定性的一步。《新唐书·韦皋传》所云"皋能绥服之(东蛮),故战有功",为韦皋对蛮羌政策及其重要意义的总结。韦皋在绥服了东蛮后,一方面利用东蛮力量,武力进攻吐蕃;一方面利用东蛮为耳目,开始实行争取南诏的方针。

对于南诏的归唐,史籍中多记载其功源于郑回,如《通鉴》卷二三二"德宗贞元三年"条云:

> 初,云南王阁罗凤陷嶲州,获西泸令郑回。回,相州人,通经术,阁罗凤爱重之。其子凤迦异及孙异牟寻、曾孙寻梦凑皆师事之,每授学,回得挞之。及异牟寻为王,以回为清平官。清平官者,蛮相也,凡有六人,而国事专决于回……云南有众数十万,吐蕃每入寇,常以云南为前锋,赋敛重数,又夺其险要,立城堡,岁征兵助防,云南苦之。回因说异牟寻复自归于唐,曰:"中国尚礼仪,有惠泽,无赋役。"异牟寻以为然,而无路自致,凡十余年。及西川节度使韦皋至镇,招抚境上群蛮,异牟寻潜遣人因群蛮求内附。

吐蕃的沉重赋敛及军事上的征兵,使南诏深感其苦,这是客观事实,也是韦皋能够招抚南诏的一个主要原因。郑回的劝告,使异牟寻对"尚礼仪"的大唐向往,也是情之所至,但云异牟寻因郑回之劝欲归唐"十余年",恐有溢美之词。

《新唐书》卷二二二上《南蛮传》云:

> 异牟寻立,悉众二十万入寇,与吐蕃并力。一趋茂州,逾文川,抚灌口;一趋扶、文,掠方维、白坝;一侵黎、雅,叩邛郲关。令其下曰:"为我取蜀为东府,工伎悉送逻娑城,岁赋一缣。"于是进陷城聚,人率走山。德宗发禁卫及幽州军以援东川,与山南兵合,大败异牟寻众,斩首六千级,禽生捕伤甚众,颠踣厓崤且十万。异牟寻惧,更徙苴咩城,筑袤十五里,吐蕃封为日东王。

南诏介于唐与吐蕃之间,它的外交政策为保持本部并逐渐发展自己势力,因此,在吐蕃强时,它依于吐蕃,既保持自己的势力,又与吐蕃并力攻唐。异牟寻的"为我取蜀为东府,工伎悉送逻娑城,岁赋一缣",表现了南诏对蜀这一资源富饶而生产技术先进地区的向往。南诏的愿望为攻蜀,掠夺其先进的生产技术(后来这一愿望被嵯巅辗转实现),但遭到了唐的大举抵抗,尤其是韦皋到剑南采取了治蜀练兵、招抚东蛮的政策后,深受吐蕃重压的异牟寻不得不重新考虑南诏的依违。这时,郑回的劝告便发生了影响。《新唐书》所云"异牟寻善之,稍谋内附,然未敢发",所记较符合当时的历史事实。

韦皋绥服东蛮,是争取南诏的基础。唐与南诏之间的联系,首先是由东蛮进行的。在异牟寻发生转变的时候,东蛮在唐与南诏之间,起了耳目作用。

《新唐书》卷二二二上《南蛮传》云:

> 亦会节度使韦皋抚诸蛮有威惠,诸蛮颇得异牟寻语,白于皋,时贞元四年也。

《通鉴》卷二三二"贞元三年"条略云:

> 及西川节度使韦皋至镇,招抚境上群蛮,异牟寻潜遣人因群蛮求内附。皋奏:"……宜因云南及八国生羌有归化之心,招纳之,以离吐蕃之党,分其势。"上命皋先作边将书以谕之,微观其趣。
>
> 闰月,己未,韦皋复与东蛮和义王苴那时书,使讽伺导达云南。

《旧唐书》卷一九七《南诏蛮传》云：

> 会剑南西川节度使韦皋招抚诸蛮，苴乌星（按：应为苴那时）、骠望等归化，微闻牟寻之意，因令蛮寓书于牟寻，且招怀之，时贞元四年也。

两《唐书》所记韦皋微闻牟寻之意在贞元四年，所记过于简略。争取南诏，为韦皋治蜀的一个方针，因此贞元三年上奏时，便提出招纳云南的策略。贞元三年六月，与苴那时书，使达于云南，这是韦皋对云南的"微观其趣"；而贞元四年的诸蛮"颇得异牟寻语，白于皋"，是对韦皋"微观其趣"的回答。韦皋通过东蛮与云南联系，不始于贞元四年，而两林、骠望等东蛮，在唐与云南之间起了耳目作用。韦皋通过绥服蛮羌，打通了唐与南诏之间的联系。此后，他根据东蛮所告知的南诏情况，采取了适宜的招抚政策。

贞元十年唐与南诏盟于玷苍山之誓文略云：

> 去贞元四年，奉剑南节度使韦皋仆射书，具陈汉皇帝圣明，怀柔好生之德。七年，又蒙遣使段忠义等招谕，兼送皇帝敕书……今再蒙皇帝蒙剑南西川节度使韦皋仆射遣判官崔佐时语，牟寻等契诚，誓无迁变。（见《云南志校释》附录）

誓文虽略，但已叙韦皋招抚南诏的大略经过。韦皋对云南的招抚，书劝南诏与武攻吐蕃并行，反间与派使同进，南诏虽深惧吐蕃，但由于韦皋的政策，不得不归顺于唐。

《通鉴》卷二三二"贞元三年"条云：

> （六月）韦皋以云南王颇知书，壬辰，自以书招谕之，令趣遣使入见。

《通鉴》所记时间可能有误，颇疑此为韦皋贞元四年"具陈汉皇帝圣明，怀柔好生之德"的招抚之书。

同书卷二三三"贞元四年"条云：

> 吐蕃发兵十万将寇西川，亦发云南兵。云南内虽附唐，然未敢叛吐蕃，亦发兵数万屯于泸北。韦皋知云南计方犹豫，乃为书遗云南王，叙其叛吐蕃归化之诚，贮以银函，使东蛮转致吐蕃。吐蕃始疑云南，遣兵二万屯会川，以塞云南趣蜀之路。云南怒，引兵归国。由是云南与吐蕃大相猜阻，归唐之志益坚。吐蕃失云南之助，兵势始弱矣。

这是韦皋与东蛮联合对吐蕃与南诏所实行的反间计，这只是破坏了南诏与吐蕃的联盟，坚定了云南的归唐之志。但对云南讲，仍未达到与吐蕃彻底决裂之时。韦皋在武力战胜吐蕃，打击吐蕃气焰，尽复巂州之境的同时，又多次致书南诏，进行招诱。

《通鉴》卷二三三"贞元五年"条云：

> 春，二月，丁亥，韦皋遗异牟寻书，称："回鹘屡请佐天子共灭吐蕃，王不早定计，一旦为回鹘所先，则王累代功名虚弃矣。且云南久为吐蕃屈辱，今不乘此时依大国之势以复怨雪耻，后悔无及矣。"

韦皋此书中的南诏与唐联合进攻吐蕃,不只是"复怨雪耻",而挟有赶走吐蕃、可大云南之意。"依大国之势",南诏灭其他五诏,是也。驱逐吐蕃之功为回鹘取得,则云南的势力不但不能扩大,而且那时的民族矛盾将如何复杂,南诏又将处于怎样的地位,"后悔无及",表现了韦皋对这些未明书的问题的回答。"有才智"的异牟寻不能无动于衷。

同书同卷云:

> 云南虽贰于吐蕃,亦未敢显与之绝。(十二月)壬辰,韦皋复以书招谕之。

韦皋此书内容不可得知。云南于此是观唐、吐蕃的强弱。这时,韦皋派了两次使者出使云南,这对于唐与南诏的关系发生了转变。

《通鉴》卷二三三"贞元七年"条云:

> 韦皋比年致书招云南王异牟寻,终未获报。然吐蕃每发云南兵,云南与之益少。皋知异牟寻心附于唐。讨击副使段忠义,本阁罗凤使者也,六月,丙申,皋遣忠义还云南,并致书敦谕之。
>
> 吐蕃知韦皋使者在云南,遣使让之。云南王异牟寻绐之曰:"唐使,本蛮也,皋听其归耳,无他谋也。"因执以送吐蕃。吐蕃多取其大臣之子为质,云南愈怨。

贞元十年唐与南诏盟于玷苍山誓文云:

> 七年,又蒙遣使段忠义等招谕,兼送皇帝敕书。遂与清平官、大军将、大首领等密图大计,诚矢天地,发于祯祥,所管部落,誓心如一。(见《云南志校释》附录)

这是韦皋第一次派将出使云南。韦皋考虑到唐、吐蕃、云南之间的复杂形势而派蛮人出使,可谓得人,而这次出使,更恶化了云南、吐蕃之间的关系,使云南明确了归唐之志。

《通鉴》卷二三四"贞元八年"条云:

> 吐蕃、云南日益相猜,每云南兵至境上,吐蕃辄亦发兵,声言相应,实为之备。(十一月)辛酉,韦皋复遗云南王书,欲与共袭吐蕃,驱之云岭之外,悉平吐蕃城堡,独与云南筑大城于境上,置戍相保,永同一家。

这是一军事联合计划,韦皋不只是让云南归顺,而且要与云南联合驱逐吐蕃,彻底打消云南的畏惧心理,绝云南后顾之忧。因此,贞元九年,"云南王异牟寻遣使者三辈,一出戎州,一出黔州,一出安南,各赍生金、丹砂诣韦皋;金以示坚,丹砂以示赤心,三分皋所与书为信,皆达成都。异牟寻上表请弃吐蕃归唐,并遗皋帛书,自称唐云南王孙、吐蕃赞普义弟日东王"。

异牟寻入唐时,对己之名两署,称唐云南王孙,又称吐蕃义弟及其封号,表明了云南与吐蕃之间联系并未彻底断绝。因此,韦皋于贞元九年十月派崔佐时最后出使。

《通鉴》卷二三四"贞元十年"条云:

> 崔佐时至云南所都羊苴咩城,吐蕃使者数百人先在其

国,云南王异牟寻尚不欲吐蕃知之,令佐时衣牂柯服而入。佐时不可,曰:"我大唐使者,岂得衣小夷之服?"异牟寻不得已,夜迎之。佐时大宣诏书,异牟寻恐惧,顾左右失色,业已归唐,乃歔欷流涕,俯伏受诏。郑回密见佐时教之,故佐时尽得其情,因劝异牟寻悉斩吐蕃使者,去吐蕃所立之号,献其金印,复南诏旧名。异牟寻皆从之,仍刻金契以献。异牟寻帅其子寻梦凑等与佐时盟于点苍山神祠。

崔佐时出使,保证了云南的最后弃吐蕃降唐。佐时气夺南诏,可见其胆略。我怀疑他一到云南便去见郑回探虚实,是韦皋的策略。仅就韦皋任佐时为巡宫(一云判官),并派其出使来看,韦皋很能识人且善任。

韦皋通过东蛮的耳目作用,施反间计使云南、吐蕃相疑,多次书劝南诏,内容一次比一次深入且击中南诏要害,同时,又利用诸蛮力量武攻吐蕃,最后,派段忠义与崔佐时出使,完成了争取南诏的大任,迫使惧怕吐蕃的异牟寻彻底绝于吐蕃,与唐恢复了友好和共同进攻吐蕃的关系。蛮羌的绥服及云南的归附,使吐蕃在西南地区陷于孤立。

《通鉴》卷二三三略云:

> (贞元四年)吐蕃发兵十万将寇西川……吐蕃失云南之助,兵势始弱矣。然吐蕃业已入寇,遂分兵四万攻两林、骠旁,三万攻东蛮,七千寇清溪关,五千寇铜山。皋遣黎州刺史韦晋等与东蛮连兵御之,破吐蕃于清溪关外。
>
> 吐蕃耻前日之败,复以众二万寇清溪关,一万攻东蛮。韦皋命韦晋镇要冲城,督诸军以御之。嶲州经略使刘朝彩

出关连战,自乙卯至癸亥,大破之。

（贞元五年）冬,十月,韦皋遣其将曹（王）有道将兵与东蛮、两林蛮（《旧唐书》卷一九六下《吐蕃传》作"东蛮、两林苴那时、勿邓梦冲等"）及吐蕃青海、腊城二节度战于嶲州台登谷,大破之,斩首二千级,投崖及溺死者不可胜数。杀其大兵马使乞藏遮遮。乞藏遮遮,虏之骁将也,既死,皋所攻城栅无不下,数年,尽复嶲州之境。

韦皋绥服东蛮,将其兵力作为战胜吐蕃军事力量的一部分。两次清溪关战中,东蛮牵制吐蕃八万人,是这次战斗的主力。台登谷大战以致后来收复嶲州、两林、勿邓、东蛮（即丰琶等）诸蛮,都起了主力军的作用。唐与东蛮的联合攻势,已使吐蕃于剑南失利,在韦皋争取了南诏后,吐蕃势力便被彻底驱出西南。

《新唐书》卷二二二上《南蛮传》云:

吐蕃苦唐、诏掎角,亦不敢图南诏。

吐蕃君长共计,不得嶲州,患未艾,常为两头蛮挟唐为轻重,谓南诏也……欲悉师出西山、剑山,收嶲州以绝南诏。

吐蕃失去了南诏的经济与军事联合,"兵势始弱",而在唐与南诏及东蛮的共击中,吐蕃在西南节节败退。贞元三年八月,李泌曾指出"招云南,则是断吐蕃之右臂也"。韦皋绥服蛮羌、争取南诏政策的成功,使唐从消极防守状态进入唐与南诏联合进攻状态,这不仅是西南对吐蕃战争的转折点,而且是唐与吐蕃关系上的转折点。

由于韦皋在剑南成功地联合了蛮羌及南诏,牵制了吐蕃的兵力,使整个唐朝与吐蕃的关系发生了转变。韦皋与吐蕃作战次数繁多,本文只举两例,论证韦皋在唐吐关系的改变中的作用。

《旧唐书》卷一九六下《吐蕃传》略云:

> (贞元)九年二月,诏城盐州。是州先为吐蕃所毁,自是塞外无堡障。灵武势隔,西逼邠坊,甚为边患,故命城之,二旬而毕……是役也,上念将士之劳,厚令度支供给,又诏泾原、剑南、山南诸军深讨吐蕃,以分其力。由是板筑之际,虏无犯塞者。及毕,中外咸称贺焉。是月,西川韦皋献获吐蕃首虏、器械、旗帜、牛马于阙下。初,将城盐州,上令皋出师以分吐蕃之兵,皋遣大将董勔、张芬出西山及南道,破峨和城、通鹤军。吐蕃南道元帅论莽热率众来援,又破之,杀伤数千人,焚定廉故城。凡平栅堡五十余所。

关于盐州的军事地位,《册府元龟》卷九九三《外臣部》"备御"门贞元九年三月辛酉将城盐州诏略云:"盐州地当冲要,远介朔陲……若非兴集师徒,缮修壁垒,设攻守之具,务耕战之方,则封内多虞,诸华屡警,由中及外,皆靡宁居。"城盐州,是一保证防止吐蕃北攻的军事行动,德宗之所以对此役所赐优厚,而筑毕,"中外称贺",是因为盐城的筑成,可抵挡吐蕃的北进东攻之势。而此后"虏惮,不轻入"(《新唐书》卷一五六《杜希全传》)之结果便是对城盐州重要意义的证明。在这一重要军事行动中,起最大作用者是韦皋。"板筑之际,虏无犯塞者",是盐城筑成的保证。

《旧唐书》卷一九六下《吐蕃传》略云:

> 先贞元十六年,韦皋累破吐蕃二万余众于黎州、嶲州。吐蕃遂大搜阅,筑垒造舟,潜谋寇边,皋悉挫之……吐蕃以其众外溃,遂北寇灵、朔,陷麟州。诏韦皋出兵成都西山以纾北边。皋遂命镇静兵马使陈泊等统兵万人出三奇路。自八月至于十二月,累破吐蕃十六万众……遂围维州。救军再至,转战千余里,吐蕃连败,灵、朔之寇引众南下。于是,赞普遣莽热以内大相兼东境五道节度兵马使、都统群牧大使率杂虏十万众来解维州之围……遂擒莽热,虏众大溃。

维州之战,是唐与吐蕃之间最重要的一战。韦皋不但从西山牵制了吐蕃兵力,而且完全吸引了北寇的吐蕃兵力,其规模之大,令"灵、朔之寇引众南下","杂虏十万众来解维州之围"。韦皋的维州之战,大败吐蕃,唐与吐蕃的关系发生转机。《旧唐书·吐蕃传》又云:

> (贞元)十九年五月,吐蕃使论颊热至。六月,以右龙武大将军薛伾兼御史大夫,使于吐蕃。

国力不强的唐与吐蕃又恢复了和盟关系。维州之战,是吐蕃由盛到衰的转折点。而从贞元初吐蕃与南诏联合攻唐,到唐争取南诏,孤立吐蕃,并取得武力抵抗吐蕃的胜利的这一过程中,韦皋起了极其重要的作用。

但在吐蕃转弱之时,韦皋的争取南诏、孤立吐蕃的政策,又产生了另一种作用。韦皋联合南诏武力进攻吐蕃之时,忽视了另一种现象,即南诏势力的发展。

《云南志》卷四《名类·弄栋蛮》条云:

贞元十年,南诏异牟寻破掠吐蕃城邑,收获弄栋蛮,迁于永昌之地。

《裳人》条云:

贞元十年,南诏异牟寻领兵攻破吐蕃铁桥节度城,获裳人数千户,即移于云南东北诸川。

《长裈蛮》条云:

南诏既破剑浪,遂迁其部落与施、顺诸蛮居,养给之。

《河蛮》条云:

皆羁制于浪诏。贞元十年,浪诏破败,复徙于云南东北柘东以居。

《施蛮》条云:

贞元十年,南诏攻城邑,虏其王寻罗并宗族置于蒙舍城,养给之。

《顺蛮》条云:

贞元十年,南诏异牟寻虏其王傍弥潜宗族,置于云南白崖养给之。其顺蛮部落百姓,则散隶东北诸川。

《磨些蛮》条云：

> 南诏既袭破铁桥及昆池等诸城，凡虏获万户，尽分隶昆川左右及西爨故地。

《茫蛮部落》条云：

> 贞元十年，南诏异牟寻攻其族类。

异牟寻进攻吐蕃的主要目的为驱逐吐蕃在西南的势力，对云南各蛮族进行兼并，此即所谓"依大国之势"。在唐与云南联合攻吐蕃时，云南已开始强盛，终于大和三年嵯巅攻蜀，"掠子女、工技数万引而南"，"南诏自是工文织，与中国埒"（《新唐书》卷二二二中《南诏传》），辗转地实现了异牟寻的计划。南诏成为唐后期的主要军事进攻对象，与唐衰亡相始终，故宋祁在《新唐书·南诏传》中赞曰："唐亡于黄巢，而祸基于桂林。"南诏影响唐代政治这一点，在韦皋时，已肇其端。

韦皋死于元和元年（806），四十三年以后，即大中三年（849），宰相以收复河湟，请上宣宗尊号。其实，河西陇右的恢复，主要由于吐蕃内讧，军事力量大为削弱，而其来有渐。《新唐书》卷一五八《韦皋传》云：

> 皋治蜀二十一年，数出师，凡破吐蕃四十八万，禽杀节度、都督、城主、笼官千五百，斩首五万余级，获牛羊二十五万，收器械六百三十万，其功烈为西南剧。

韦皋在大中三年前的二十年中,对吐蕃军事政治上的严重打击和挫败,是大中三年时吐蕃力量衰弱的主要原因。对大中三年恢复河湟,大中皇帝没有任何功绩,而韦皋是有大功的。因此,河西陇右的恢复,应称颂者不是大中皇帝而是南康郡王(韦皋)。

唐代均田制

唐代均田制是国家对私田的管理制度,不是土地分配制度。设置这一管理制度的目的有二:一是给予贵族品官(实际上是地主阶级上层,也包括一部分一般地主)多占有土地的特权,同时又限制这一特权。唐制规定,贵族品官按照他们的政治地位和社会地位的高低,可以占有顷亩多少不同的土地,并规定他们所有土地的最高限额。二是维护自耕农民的一小块土地。大唐帝国以其行政权力,以收、授为手段,在自耕农民(实际上也包括一部分一般地主)所有土地之间进行收退田、补欠田;以括田、授田为手段,在贵族品官所有土地与自耕农民所有土地之间进行括逾制田、补欠田,企图使大多数自耕农民长期稳定地保有一小块土地。国家也鼓励自耕农民所有土地的增加,但其最高限额为百亩。由于这两个目的,唐代均田制分为两部分:一为贵族品官受永业田制,二为百亩之田——应受田、已受田制。

贵族品官受永业田制

《通典》卷二《食货二·田制下》(《唐六典》卷三"户部郎中员外郎"条略同,《册府元龟》卷四九五《邦计部·田制》同)云:

> 其永业田,亲王百顷,职事官正一品六十顷,郡王及职事官从一品各五十顷,国公若职

事官正二品各四十顷,郡公若职事官从二品各三十五顷,县公若职事官正三品各二十五顷,职事官从三品二十顷,侯若职事官正四品各十四顷,伯若职事官从四品各十顷,子若职事官正五品各八顷,男若职事官从五品各五顷。上柱国三十顷,柱国二十五顷,上护军二十顷,护军十五顷,上轻车都尉十顷,轻车都尉七顷,上骑都尉六顷,骑都尉四顷,骁骑尉、飞骑尉各八十亩,云骑尉、武骑尉各六十亩。其散官五品以上同职事给。兼有官爵及勋俱应给者,唯从多,不并给。若当家口分之外,先有地非狭乡者,并即回授,有剩追收,不足者更给。诸永业田皆传子孙,不在收授之限,即子孙犯除名者,所承之地亦不追。

《新唐书》卷五五《食货志》所记,自亲王以下至职事官从五品以及勋、散官等受永业田与《唐六典》《通典》略同,但又记职事官六品至九品所受永业田:

六品、七品二顷五十亩,八品、九品二顷。

据此,贵族品官受永业田制包括从亲王到男爵受永业田,职事官从正一品到从九品下阶受永业田,勋官从上柱国到武骑尉受永业田,散官五品以上受永业田。史籍没有记载散官六品到九品受永业田,不知何故,待考。

制度上的"受""给",应当解释为"受田""给田",但是否这一大批贵族品官的永业田都是国家授给他们的呢?果如是,均田制的这一部分是土地分配制度。但事实并不是这样。如《旧唐书》卷七八《于志宁传》(《新唐书》卷一〇四《于志宁传》

同)云：

> 显庆元年,迁太子太傅。尝与右仆射张行成、中书令高季辅俱蒙赐地,志宁奏曰:"臣居关右,代袭簪裘,周魏以来,基址不坠。行成等新营庄宅,尚少田园,于臣有余,乞申私让。"帝嘉其意,乃分赐行成及季辅。

按唐右仆射从二品,中书令正三品。如把贵族品官受永业田制理解为土地分配制度,则张行成应授田三十五顷,高季辅应授田二十五顷。他们从国家手里得到这样大片土地,怎能说"新营庄宅,尚少田园"呢？这是不可能的。同时,上引史料说得很明确,身为周太师燕国公于谨的曾孙于志宁的广大田园是祖传下来的,不是从唐王朝手中受得的。这也说明,贵族品官受永业田制不是土地分配制度。

《旧唐书》卷九九《张嘉贞传》(《新唐书》卷一二七《张嘉贞传》略同)云：

> 嘉贞虽久历清要,然不立田园。及在定州,所亲有劝植田业者,嘉贞曰:"吾忝立官荣,曾任国相,未死之际,岂忧饥馁？若负谴责,虽富田庄,亦无用也。"

据此,张嘉贞"不立田园",即他不谋求建置田园。"所亲有劝植田业者",即别人劝张嘉贞建置田园,两者都不存在国家对张嘉贞分配土地的意思。如果把贵族品官受永业田制理解为土地分配制度,则张嘉贞已从唐国家手里受得大量土地,用不着他自己谋求建置田园了。

根据上引两条史料和分析,贵族品官受永业田制不是国家对贵族品官分配土地的制度。我认为,制度规定的自亲王受永业田百顷至武骑尉受永业田六十亩,是这些贵族品官可以有的私田的数量,也就是他们可以有的私田的最高限额。既给予特权多占有私田,又加以限制,这就是国家对贵族品官私田的管理。在制度规定数量内的私田,是合乎制度也就是合法的私田,超过规定数量(亦即最高限额)的私田是占田逾制,这样的田叫作籍外羡田,是违反制度亦即违法的私田。这样的私田,国家有权检括。按《册府元龟》卷四九五《邦计部·田制》略云:

> 天宝十一载十一月乙丑诏曰:"……如闻王公百官及富豪之家,比置庄田,恣行吞并,莫惧章程。借荒者皆有熟田,因之侵夺;置牧者唯指山谷,不限多少。爰及口分、永业,违法买卖,或改籍书,或云典贴……不有厘革,为弊虑深。其王公百官勋荫等家,应置庄田,不得逾于式令。仍更从宽典,务使弘通……百姓知复于田畴,荫家不失其价值……又两京去城五百里内,不合置牧地,地内熟田仍不得过五顷已上,十顷已下。其有余者,仰官收。应缘括简共给授田地等,并委郡县长官及本判官、录事相知勾当……今所括地授田,务欲优矜百姓,不得妨夺,致有劳损。"

上引史料中的"章程""式令",就是制度,就是贵族品官受永业田制。超过制度规定的田亩限额去兼并土地,就是违法侵夺,就要检括官收,另授予无地少地的人户,这就是管理。

在武则天统治时期,国家曾进行括田,现存的周长安三年三月括逃使牒并敦煌县牒(大谷二八三五)记载了括户的情况。

括户、括田是紧密相关联的,我推测,与括户同时,也进行了括田。从开元九年起的宇文融括田、括户,是全国规模的行动。其性质与上文论述的天宝十一载括田是相同的。括"籍外剩田"(《旧唐书》卷四八《食货志》记述宇文融括田)或括"籍外羡田"(《新唐书》卷五一《食货志》记述宇文融括田),就是检括按制度登记在户籍上的田地以外多占的田亩。所说的制度包括贵族品官受永业田制以及百亩之田——应受田、已受田制。这也是唐代国家对私田的管理。

根据上述,我认为,唐均田制的一部分,即贵族品官受永业

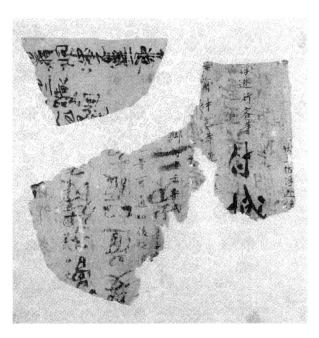

唐代官府文牒:上括浮逃使状,新疆维吾尔自治区吐鲁番出土,内容是关于逃亡农民的

田制,不是土地分配制度,而是中央集权国家对贵族品官私有土地的管理制度。

按不同身份地位,可以有不同数量的私田。身份地位高,所有的私田较多;身份地位低,所有的私田较少;同一身份地位的人,所有田相同,即均等。这是唐贵族品官受永业田制的内容。这样的私田管理制度称为均田制,不始于唐,如《汉书》卷八六《王嘉传》云:

> 嘉复奏封事曰:"……诏书罢苑,而以赐贤二千余顷,均田之制,从此堕坏。"(孟康曰:"自公卿以下至于吏民,名曰均田,皆有顷数,于品制中令均等。今赐贤二千余顷,则坏其等制也。")

《通鉴》卷三五"汉哀帝元寿元年"也记载"王嘉奏封事"及孟康注。胡注曰:均田见三十三卷"绥和二年"。按《通鉴》卷三三"汉成帝绥和二年"所载均田,即名田、名奴婢制。又按《汉书》卷一一《哀帝纪》绥和二年略云:

> 六月,诏曰:"……诸侯王、列侯、公主、吏二千石及豪富民多畜奴婢,田宅亡限,与民争利,百姓失职,重困不足,其议限列。"有司条奏:"诸王、列侯得名田国中,列侯在长安及公主名田县道,关内侯、吏民名田,皆无得过三十顷。(如淳曰:"名田国中者,自其所食国中也。既收其租税,又自得有私田三十顷。名田县道者,令甲,诸侯在国,名田他县,罚金二两。今列侯有不之国者,虽遥食其国租税,复自得田于他县道,公主亦如之,不得过三十顷。")诸侯王奴婢二百

人,列侯、公主百人,关内侯、吏民三十人……诸名田畜奴婢过品,皆没入县官。"

上引史料中名田部分,虽然有"皆无得过三十顷"之语,但按如淳注,实际上名田分为三个等级:诸侯王最多,其次是列侯、公主,再其次是关内侯、吏民。等级有高下,相应名田有多少,同一等级的人,名田则均等。从诸侯王畜奴婢二百人,列侯、公主畜奴婢百人,关内侯、吏民畜奴婢三十人.也可以推断,按等级高下,名田多少不同。所以下文又说,"诸名田畜奴婢过品,皆没入县官"。过品就是超过等级。由于按等级高下,名田多少,同一等级的人名田应均等,所以《汉书·王嘉传》中的孟康注说:"今赐贤二千余顷,则坏其等制也。"

根据上述分析,西汉哀帝时的名田、名奴婢制,就名田这一点来讲,它的特点和实质,即按照等级给予诸侯王、列侯、公主、关内侯、吏民特权多占田地,但又规定限额限制这一特权。这和唐代贵族品官受永业田制基本相同,所以都被称为均田制。据此,均田制的含义是按等级高低不同,占田多少不同;同一等级的,占田数相同。就汉唐统治者看来,这样做,就可使各个等级在占田上得到均等。这样看来,唐制的源头可以上溯到西汉,而西汉制又可以上溯到战国时的商鞅变法。按《史记》卷六八《商君列传》略云:

> (秦孝公)以卫鞅为左庶长,卒定变法之令……明尊卑爵秩等级,各以差次名田宅,臣妾衣服,以家次。

史文简略,内容不详。但就"明尊卑爵秩等级,各以差次名田宅"来讲,应理解为按等级高下拥有多少不同的田地,等级高的田多,等级低的田少,同一等级的田地均等。这与西汉哀帝时名田制和唐代的贵族品官受永业田制,其精神实质基本相同。这就是说,这样的私田管理制度,从战国时期就已存在。唐制是一千年来国家管理私田制度发展的结果。它的发展历程是自战国制和西汉制,西晋占田制中的官品占田、占佃客制,北齐均田制中的贵族品官的奴婢受永业田制(我推测,北魏也应有这样的制度,但史书不载),隋贵族品官给永业田制,到唐代贵族品官受永业田制,一脉相承。其目的是,一方面给予贵族品官多占有土地的特权,另一方面又限制这一特权。从战国到唐,随着社会经济的发展,国家管理私田制度有所变化。到了唐代,职、散、勋、爵都给予这样的特权,贵族品官受永业田制比较完备,但它与战国以来至隋历代的制度,在实质和实行目的上是一致的。

百亩之田——应受田、已受田制

唐代均田制的另一部分是国家对民有私田的管理制度。"民"是和贵族品官相对而言的。唐人所称的"民"也包括一部分一般地主,但主体是农民,特别是自耕农民,因此,这一民有私田管理制度的主要内容是对自耕农民私田的管理。

唐武德七年《田令》、开元七年《田令》、开元二十五年《田令》中都有民有私田管理制度的内容。兹移录开元二十五年《田令》中有关民有私田管理制度的记载如下。

《通典》卷二《食货二·田制下》(《册府元龟》卷四九五《邦计部·田制》同)云:

> （大唐开元二十五年令）：丁男给永业田二十亩、口分田八十亩。其中男年十八以上，亦依丁男给。老男、笃疾、废疾各给口分田四十亩，寡妻妾各给口分田三十亩。先永业者通充口分之数。黄小中丁男女及老男、笃疾、废疾、寡妻妾当户者，各给永业田二十亩、口分田二（当作"三"）十亩。应给宽乡，并依所定数。若狭乡新受者，减宽乡口分之半。其给口分田者，易田则倍给。宽乡三易以上者，仍依乡法易给。

开元二十五年《田令》没有说到收田（也就是退田），授（受）田也说得太简单。兹以武德七年《田令》和开元七年《田令》所载者，补充如下。

《旧唐书》卷四八《食货志》略云：

> 世业之田，身死则承户者便授之，口分则收入官，更以给人。

《唐六典》卷三"户部郎中员外郎"条略云：

> 凡应收授之田，皆起十月，毕十二月。凡授田，先课后不课，先贫后富，先无后少。

怎样理解上引《田令》的内容呢？特别是授（受）田和收（退）田的规定。我认为，应当从唐《田令》实行的实际情况出发来理解《田令》，而不能只是从文义上去理解《田令》。唐《田令》实行的实际情况存在于唐敦煌、吐鲁番户籍和吐鲁番田制文书中。我们的研究应当从分析这两类第一手史料开始。

敦煌籍和吐鲁番籍记载《田令》实行的内容,分为已受田和应受田,我们就按这两方面内容进行探讨。

(一)已受田

已受田的性质如何?它是农户从国家手里已经受得的田地吗?我们从原始史料出发,就敦煌籍和吐鲁番籍所记应受田、已受田以及户等、课或不课等略做分析。

据大足元年沙州敦煌县效谷乡籍(伯三五五七、伯三六六九)、开元十年沙州敦煌县悬泉乡籍(伯三八九八、伯三八七七)、天宝六载敦煌郡敦煌县效谷乡□□里籍(斯四五八三)、天宝六载敦煌郡敦煌县龙勒乡都乡里籍(伯二五九二、伯三三五四、罗振玉旧藏、斯三九〇七)、大历四年沙州敦煌县悬泉乡宜禾里手实(斯五一四)、开元四年西州柳中县高宁乡籍(池田温著《中国古代籍帐研究》)所载应受田、已受田以及户等、课或不课比较完全的四十七户,就已受田与应受田的关系以及已受田与户等、每户人口、课或不课的关系撰制五种统计比较表。现列已受田与应受田的关系二表如下。其余诸表和四十七户的情况,因篇幅所限,皆从略。

表一:应受田数同,但已受田数不同

户 主	应受田	已受田
邯寿寿	一三一亩	四四亩
索聱才	一三一亩	一八亩
杨法子	一三一亩	一五亩
赵玄表	一〇一亩	四〇亩
安大忠	一〇一亩	三三亩
杨日晟	一〇一亩	六二亩

樊黑头	一〇一亩	四三亩
杜客生	二〇一亩	四〇亩
郭玄昉	二〇一亩	二〇亩
赵玄义	五一亩	一一亩
氾尚元	五一亩	一五亩
令狐仙尚	五一亩	八亩

表二：应受田数不同，但已受田数同

户　主	应受田	已受田
索如玉	三一顷一亩	二二亩
张奴奴	八二亩	二二亩
赵大本	四五三亩	九〇亩
唐元钦	一五一亩	九〇亩

据上列二表，每户已受田与应受田并没有相应的关系。如果把均田制下的百亩之田——应受田、已受田制理解为国家掌握大量官、荒地（或土地国有）向农户平均计口（或计丁）授田，则应受田多的，已受田必相应也多。果如此，则敦煌籍、吐鲁番籍所表现的应受田与已受田不相适应的关系是错误的。应受田数相同的，已受田数却不同；应受田数不同的，已受田数却相同，已受田并没有与应受田相适应。此外，在敦煌籍中，我们看到下列情况：郭玄昉（下下户，课户见输）户内八口人，二丁受田，应受田二〇一亩，已受田二〇亩。赵玄表（下下户，课户见输）户内三口人，一丁受田，应受田一〇一亩，已受田四〇亩。郭玄昉户与赵玄表户相比较，同是下下户，皆课户见输，郭户人口多，受田丁多，应受田多，但已受田反倒少；赵

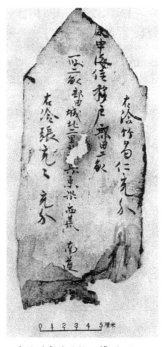

唐西州高昌县授田簿，新疆吐鲁番阿斯塔那42号墓出土

户人口少,受田丁少,应受田少,但已受田反倒多。类似的情况还可举出不少。总之,上述种种情况说明一点:已受田并没有与应受田有相应的关系。如果把已受田理解为国家按照应受田数授予农户的土地,则上述种种情况以及敦煌籍、吐鲁番籍所载十六户已受田千差万别的情况都是难于解释的。我们知道,敦煌籍、吐鲁番籍所记已受田与应受田不相适应的关系以及已受田千差万别的情况是均田制实行的实际。这一客观实际并没有错误,也不可能错误。问题在于我们的理解。我认为,已受田并不是国家平均地按照应受田数授予农户的。把均田制下的百亩之田——应受田、已受田制理解为国家平均分配土地的制度是错误的。这种理解不仅为均田制实行的客观实际情况(如上文对敦煌籍、吐鲁番籍中已受田的分析)所否定,在理论上也是错误的。我认为,已受田是农户原有的私田,应受田是国家规定的每一农户可以有的土地的数量和最高限额,两者本来就没有相应的关系。在私有制的社会中,众多小农的私田本来就是千差万别的。千差万别的情况是众多小自耕农户私有土地的普遍、正常的状态。

(二) 应受田

据上文引录《通典》载开元二十五年田令,应受田的内容如下:

丁男及中男年十八以上者应受田百亩,二十亩为永业,八十亩为口分。

老男、笃疾、废疾应受口分田四十亩,寡妻妾应受口分田三十亩。

老男、笃疾、废疾、寡妻妾、中男(十八岁以下者)、中女、小男、小女、黄男当户者应受田五十亩,二十亩为永业,三十亩为口分。

根据敦煌籍和吐鲁番籍,每户的应受田包括已受田和未受田。上文已经证明,每户的已受田就是该户原有的私田,则应受田的另一部分,即未受田,就是该户可以有但还没有的私田,应受田额就是该户可以有的私田的最高限额。在农户原有私田的基础上,国家规定了应受田,其目的是鼓励自耕农民增加私田但又加以限制,只能在限额内增加。

应受田的性质如何呢?就上文论述的应受田的第一个内容来讲,即丁男中男受田百亩,可称之为百亩之田,这是儒家小农经济思想的体现。就上文论述的应受田第二、三内容来讲,这是儒家"使老有所终"以及"幼有所长,矜寡孤独废疾者皆有所养"(《礼记·礼运篇》)思想的体现。第一个内容是主要的,详论如下。《孟子》一书中有五处记载百亩之田,兹移录《梁惠王章句》上的一段如后:

> 五亩之宅,树之以桑,五十者可以衣帛矣。鸡豚狗彘之畜,无失其时,七十者可以食肉矣。百亩之田,勿夺其时,数口之家可以无饥矣。谨庠序之教,申之以孝悌之义,颁白者不负戴于道路矣。七十者衣帛食肉,黎民不饥不寒,然而不王者,未之有也。

《荀子·大略篇》云:

> 不富无以养民情,不教无以理民性。故家五亩宅,百亩田,务其业而勿夺其时,所以富之也。立大学,设庠序,修六礼,明七教,所以道之也。《诗》曰:"饮之食之,教之诲之。"

王事具矣。

孟子和荀子所说的一样，五亩宅，百亩田，这样自给自足的小自耕农经济，加上庠序之教，就可以王天下，就是"王事具矣"。唐代的应受田，即百亩之田和孟、荀所说的百亩田；唐代的应受园宅地（见《通典》卷二《食货二·田制下》）和孟、荀所说的五亩宅，其精神实质是一致的。孟子和荀子所说的五亩宅、百亩田是自给自足的小农经济的核心；唐代的应受园宅地和应受百亩之田也是如此。

儒家的小农经济思想是有它的社会历史背景的。兹引下列史料，加以论述。

《汉书》卷二四上《食货志》略云：

> 是时，李悝为魏文侯作尽地力之教……又曰："……今一夫挟五口，治田百亩，岁收亩一石半，为粟百五十石，除十一之税十五石，余百三十五石。食，人月一石半，五人终岁为粟九十石，余有四十五石。石三十，为钱千三百五十，除社闾尝新、春秋之祠，用钱三百，余千五十。衣，人率用钱三百，五人终岁用千五百，不足四百五十。不幸疾病死丧之费，及上赋敛，又未与此。此农夫所以常困，有不劝耕之心，而令籴至于甚贵者也。"

《汉书》卷二九《沟洫志》云：

> 魏文侯时，西门豹为邺令，有令名。至文侯曾孙襄王时，与群臣饮酒，王为群臣祝曰："令吾臣皆如西门豹之为人

> 臣也。"史起进曰："魏氏之行田也以百亩,邺独二百亩,是田恶也。漳水在其旁,西门豹不知用,是不智也。"

"魏氏之行田也以百亩",这和李悝所说的"今一夫挟五口,治田百亩"几乎完全相同,又在同时,可见战国时魏国,有田大约百亩的小自耕农是存在的,而且为数众多,否则,李悝不会举为例证以说明农民的贫困了。

《周礼·地官·大司徒之职》云：

> 凡造都鄙,制其地域而封沟之,以其室数制之。不易之地家百亩,一易之地家二百亩,再易之地家三百亩。

《汉书》卷二四上《食货志》云：

> 民受田,上田夫百亩,中田夫二百亩,下田夫三百亩。岁耕种者为不易上田,休一岁者为一易中田,休二岁者为再易下田。三岁更耕之,自爰其处。

《汉志》所说的应来自《周礼》。据上引,《周礼》所记载的百亩之田和孟子、荀子的小农经济思想中的百亩之田是一致的。百亩之田是小自耕农经济的基础。由此可见,小农经济思想不仅表现在孟子、荀子的论述中,也表现在儒家的重要典籍《周礼》中。我认为,孟子、荀子以及《周礼》著者的小农经济思想,不单纯是思想家头脑中的产物,它应该是当时社会经济的实际情况反映在思想家头脑中的结果。战国时期,我国封建社会开始确立,当时社会上存在着众多的大约有田百亩的自耕农民,他们对初建立的国家十分重要。这种情况反映在思想家的头脑中就构成了儒家的小农经济思想。孟子、荀子认为,维护五亩之宅、百亩之田的小农经济是立国之本。怎样维护呢?国家要以行政权力进行管理。战国、秦汉以后的历代统治者继承了这样的小农经济思想,因为众多的小自耕农一直是主要生产劳动者,一直是中央集权封建国家的财政的来源和徭役的负担者。从西汉董仲舒提出限民名田以及西汉哀帝时的名田、名奴婢制以后,国家对私田的管理就更为明确了。儒家的以五亩之宅、百亩之田为核心的小农经济思想就成为从西晋占田制中经北魏均田制、北齐均田制、北周均田制、隋均田制,到唐均田制中百亩之田——应受田、已受田制的思想渊源。在长时期社会经济发展的过程中这一制度的具体内容也有变化,但其精神实质是一脉相承的。

收退田、补欠田就是管理

上文已指出,贵族品官受永业田制和百亩之田——应受田、已受田制都是古代中央集权国家对两类私田的管理制度。这种管理表现为,在每一户原有土地的基础上,国家收取退田和补给欠田。这两者都是少量的,一二亩或二三亩。兹申述如下:

(一) 百亩之田——应受田、已受田制的授田(受田)和收田(退田)

《旧唐书·食货志》载武德七年《田令》,《唐六典》卷三载开元七年《田令》都有授田(受田)和收田(退田)的规定。按《唐律疏议》卷一三《户婚律》略云:

> 诸里正,依《令》:"授人田,课农桑。"若应受而不授,应还而不收,应课而不课,如此事类违法者,失一事,笞四十。
> 〔疏〕议曰,依《田令》……又条:"应收授之田,每年起十月一日,里正预校勘造簿,县令总集应退应受之人,对共给授。"又条:"授田,先课役,后不课役;先无,后少;先贫,后富。"其里正皆须依《令》造簿通送及课农桑。

据此,关于授田(受田)和收田(退田或还田),《律》及《律疏》依据《田令》。这里须注意一点,授田(受田)、收田(退田)是在每一户原有私田的基础上进行的,是对受田户原有私田的收多、补欠。为了论证这一观点,要对唐吐鲁番田制文书进行具体分析。池田温著《中国古代籍帐研究》载唐开元廿九年西州高昌县给田簿(大谷文书),它的书写格式如下:

康蚍子死退一段二亩 常田 城东廿里高宁 东申德 西李秋 南安僧伽 北竹乌□
　　给　史　尚　宾　充

康蚍子是退田人,史尚宾是受田人,康蚍子死退的二亩常田,授予史尚宾。这一给田簿残缺,比较完整地记载退田人和受田人的还保留了十八例。由于在给田簿上退田人和受田人写在一起,我认为上引《律疏》中"县令总集应退应受之人,对共给授"一句的意义,很可能是受田者和他所受一段田地的旧主即退田人见面,新的田主知道他所受田的来源。给田簿上这样记载说明,并不是官府以其所掌握的官地、荒地给予受田户,而是以退田户的田给予受田者。以上引康蚍子及史尚宾为例,从官府的角度看,康虫也子死了,退还二亩常田,也就是说,这二亩田于康虫也子再无需要,给予需要者史尚宾,取彼不需要,给此需要者,这就是收多补欠,这也就是管理。其他十七例也可以据此类推。

《吐鲁番出土文书》第六册载唐西州高昌县授田簿的书写格式和上文所说的大谷给田文书相同,如第一件文书载有:

右给得史阿伯仁部田六亩 穆石石 充 分

这就是说:史阿伯仁退的六亩部田给了穆石石。

又如第十件文书载有:

康 申海住移户部田二亩

一段二亩 部田 城北二里(下略)

右给张充充充分

这就是说:康申海住因移户退部田二亩给了张充充。把退田人和受田人书写在一起,书写格式相同,意义也相同,不再重述。

其次,从每户退田受田的亩数上,也可推测退田受田所具有的收多补欠性质。就上引开元廿九年西州高昌县给田簿所载每户退田给田亩数统计如下:

半亩常田(二见),一亩常田(八见),二亩常田(七见),三亩常田(一见)。

一亩部田(十五见),二亩部田(十七见),三亩部田(三见),

四亩部田(二见),五亩部田(一见)。

一亩薄田(三见),二亩薄田(一见)。

一亩部田、二亩薄田(一见)。

一亩常田、二亩部田(一见)。

据此,每户退田受田一亩、二亩常田及一亩、二亩部田者是绝大多数。但唐西州地区为狭乡,每户原有私田(已受田)为数不多,必须把每户原有私田数与退田受田数对照比较,方能做出合理推测。据《吐鲁番出土文书》第七册载《唐神龙三年高昌县崇化乡点籍样》所记三十九户的已受田数,统计如下:

①二五亩四〇步,②二三亩四〇步,③二〇亩四〇步,④一五亩一〇〇步,⑤一七亩四〇步,⑥一四亩四〇步,⑦一三亩四〇步,⑧一二亩四〇步,⑨一一亩六〇步,⑩一一亩四〇步,⑪一〇亩七〇步,⑫一亩四九步,⑬一〇亩四〇步,⑭一〇亩四〇步,⑮一〇亩四〇步,⑯一〇亩四〇步,⑰九亩八〇步,⑱九亩四〇步,⑲九亩四〇步,⑳九亩三六步,㉑九亩二〇步,㉒八亩四〇步,㉓八亩四〇步,㉔八亩,㉕八亩,㉖七亩四〇步,㉗七亩四〇步,㉘五亩七〇步,㉙五亩四〇步,㉚五亩四〇步,㉛五亩四〇步,㉜五亩四〇步,㉝五亩四〇步,㉞五亩四〇步,㉟五亩四〇步,㊱五亩,㊲四亩,㊳三亩四〇步,㊴二亩四〇步。

上列三十九户,已受田在七亩以上者二十七户,为大多数。原有土地从七亩到二十五亩的农户,退田受田一亩或二亩,两者对比,所退所受者是少数。这是在原有土地的基础上的收多补欠。

(二) 括田与授田

史籍记载唐代前期大规模括田有三次,即武则天统治时期的括田、从开元九年起的宇文融括田、天宝十一载括田。根据这三次括田的情况,括田就是检括"占田逾制"(《新唐书》卷一九七《循吏传·贾敦颐传》)的田地。制,就是贵族品官受永业田制和百亩之田——应受田、已受田制,检括所得的田地,一般地说,要授予无地少地的农户。这主要是括取贵族品官逾制的多余田地,授予欠田的自耕农民。

黄文弼著《吐鲁番考古记》载武则天统治时期括田文书,兹移录与本文主旨有关的三段如下:

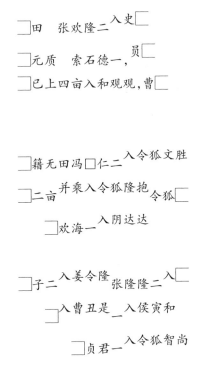

"张欢隆二入史□",意为从张欢隆括出的二亩田授予史某,其他诸句都可如此解释。由于所括出的田都是一、二亩,我认为,这些旧田主都是一般农户,因此,这是自耕农民所有田的收多补

欠。引文第二段中"□二亩 并乘入令狐隆抱",日本学者池田温指出"乘"即"剩"(见《中国古代籍帐研究》),甚是。"剩"就是宇文融括田时的籍外剩田(见《旧唐书》卷四八《食货志》)。此点更可证明,这三段文书所记者是括田授田,超过百亩之田——应受田、已受田制的剩田被括出来,给予无地少地的农户,这就是自耕农民之间所有土地的收多补欠。

《新唐书》卷一九七《循吏传·贾敦颐传》所说的"洛多豪右,占田类逾制",贾敦颐括出三千余顷,授予贫困农民。这里的"制"应是贵族品官受永业田制,因而所括出者是贵族品官的私田,给予贫困的自耕农户。

无论是百亩之田——应受田、已受田制的授田(受田)和收田(退田),或检括超过贵族品官受永业田制的田亩授予农民,都不是国家以其所掌握的大量官地荒地(或土地国有)分配给自耕农民,而是以其行政权力对自耕农民之间的所有地和贵族品官与自耕农民之间所有地的收多补欠。据此,百亩之田——应受田、已受田制是古代中央集权国家对民(以小自耕农为主体)有私田的管理制度。

总括以上全部论述,提出下列两点意见:第一,唐代前朝,中央集权国家一方面要依靠贵族品官(实际上是地主阶级上层),另一方面要剥削役使广大自耕农民(实际上是农民阶级的主体)以维持其生存。国家既要给予贵族品官多占有土地的特权,又要保持自耕农民的一小块土地,因而采用了按品级高下(自亲王至庶民)可以占有顷亩多少不同的私田管理制度——均田制。唐帝国对私田的管理主要表现在限制、检括、收、授(后两者皆少量)等方面。第二,对两类私田的管理制度,即均田制的两部分,贵族品官受永业田制和百亩之田——应受田、已受田制,都可溯源到中国封建社会最初确立时期——战国。百亩之田——应受田、已受田制是儒家小农经济思想的体现,占田中的等级制则是儒家等级思想的体现。这是均田制的思想根源。

差科簿

法国学者伯希和从我国敦煌掠去的古文书里,有唐代敦煌几个乡的登载男子姓名的四件文书残卷。这些文书记载了几个乡不同户等的小男以上男子的姓名、年龄、类别(小男、中男、白丁、老男、勋官等),还记载了大多数人担负的职务或徭役的名称。在《食货》半月刊的《唐户籍簿丛辑》(1936年第4期)里,把这四件文书定名为《丁籍簿》。对文书的内容加以考释以后,我觉得这是有关唐代徭役问题极可宝贵的史料。对于《丁籍簿》这一名称,我也有不同的意见。这里把这四件文书的内容及其重要性,一并作些探讨。

这些文书的地域性是很明确的。有几件文书上有敦煌县印,有一件文书上还标明从化乡,从化乡是敦煌十三个乡中的一个。其次,四件文书记载的几百人名里,以阎、张、索、曹、安、史、阴、令狐、氾、石、康、何、罗等姓最多,这是敦煌地方的一个标志。因此,可以说,这五件都是敦煌县一些乡的文书。

这四件文书是天宝十载的。其根据如下:第一,从成丁的年龄上看,在这四件文书里,有21岁的中男七人、22岁的中男十人、23岁的白丁三人、24岁的白丁十四人。唐朝前期,天宝三载以前,中男的年龄是从16岁到20岁,男子成丁的年龄是21岁;从天宝三载起,中男的年龄改为从18岁到22岁,男子成丁的年龄改为23岁;到广德元年,男子成丁的年龄又改为25岁。因此,在天宝三载以

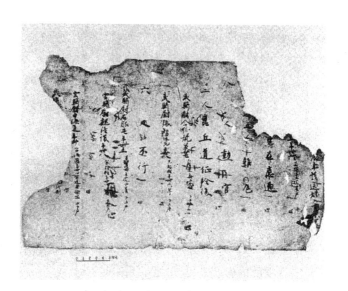

唐令狐鼠鼻等差科簿，新疆吐鲁番阿斯塔那42号墓出土

前,没有21岁和22岁的中男,在广德元年以后,没有23岁和24岁的成丁,所以可以肯定地说,这四件文书是属于天宝三载以后到广德元年以前这一时期的。第二,这四件文书的"见在"人的年龄上,都冠一"载"字,依据现存的唐代户籍簿的体例,凡是人的年龄上冠以"载"字的,都是天宝时期的文书;凡是人的年龄上冠以"年"字的,都不是天宝时期的。据此,可以肯定地说,这四件文书是天宝时期的。第三,在一件文书里有索思礼的名字。另外,在大历四年敦煌县悬泉乡的残户籍里也有一个索思礼。两件文书上的索思礼都带有上柱国勋,同时,在大历四年户籍簿上的索思礼是65岁,在这件文书上的索思礼是47岁;两处的记载相差18岁。若从大历四年上推十八年,就是天宝十载;这一点正符合上文第一点和第二点的推断。因此,这两件文书上的

索思礼很可能是一个人,而这一件所谓的《丁籍簿》很可能是天宝十载的。由此推测,其他三件文书也是属于同一年代的。这一推测更可由下文所考释的文书的内容来证实。这四件文书都是残缺的。在"见在"人数这一部分里,大多数人记载了姓名、年龄、类别,还标明他们担负的职务或徭役;一小部分人只记载了姓名、年龄、类别,而不标明职务或徭役。现在分别加以考辨。至于第一、第二件文书的"破除"人数部分,也附带做些探讨。

一

这四件文书里的"见在"人数部分,大多数人的名字下注明了职务和徭役的名称。这些名称是这四件文书上最可注意的部分。要了解这四件文书的重要意义,首先必须对这些名称加以正确的解释。这些职务和徭役的名称是郡上、纳资、子弟、侍丁、亲侍丁、执衣、捉钱、充馎、渠头、斗门、卫士、土镇、豆卢军健儿、终服、学生、翊卫、里正、村正、市壁师、郡典狱、县典狱、府史、郡史、县史、堡主、寿昌城主、府录事、郡录事、医学博士、队副、前戍主、知城勋官、土护、遮收、寿昌平水。兹一一考释如下:

郡上　　纳资

在这四件文书里,有十八个人的名字下标明"郡上",这十八个人都有勋,其中上骑都尉二人,轻车都尉五人,骑都尉十人、武骑尉一人。我以为"郡上"就是"本郡当上"的简称,就是到本郡的衙门里去服役的意思。这样解释的根据如下。

《唐六典》卷五"兵部郎中"条云:

> 凡勋官十有二等（并载于司勋之职），皆量其远迩，以定其番第。（五百里内五番……各一月上。每上或分配诸司。上州及都督府番别各听留六十人，中州四十五人，下州三十五人，分配监当城门、仓库。）

《旧唐书》卷四二《职官志》云：

> 勋官者，出于周、齐交战之际，本以酬战士……自是（唐高宗咸亨五年）已后，战士授勋者动盈万计。每年纳课，亦分番于兵部及本郡当上，省司又分支诸曹，身应役使，有类僮仆。据令乃与公卿齐班，论实在于胥吏之下。盖以其猥多，又出自兵卒，所以然也。

可见唐朝前期，勋官是要到中央政府各衙门或地方政府各衙门去服役的。到本郡当上就是勋官这一色人所要服的一种徭役。这四件文书里的十八个勋官的名字下所标明的"郡上"，就成了一种色役的专用名词。

这四件文书里，有二十七个人的名字下标明"纳资"，其中有上柱国子十二人，上柱国八人，武骑尉三人，上轻车都尉、轻车都尉、骑都尉、护军各一人。总之，都是勋官和勋官之子。根据上引两条史料，勋官是要服色役的，要到各个衙门去上番；不去上番的要纳一定数量的资（课）。这四件文书里的"纳资"就是这个意思。这二十七个人里有十二个人是勋官之子，可见勋官之子也是要服色役的。

子弟

在这四件文书里，有五个人的名字下标明"子弟"，其中有两个人是四品孙,有两个人是上柱国子,有一个人是上柱国。为了解释"子弟"一词,先引几条同类的史料作比较。

《唐大诏令集》卷一二四《破淄青李师道德音》云:

> 其贼中杂差点子弟夫役,便放还本处。

《唐大诏令集》卷七二《乾符二年南郊赦》云:

> 义仓斛斗,本防灾年,所贮积岁多,翻成侵害。又差重丁大户充仓督子弟主管。凡节察及监军使、刺史、县令到任,仍须一一斛量,差役乡夫,数重劳扰。

这两条史料都说明"子弟"是一种色役的名称。我推测,这四件文书里的"子弟",也属于同类性质。标明着"子弟"的五个人里有四个人是官吏子弟和勋官子弟,"子弟"一词可能就是从这里引申来的。《册府元龟》卷四九七《邦计部·河渠》记载,"元和六年,差右神策子弟穿淘洨渠"。这一事实可以帮助我们理解"子弟"一词的由来。我推测,唐朝时候,有些徭役由某些官吏子弟或勋官子弟来担任,"子弟"就成为一种色役的专用名词。

侍丁　亲侍丁

这四件文书里,有三十五个人的名字下标明侍丁(内有亲侍丁二人),其中有中男十五人、白丁十二人、勋官六人。什么是侍丁呢?

《通典》卷七《食货七·丁中》"大唐"条云:

> 按开元二十五年《户令》云……诸年八十及笃疾,给侍

丁一人;九十,二人;百岁,三人。皆先尽子孙,听取先亲,皆先轻色。(按《唐六典》卷三"户部郎中员外郎"条作:"皆先尽子孙,次取近亲,次取轻色丁。")无近亲,外取白丁者,人取家内中男者,并听。

到天宝八载,关于侍丁制度,又有补充规定。这就是《唐会要》卷八五"团貌"条所说的:"其天下百姓,丈夫七十五已上(妇女七十已上),宜各给中男一人充侍,仍任自简择。"这两条史料都说明了侍丁的性质。一般的中男或白丁,按照国家规定,被选择去给老年人服役的,就叫作侍丁。老年人自己的子孙或近亲给他来服役的,就叫作亲侍丁。由此可见,"侍丁"或"亲侍丁"都是色役制度里的专用名词。按照唐政府的法令,一般的侍丁应由中男或白丁来充当。这四件文书里记载的侍丁绝大多数是中男和白丁,这些具体事例和法令是完全符合的。

执衣

这四件文书里有八个人的名字下标明"执衣"。这八个人全都是中男。关于执衣,《通典》卷三五《职官一七·禄秩》"大唐"条略云:

诸州县官流内九品以上及在外监官五品以上,皆给执衣。(随身驱使,典执笔砚。其监官于随近州县取充。二品十八人,三品十五人,四品十二人,五品九人,六品、七品各六人,八品、九品各三人。)分为三番,每周而代。初以民丁、中男充,为之役使者,不得逾境。

唐政府的法令规定,执衣这种色役由中男来担当。这四件文书里记载的执衣,全部是中男,这正是法令的具体说明。

捉钱

这四件文书里,有两个人的名字下标明"捉钱",都是品子。什么是"捉钱"呢?《唐会要》卷九三《诸司诸色本钱》上条云:

> 开元十八年,御史大夫李朝隐奏请籍百姓一年税钱充本,依旧令高户及典正等捉,随月收利,将供官人料钱,并取情愿自捉,不得令州县牵捉。其年,复给京官职田。州县籍一岁税钱为本,以高下(户)捉之,月收赢以给外官。

"捉钱"又称"捉钱人"或"捉钱户",是一种色役。贞观十一年时,以上户七千人为胥士,"视防阁制而收其课,计官多少而给之"。胥士也是捉钱人,胥士同防阁制正可说明"捉钱"的色役性质。品子作"捉钱"的,又是一种出身,如唐太宗贞观十二年就规定了"凡捉钱品子,无违负者满二百日,本属以簿附朝集使,上于考功、兵部。满十岁,量文武授官"(《唐会要》卷九三)。这四件文书里的两个捉钱人都是品子,这说明贞观时的制度到天宝十载在敦煌一带还继续实行。

充傔

第一件文书里,有两个人的名字下标明"充傔"。一人是柱国子,一人是品子。

傔是唐代军队中一类服役者的役称。傔有三种:(一)为武官个人服役的傔,(二)为伤病兵士服役的傔,(三)帖傔。

(一) 为武官个人服役的傔

《唐六典》卷五"兵部郎中"条(《通鉴》卷二一四"唐玄宗开元二十五年二月己亥"条注文略同)云:

>凡诸军镇大使、副使已上据《旧唐志》,上当作下。皆有傔人、别奏以为之使。大使三品已上,傔二十五人、别奏十人。
>四品、五品,傔递减五人,别奏递减二人。
>副使三品已上,傔二十人、别奏八人。
>四品、五品,傔递减四人,别奏递减二人。
>总管三品已上,傔十八人、别奏六人。
>四品、五品,傔递减三人,别奏递减二人。
>子总管四品已上,傔十一人、别奏三人。
>五品、六品,傔递减二人,别奏递减一人。
>若讨击、防御、游奕使、副使,傔准品各减三人,别奏各减二人。总管及子总管,傔准品各减二人,别奏各减一人。若镇守已下,无副使,或隶属大军镇者,使已下,傔、奏并四分减一。所补傔、奏,皆令自召以充。
>若府镇戍正员官及飞骑、三卫、卫士、边州白丁,皆不在取限。

《通典》卷一四八《兵典一·今制》附云:

>每军大将一人,别奏八人,傔十六人。副二人,分掌军务,奏、傔减大将半。判官二人,典四人,总管四人,二主左右虞候,二主左右押衙,傔各五人。子将八人。委其分行阵,辨金鼓及部署。傔各二人。

以上为各级武官应有傔人的制度。《唐六典》说:"所补傔、奏,皆令自召以充。"据《旧唐书》卷一〇四《封常清传》(《新唐书》卷一三五《封常清传》同),封常清"慨然发愤,投牒请预"高仙芝的傔从,而高仙芝"见其貌寝,不纳"。这正是"自召以充"。同书又说,常清怒曰:"常清慕公高义,愿事鞭辔。"可见傔为武官个人服役,有类似亲兵。

(二) 为伤病兵士服役的傔

唐代军中还有一种傔,其身份地位比上文所说的傔可能低下。这种傔的职务是照料伤病兵士。如《通典》卷一四九《兵典二·杂教令》附云:

> 诸每营病儿,各定一官人,令检校……量病儿气力能行者,给傔一人;如重不能行者,加给驴一头……缚擎将行。如弃掷病儿不收拾者,不养饲者,检校病儿官及病儿傔人,各杖一百,未死而埋者,斩。

这是一条令文,据《唐六典》卷六"刑部郎中员外郎"条:"凡《令》二十有七。"其中十三曰《军防令》,其二十七曰《杂令》。这条令文或属于《军防令》,或属于《杂令》。令文中的"傔"是为病儿服役的。

(三) 帖傔

"傔"这一役称在敦煌资料中也有记载。《贞松堂藏西陲秘籍丛残》载唐开元年间有关衙前健儿残文书,兹抄录如下:

(前　缺)

1　□□

2　各仰明分地界,不得相推。必寔严

3　科,无一轻恕。

4　衙前健儿,爰及帖傔,若居两院,

5 窄狭不容。如令散居,便有过生。
6 其健儿并于南营安置,帖傔勒入两
7 厢。仍勒健儿分番上下。其□翻
8 次人数,仰所由申狀录申。

(后　缺)

池田温著《中国古代籍帐研究》录文380页亦载此文书,题为唐开元年代(8世纪前期)有关衙前健儿等示案,"帖傔"皆作"怗傔"。细审原卷,应作"帖傔",特别是第二个"帖傔","巾"字分明,不是"忄"。在敦煌文书中,"贴""帖""怗"虽可通用,但此文书中乃是从"巾"字之"帖"。

"帖傔"怎样解释？有关唐代的史籍和敦煌文书中,"帖"字有"兼管"或"协助"的意思。如《唐会要》卷八四《两税使》略云：

> 元和四年六月敕:"……度支盐铁,泉货是司。各有分巡,置于都会,爰命帖职,周视四方。简而易从,庶协权便……其盐铁使杨子留后,宜兼充淮南、浙西、浙东、宣歙、福建等道两税使；其江陵留后,宜兼充荆南、山南东道、鄂岳、江西、湖南、岭南等(道)两税使；其上都留后,宜兼充荆南、山南东道两税使；度支、山南西道分巡院官,宜兼充剑南东西川、山南西道两税使。"

从前后文义看,后文的三个"兼充"就是前文的"帖职","杨子留后"等是本职,兼充淮南等处两税使是帖职,"帖"意为"兼管"。《吐蕃戌年(818)六月沙州诸寺丁壮车牛役簿》(斯五四二背),兹转录有关四行如下：

25　张清清"怗看砲"
28　史昇朝"放羊""贴驼群五日"
36　张仙进"死"兴国"持韦皮匠""贴马群五日"
37　赵卿卿"报恩"加进"守囚五日""贴马群五日"

第二十五行的"怗",细辨原卷,应作"帖"。池田温著《中国古代籍帐研究》作"怗",其他三行中的三个"贴"字与"帖"字同,都是"兼管""协助""辅助"的意思。"帖看砲"即兼管或协助看砲,如史昇朝三人,他们本役是"放羊""皮匠""守囚",但又协助看管驼群、马群。

根据以上分析,上引有关衙前健儿残文书中的"帖傔"乃军中一些兵士,在他们本职之外,又兼行"傔"的职务。

土镇或土镇兵

第一、第二个文书的"破除"人数里有土镇兵共五十九人。四件文书的"见在"人数里,还有土镇兵一百十五人,其中七十六人是白丁,三十七人是品子和勋官子,一人是勋官。唐朝前期,全国有很多镇,镇皆有兵。《唐六典》卷五"职方郎中员外郎"说:"凡天下之上镇二十、中镇九十、下镇一百三十有五。"我推测,土著的人充当镇兵的就叫作土镇兵,简称土镇。

在"见在"人数里的土镇兵一百十五人,其中白丁占多数,而没有一个中男,可见白丁是土镇兵的主体,中男是不服土镇兵这种兵役的。一百十五个土镇兵里,其中23岁到29岁的五十三人,30岁到39岁的四十六人,40岁到49岁的八人,50岁到52岁的四人,总之,23岁到39岁的人有九十九人之多,占一百十五名土镇兵的绝大多数。这一现象说明两点:第一,土镇兵制是受府兵制的影响的。府兵制规定,"成丁而入,六十而免"。土镇兵的年纪最小的是23岁（成丁），最大的也只有52岁，即不超过60岁。第二，为什么土镇兵里的大多数都是壮年男子呢？如果把土镇兵的年龄和卫士的年龄加以比较，则这一点尤为明显。我的解释是天宝时期，由于吐蕃、大食和唐争夺中亚细亚，唐的西北边境十分紧张，唐政府要派重兵去防守。土镇兵就是敦煌本地人充当的边镇兵，是边军的一部分，因此，要由富有战斗能力的壮年男子来充当。

第一、第二两件文书的"破除"人数里的五十九名土镇兵，划在"见在"人数之外，可能是现在军镇上服役，所以当乡不计。这样看来，土镇兵也是分番去担任镇守任务的。

卫士

第一、第二两件文书里的"破除"人数里，在单身（即户内只一丁男，也即家无兼丁）卫士二十六人；四件文书的"见在"人数里，有卫士四十七人。《唐六典》卷五"兵部郎中"云："凡兵士隶卫，各有其名……总名为卫士。皆取六品已下子孙及白丁无职役者点充。凡三年一简点，成丁而入，六十而免，量其远迩，以定番第。"法令规定"成丁而入，六十而免"，四件文书里"见在"卫士四十七人的年岁，都是40岁以上60岁以下，具体事例和法令完全符合。这是可以注意的第一点。四件文书里的"见在"卫士四十七人，其中40岁到49岁的二十二人，50岁到59岁的二十五人，40岁以下23岁以上的没有，可见卫士大多是年老力弱的。这一现象怎样解释呢？我的解释是天宝时期，府兵制已破坏，番上的卫士已极不被人重视，卫士已不再充当边兵，因此，充当卫士的人大多是年老力衰的。这是可以注意的第二点。第一、第二两件文书的"破除"人数里，有单身卫士二十六人。这二十六人不在本乡，所以不包括在"见在"的人数内。开元二十五年的诏令里,曾明令各地府兵不再被征发到边境上去,在边境上戍守的府兵一律遣回。但从来没有明令规定府兵不再番上,天宝时期,卫士还是番上的。我推测,不在本乡的二十六名卫士是到京师去番上的,这一点可以补正史之不足,这是可以注意的第三点。

翊卫

在这四件文书里,有十八个人的名字下标明着翊卫。翊卫是三卫之一,据唐官制,充当翊卫的必须是品子、品孙或柱国级的勋官。但这十八名翊卫里,只有两人标明是上柱国,其余的都未标明品子、品孙或柱国勋级。这一点和唐官制不符合。其次,据《唐六典》卷五"兵部郎中"条云:

> 凡三卫,皆限年二十一已上。每岁十一月已后,本州申兵部团甲、进甲,尽正月毕。
>
> 量远迩以定其番第。五百里内五番,一千里内七番……各一月上,三千里外九番,各倍其月。

可见翊卫是要番上的,是一种色役。

豆卢军健儿

第三件文书里,是一个人的名字下标明豆卢军健儿,是上柱国子。根据《唐会要》卷七八"节度使"条:"豆卢军,置在沙州,神龙元年九月置军。"健儿是唐朝开元、天宝时期边防兵的一种称呼。《唐六典》卷五"兵部郎中"条云:

> 天下诸军有健儿。(旧健儿在军皆有年限。更〔番〕来往,颇为劳弊。开元二十五年敕……诸军镇量闲剧、利害,

置兵防健儿。)

从武则天到开元、天宝时期的文书里,常常把"兵募"和健儿并提,我认为兵募是征集来的府兵(这里的"募"字应作名词,而不能作动词募兵解),而健儿则是招募来的。从开元二十五年以后,健儿又称作长征健儿。

终服

这四件文书里,有五十二人的名字下标明"终服",其中有白丁二十三人、勋官十一人、品子九人、中男九人。终服怎样解释呢?唐玄宗天宝六载正月十二日的敕文里有"其出嫁之母,宜终服三年"的话。"终服"就是服"三年之丧"的意思。

《唐大诏令集》卷八〇永徽元年五月《听卫士终制三年敕》云:

> 通丧下达,圣哲贻训……遂令三边武猛,墨绖而扈戎麾;七萃骁雄,素冠而事巡警……乃眷于斯,用深惊叹……宜有解张,励兹风俗。卫士、掌闲、幕士等,遭丧合期年上者,宜听终制三年。

根据这个敕文,可知在服丧的三年里,人们不服兵役和徭役。因此,这四件文书里某人名下标明"终服",就表示这个人在服丧期间,免除徭役。

学生

第一件文书里,有一个人的名字下标明"学生"、四品子。唐制,州、县都设有学生若干人,从博士助教学习。这件文书里的学生是州学生还是县学生?就无从考定了。学生不服徭役,这个人的名字下标明学生,就表示他是免除徭役的。

里正　　村正

这四件文书里,有十个人的名字下标明"里正",其中有白丁五人、上柱国子三人、上柱国一人、品子一人。这四件文书里还有十二个人的名字下标明"村正",其中有中男十人、白丁一人、白丁残疾一人。《通典》卷三《食货三》云:

> 大唐《令》:诸户以百户为里……每里置正一人……掌按比户口,课植农桑,检查非违,催驱赋役。在邑居者为坊,别置正一人……在田野者为村,别置村正一人……诸里正,县司选勋官六品以下白丁清平强干者充……其村正取白丁充。无人处,里正等并通取十八以上中男、残疾等充。

关于充当里正、村正的人们的类别,四件文书里所表现的和《户令》规定的大致符合。里正和村正,从名义上讲是乡官,从实际上讲则是一种色役。据《通典》卷七,韩琬在唐睿宗景云二年上疏说:"往年两京及天下州县学生、佐史、里正、坊正,每一员阙,先拟者辄十人。顷年差人以充,犹致亡逸。"可见里正是由政府差遣的,政府强制某些人担负"里正"职务。韩琬的奏疏里没有提到村正,我推测,村正的情况和里正的情况是相同的。

市壁师

第二件文书里,有两个人的名字下标明市壁师,其中一人是白丁,一人是上柱国勋官。市壁师怎样解释呢?

《唐会要》卷八六《市》云:

>（大中）五年八月，《州县职员令》：大都督府市令一人，掌市内交易，禁察非为，通判市事。丞一人，掌判市事。佐一人、史一人、师（帅）三人。掌分行检察。州县市各令准此。其月敕："……又准户部格式，其市吏壁师之徒，听于当州县供官人市买。"

这里说的"师""壁师"，就是敦煌文书里的市壁师，他的职务是在市里分行检查。但是，为什么叫作"壁师"呢？"壁"字怎样解释呢？《太平广记》卷一八《神仙》"杨伯丑"条引《仙传拾遗》云：

>杨伯丑，冯翊武乡人……隋开皇初，文帝搜访逸隐，闻其有道，征至京师……有人失马，诣伯丑卜之。伯丑方为太子所召，在途遇之，立为作卦，曰："可于西市东壁南第三店为我买鱼作鲙。"如其言，诣所指店中，果有人牵所失马而至，遂擒之。

我推测，隋唐时候，市有东、西、南、北四壁，沿着壁有店有肆，分成若干行。一个师可能负责检查沿着一个壁或两个壁的若干行。因此，"师"又称作"壁师"或市壁师。市壁师是极低级的胥吏，从"师"这个字的意义上来看，他们可能是在商业上有些技能的人。

郡典狱　　县典狱

这四件文书里，有十一个人的名字下标明"郡典狱"或"县典狱"。这十一个人都是白丁。唐朝时期，州、县都设有典狱：上州十四人、中州十二人、下州八人；上县十人、中县八人、下县六人。根据《通典》卷四〇《职官二二》所说的,典狱是属于胥吏这一等级的。根据这四件文书,典狱全由白丁来充当。

府史　郡史　县史

这四件文书里,有两个人的名字下标明"府史",都是品子;有六个人的名字下标明"郡史",其中有上柱国子五人、品子一人;有县史四人,其中上柱国、上柱国子、上轻车各一人,白丁一人。唐制,都督府、州、县各有史若干人。根据《唐六典》卷三〇"州县官吏功曹司功参军"条注:"佐、史通取六品已下子及白丁充之。"根据《通典》卷四〇《职官二二·秩品五》"大唐"条,史是属于胥吏这一等级的。他们在都督府、州、县的衙门里掌管文书事务。这四件文书里的两位府史应该是敦煌郡都督府的"史";六个郡史应该是敦煌郡的"史";四个县史应该是敦煌县的"史"。

寿昌城主

第一件文书里有一个人的名字下标明"寿昌城主"。寿昌城主一词怎样解释呢?寿昌是沙州所属的一个县。但唐朝的官制里没有城主这一官职。城主是西域有些国家的制度,敦煌地处西陲,受西域有些国家制度的影响,因此,也有城主这一官职。这个说法的证据如下:

《旧唐书》卷一九四下《西突厥传》云:

> 贺鲁与咥运欲投鼠㯚设,至石国之苏咄城傍,人马饥乏,城主伊涅达干诈将酒食出迎,贺鲁信其言入城,遂被拘执。

《册府元龟》卷九六二《外臣部·官号》记载于阗国有东西城长

的制度,高昌国的各城都有城令。城长、城令和城主的意义相同,可见城主这一制度在西域的一些国家里普遍存在。敦煌和西域各国毗近,经常有西域各国人到敦煌来,敦煌本地的居民有很多就是西域人,西域的城主制度影响到敦煌,因而在寿昌县有城主之设置,这是完全可能的。

渠头

这四件文书里,有十四人的名字下标明渠头,其中有中男八人、小男一人、上柱国二人、翊卫二人、三品子一人。《鸣沙石室佚书》载敦煌发现唐《水部式》:"诸渠长及斗门长,至浇田之时,专知节水多少。"渠头就是渠长,敦煌地方灌溉渠很多,所以当渠头的也很多。渠头的职务是看守一条支渠,是一种职务,也是一种色役,和门子的情况相同,都是由官府派遣的。

升门(斗门)

第一件文书里,有五个人的名字下标明"斗门",其中有勋官二人、上柱国子一人、品子一人、中男一人。有些敦煌文书里,把"斗门"误写为"升门",这四件文书,也误写为"升门"。"斗门"就是前条所引《水部式》里的斗门长。《水部式》还说:"蓝田新开渠,每斗门置长一人,有水槽处置二人,恒令巡行。若渠堰破坏,即用随近人修理。"这条史料说明了斗门长的职务。斗门长和渠头一样,是一种职务,也是一种色役。

府录事　郡录事

第四件文书里有一个人的名字下标明府录事,是品子;第二件文书里有一个人的名字下标明郡录事,其勋官是上柱国。唐制,中都督府设录事二人,从九品上;中、下州设录事二人,从九品下。敦煌郡是中都督府,是中州,文书里的两个录事可能是敦煌郡都督府和敦煌郡的录事。

医学博士

第四件文书里有一个人的名字下标明医学博士,是翊卫。唐制,都督府和州都设有医学博士,"以百药救疗平人有疾者",同时,他还教授学生。这位医学博士可能是属于敦煌郡都督府或敦煌郡的,他的官级是从九品下。

队副

第一件文书里,有两个人的名字下标明队副。《旧唐书》卷四四《职官志》说:"诸府……校尉五人。每校尉,旅帅二人,每旅帅,队正、副队正各二人。"可知副队正(即队副)是折冲府里下级军官。

军典

第一、第三两件文书里,有三个人的名字下标明"军典",都是勋官。在敦煌发现的唐代文书里,常常看到"典"这一名称。马伯乐编《斯坦因在敦煌所得中国古文书》中,有神龙元年三月柳谷镇牒,牒文里说:"宜着典孙怀俊、高广等就检其马。"牒文的末尾有典孙怀俊的署名。又如《贞松堂藏西陲秘籍丛残》二载有《开元残牒》数件,其中三件都有典杨节的署名,据残缺不全的文句看来,这三件牒文也都是军镇上的。根据以上的史料,可知"典"是军镇上或一般衙门里一种胥吏的泛称。敦煌文书上的三个"典"可能都是在军镇上的,所以又称为"军典"。典的职务是什么呢?《册府元龟》卷一〇〇《帝王部·听纳》贞元十二年条说:"信州刺史姚骥举员外司马卢南史,准例配得有典一人,每月请纸笔钱一千文。"据此可知,此处的典是负责抄写的,所以官吏们配有"典",就可以请纸笔钱了。当然,典还可因其他需要而担负其他职务。

堡主

第一件文书里,有两个人的名字下标明"堡主",都是勋官。

堡主一名不见于唐官制。据《旧唐书》卷一○四《高仙芝传》："仙芝……使疏勒守捉使赵崇玼统三千骑趣吐蕃连云堡。""九月,复至婆勒川连云堡。"我推测在唐和吐蕃及其他各族的边界上,彼此都筑有堡垒以资防守。《旧唐书》卷一○三《王忠嗣传》里说的石堡城,也是城以石堡而得名。堡主可能就是一个堡垒上的防守兵的首领。敦煌地处边陲,因而有堡主这样地方性的制度。

前戍主

第一件文书里有一个人的名字下标明"前戍主"。唐制,边境上设有戍以屯兵,上戍主正八品下,戍副从八品下,中戍主从八品下,下戍主正九品下。"前戍主"就是说这个人在以前担任过戍主。所以要把这个人的过去官职标明出来,我推测也是为了免役的缘故。

知城(知城勋官)

第一件文书里有一个人的名字下标明"知城勋官",是翊卫。第四件文书里也有一个人的名字下标明"知城",也是翊卫。"知城"和"知城勋官"的意思相同,都是一个城的负责官吏。"知官"制度,在唐中宗以后开始。《通典》卷一九《职官一·历代官制总序》说:"(神龙)二年三月,又置员外官二千余人,于是遂有员外、检校、试、摄、判、知之官。……知者,云知某官事,皆是诏除,而非正命。"唐玄宗开元八年诏令单于都护府置副大都护一人,"总知府事"。据斯坦因著《古和阗考》,敦煌发现唐代的一件牒文里,有樏谢镇知镇官将军杨晋卿的署名。这都是知官的例子。城是应边境的需要而建筑的防守据点,如三受降城就是最显著的例子。"知城"是这个防守据点领兵的军官。"知城"和"知镇"的情况是相同的。

遮收

孙奭《律音义·贼盗第七》云:

> 阑遗。阑,遮也,路有遗物,官遮止之,同(伺)主至而给与,不则举没于官。

《通典》卷一四九《兵典二·杂教令》附云:

> 诸拾得阑遗物,当日送纳虞候者,五分赏一……诸有人拾得阑遗物,隐不送虞候,旁人能纠告者,赏物二十段。

伯三六三三号敦煌写本纸背所载《龙泉神剑歌》(五代初年)中有句云:

> 遮收遏后与罗公(通达)。

《龙泉神剑歌》乃歌颂归义军节度使张承奉者,诗中描述张承奉与回鹘战争胜利退军时,有"遮收遏后"一句。据上引《律音义》:"阑,遮也,路有遗物,官遮止之。"则"遮收"之责乃拾取退军路上之遗物,也就是《通典·兵典》的"阑遗物"。据此,"遮收"是军队中一种役称,其职责为路有遗物,则遮而收之。罗通达是张承奉部下的大将,不应担任"遮收"碎役。"遮收遏后与罗公"只是说他负有遮收遏后的总责。又据《新唐书》卷四六《百官志》云:

> 司门郎中、员外郎各一人,掌门关出入籍及阑遗之

物……阑遗之物,揭于门外,榜以物色,期年没官。

从阑遗物可以推测司门郎中员外郎之下应有服役的小吏,他们在路上及关门遮止收取遗失之物,遮收就是他们服役的役称。因此,唐代史料中凡记载阑遗物,可能都与遮收有关。

平水

《通典》卷三三《职官一五·县令》注云:

后汉凡郡县……有水池及鱼利多者,置水官,主平水,收渔税。所在诸县均差吏更给之,署吏随事,不具县员。

敦煌文书伯三五六〇号背沙州敦煌县地方用水浇田施行细则:

1　每年行水,春分前十五日行用。若都乡、宜秋不

2　遍其水,即从都乡不遍处浇溉收用,以次轮转

3　向上。丞(承)前已来,故老相传,用为法则。依问前代平水

4　交(校)尉宋猪,前揢(旅)师(帅)张诃、邓彦等行用水法,

5　丞(承)前已来,递(递)代相丞(承)用。

据上引用水细则,"平水"即平均用水之意,主其事者即以"平水"为其吏职的名称。汉代"置水官,主平水",正可说明这一吏职名称的由来。

以上两条史料以及对"平水"一词的解释,西村元祐氏在多年前已经指出。又按《吐鲁番出土文书》第一册《西凉建初二年

（406）功曹书佐左谦奏为以散翟定□补西部平水事》文书云：

1　　　谨案严归忠传口
2　　　令：以散翟定□□补西部平水。请奏
3　　　令具刺板题授，奏诺纪职奉行。
4　　　　　建初二年岁在庚午九月廿三日功曹书佐左谦奏
5　　　扬武长史　　　　粤
　　　　　　　　　功曹史　　安
　　　　　　75TKM88:1(a)

西凉的平水官应沿袭汉制。可见这一官制源远流长。

在这四件文书的"见在"人数里，除了以上考释的三十多个名词之外，还有十六个人的名字下标明废疾、笃疾、长患，九个人的名称下标明老男，两个人的名字下标明前官，一个人的名字下标明私往北庭，一个人的名字下标明没落，一个人的名字下标明充僧。这几种标明的用意是某些人（如废疾、前官等）免除徭役，某些人（如私往北庭等）已不在本乡，他们不能担负徭役了。

把这一段所分析的名词归纳起来，可分成四类。一类是郡上、纳资、子弟、侍丁、亲侍丁、执衣、捉钱、充僸、土镇兵、卫士、翊卫、豆卢军健儿、里正、村正、渠头、斗门。在这一类名词里，有的是色役或兵役的名称；有的虽然是一种职务，但实际上也是徭役，我们可称之为"职役"；有的名词则因为色役而发生，如纳资。标明这一类名词的人们，正在服色役、兵役或职役。第二类是市壁师、郡典狱、县典狱、府史、郡史、县史、军典。标明这一类

名词的人们都是胥吏,胥吏是可以不服徭役的。《全唐文》卷二四七李峤《上中宗书》云:

> 且国计军防,并仰丁口。今丁皆出家,兵悉入道……又重赂贵近,补府若史,移没籍产。以州县甲等更为下户。当道城镇,至无捉驿者,役逮小弱,即破其家。

府和史都是胥吏,可见做了胥吏就可以避免徭役。第三类是寿昌城主、府录事、郡录事、医学博士、戍主、队副、知城、堡主。标明这一类名词的人们都是职事官,职事官当然是免除徭役的。第四类是废疾、笃疾、长患、老男、私往北庭、充僧、没落、学生、终服。标明这一类名词的人们,因为种种特殊情况,都是免除徭役的。

这样看来,这一段所分析的许多名词,有的本身就是一种色役、兵役、职役,有的是为了免除徭役或不能服徭役而标明的。总之,我推测,它们都是为了政府征发徭役这一目的而书写在文书上的。这就是这四件文书的一个主要特点。

二

在这四件文书的"见在"人数里,有勋官四十四人、中男三十七人、白丁十七人、品子十五人,他们的名字下都不标明任何职务或徭役。这是因为什么呢?我推测,这些人是预备担负临时性的杂徭的。杂徭要临时差遣,事前不能确定,所以不能在每一个人的名字下标明。对于这个推测,陈述理由如下。

(一)四件文书的绝大部分都和徭役有关。今以第二件文书为例加以说明。第二件文书的第一部分是一百十七人破除，其中二十三人身死，三十五人逃走，二十七人没落，三人废疾，二十三人土镇兵，三人单身卫士。"破除"的意思是在造簿的时候，这一百十七人或因身死，或因逃走，或因没落，或因虚挂，或因出外服兵役，或因身体残疾，总之，他们都不在本乡，或不能服役，应从现籍中破除，他们不能再担负任何徭役。第二部分是"一百四十人见在"，其中有曹米毡等四人注明"终服"，在服丧期中不服徭役；有石大岳等四人色役纳资，不服徭役；有米离失等十六人土镇兵，定期要到边镇服兵役，不能再服其他徭役；有石神功等五人卫士，要定期去番上，不能再服其他徭役；有安沙虺等三十五人担负着各种色役或胥吏职务，也不能再服其他徭役；有老男十人，免除徭役。这样看来，文书里的大多数人都由于和徭役有关系而被登记在簿子里。其他三件文书和第二件文书的情形相同。因此，我推测，四件文书里没有标明职务或徭役的一百多人也是和徭役有关的。

（二）唐朝前期，百姓对国家担负的徭役有正役（即每年的二十日役）、杂徭、色役等，工匠则在官府作坊里及特定地区的服役，还有些服特种徭役。天宝十载时，正役已完全为庸绢所代替。这一点，只要举出《通典》卷七记载的每丁都纳庸调绢二匹（调绢二丈加上庸绢六丈）这一事实就足够证明了。四件文书里未标明职务或徭役的一百多人不可能再担负二十日的正役了。在这四件文书里，凡是担负色役的人都标明色役的名称，这一百多人自然不是担负色役的。一定的工匠要在一定的官府作坊或指定的地点服役，都是事前就确定的。特种徭役的情形更为特殊，自然要标明服役的性质，如陵户、庙户等。这一百多人当然也不是工匠或担负特种徭役的。因此，如果我们说这一百多人和徭役有关，就只能说他们是担负杂徭的人。

三

根据以上两段所分析的这四件文书的内容，我们可以研究它们的名称了。因为文书里所记载的人名都是男子，日本学者把这几件文书叫作"男子之籍"。这一名称虽然不能表明文书的性质，但在文书内容未研究清楚以前，采用这一名称却是比较谨慎的。《食货》半月刊把这四件文书收在《唐户籍簿丛辑》里，把它们叫作"丁籍簿"。这个名称是不妥当的。在天宝三载到广德元年这一期间，"丁"的严格定义是从23岁到60岁的男子。但是在这四件文书里，除了丁以外，还有小男、中男、老男，因此，把它们叫作"丁籍簿"是不对的。

无论是"男子之籍"或"丁籍簿"，都不见于唐朝当时的文献记载。那么，这几件文书的本来的名称是什么呢？为了回答这一问题，首先要问，这几件文书是作什么用的？根据以上两段的分析，我认为，这四件文书是为了征发徭役而制造的。唐朝时候，官府征发徭役的文簿叫作"差科簿"，所以我认为，这四件文书是唐玄宗天宝十载的差科簿。兹举以下史料加以证明。

首先解释"差科"一词的意义。唐朝时候，"差科"一词有几种不同的含义，征发徭役，特别是征发杂徭是含义之一。兹举数例证明如下：

《敦煌掇琐》卷三〇"白话五言诗"云：

富饶田舍儿，论请实好事。广种如屯田，宅舍青烟起……里正追役来，坐着南厅里，广设好饮食，多酒劝遣醉……须

《唐律疏议》残片

钱便与钱,和市亦不避……纵有重差科,有钱不怕你。

这首诗里的重差科,显然是和唐代里正追役联系起来的。差科只能作征徭役解。又如,《唐大诏令集》卷一一一武德六年《简徭役诏》云:

所以每给优复,蠲其徭赋,不许差科,辄有劳扰。

这里的差科也只能作征发徭役解。又如,《唐会要》卷八五《定户等第》略云:

万岁通天元年七月二十三日敕:"天下百姓,父母令外继别籍者,所析之户,等第并须与本户同,不得降下。其应入役者,共计本户丁中,用为等级,不得以析生蠲免,其差科,各从析户祗承。"

这个敕令里的差科所指的,显然就是徭役。

差科是按照户等的,据《唐律疏议》卷一三《户婚律》"差科赋役违法"条疏议云:

> 依《令》,凡差科,先富强,后贫弱;先多丁,后少丁。

《唐大诏令集》卷六九《广德二年南郊赦》云:

> 天下户口,宜委刺史、县令,据见在实户,量贫富作等第差科。

《敦煌掇琐》卷三一"白话五言诗"云:

> 当乡何物贵,不过五里官……羌利(差科)取高户,赋役数千般。

政府的令、律里以及开元时候的民间文学作品里,提到差科,都指出要按照户等摊派。这一特点,也表现在差科簿里。关于差科簿,可举出以下的史料。

《唐六典》卷三〇"京县畿县及天下诸县官吏"云:

> 京畿及天下诸县令之职……所管之户,量其资产,类其强弱,定为九等。其户皆三年一定,以入籍帐。若五九、三疾,及中、丁多少,贫富强弱……过貌形状及差科簿,皆亲自

> 注定,务均齐焉。

根据上文所分析的差科一词的含义,我推测,唐朝初期县令亲自注定的差科簿,是为了征发徭役而使用的。关于这一特点,晚唐时期的差科簿表现得尤为明显。如杜牧《樊川集》卷八《唐故处州刺史李君墓志铭并序》云:

> (文宗开成时)出为池州刺史。始至,创造籍簿,民被徭役者,科品高下,鳞次比比,一在我手。至当役役之,其未及者,吏不得弄。

我推测,这位池州刺史所创造的籍簿就是差科簿。在池州刺史的籍簿里按照户等来征发徭役这一特点和唐朝初期的令和律是完全相同的。在唐朝初期,差科簿由县令亲自掌握。到了唐朝晚期,州刺史也要掌握差科簿了。又如《通鉴》卷二四九唐宣宗大中九年条云:

> 夏闰四月,诏以"州县差役不均,自今每县据人贫富及役轻重作差科簿,送刺史检署讫,锞于今厅,每月役事委令,据簿定(章:十二行本"定"作"轮";乙十一行本同;孔本同;张校同)差"。(今之差役簿始此。)

很显然,宣宗时的差科簿是为了征发徭役而造作的,它具备了唐朝初期按户等征发徭役这一特点。我推测,唐朝初期的差科簿,在唐朝中期有些地方可能被废止了,到了文宗、宣宗的时候,又恢复起来,而且比唐朝前期更精备了。

根据以上分析,可知唐朝时候,政府为了按着户等征发徭役,在县和州里设置差科簿。讲到这里,我们可以再看看本文所论的四件文书了。这四件文书也标明了每一个人的户等,如第一件文书里见在的一百五十五人中,就分为中下户、下上户、下中户、下下户,这一点和差科簿里把人们按贫富分成不同的户等是一致的。其次,文书的每一部分每一个人都和徭役有关,很显然,文书是为了政府征发徭役而造作的。把这两个特点结合起来,我推测,这四件文书是唐玄宗天宝十载时的差科簿。

四

色役是唐朝前期范围最广、动员人数很多的一种徭役。色役也是标明唐朝前期社会的特点的一种徭役。这四件差科簿是研究唐朝前期色役制度的典型材料。差科簿的内容提供了"色"这一个字的具体内容。根据本文第一段的分析,"郡上"十八个人都是勋官;"子弟"五人都是品孙、勋官及勋官之子;"执衣"八人全是中男;捉钱二人全是品子;村正十二人,其中绝大多数是中男;渠头十四人,其中大多数是中男;等等。这些现象表明,某一种徭役由某一类人来负担,另一种徭役由另一类人来负担。这就是唐朝前期色役制度的特点。由此,我们了解,"色"就是"类"的意思。把人们划分成"类",去担负各种徭役,这是唐朝前期社会的一个重要特点。当然,"色"还有等级的意思,如《唐律》里所说的"当色""本色"等。

由于商品经济的发展,也由于色役制度使用的劳动力太多了,这对于社会生产是极不利的;到天宝时期,色役制度开始走向衰落。这四件差科簿文书也反映了这一点。《册府元龟》卷

五〇六《邦计部·俸禄》说:

> (天宝)五载三月敕,郡县官人及公廨白直,天下约计一载破十万丁已上。

《通典》三五《职官一七·禄秩》附"白直"条说:

> 天宝五载制,郡县白直,计数多少,清同料钱,加税以充之。不得配丁为白直。

可见,从天宝五载以后,每年役使十万多丁的"白直"色役,完全废止了。这四件差科簿文书里没有一个白直。具体的史例和唐政府的诏令是完全符合的。

五

差科簿是征发徭役的簿册。唐代前期有三种徭役:一曰正役(二十日役),二曰杂徭,三曰色役。天宝时,二十日役制已不存在,役使人身已完全为征敛庸绢庸布所代替。因此,天宝差科簿,无论从形式上讲,还是从内容上讲,只应反映出杂徭制和色役制的特点,易言之,差科簿只能根据杂徭制和色役制的特点以及征发这两类徭役的需要而制定。

(甲)杂徭制的特点之一是以户为单位,丁男、中男都应服役,故杂徭又可称为户役。

《白氏六帖事类集》卷二二《征役第七》云:

《充夫式》,《户部式》:诸正丁充夫四十日免,七十日并免租,百日已上,课役俱免。中男充夫满四十日已上免户内地租,无他税,折户内一丁。无丁,听旁折近亲户内丁。

《唐律疏议》卷一三《户婚律》"诸应受复除而不给,不应受而给者,徒二年;其小徭役者笞五十"条,疏议略云:

其小徭役,谓充夫及杂使。

《唐大诏令集》卷七四天宝三载《亲祭九宫坛大赦天下制》云:

比者,成童之岁,即挂轻徭;既冠之年,便当正役。

《唐会要》卷八三《租税上》云:

旧制,凡赋役之制有四:一曰租,二曰调,三曰役,四曰杂徭。(开元二十三年敕,以为今天下无事,百姓徭役,务从减省。遂减诸司色役一十二万二百九十四人。)

根据上引史料,小徭役、轻徭即是杂徭,都是与正役相对相比而言的。杂徭包括充夫及杂使。据《充夫式》,丁男、中男都要服役。"成童之岁,即挂轻徭",即中男服杂徭。这样,一户之内的丁男要服正役和杂徭,中男也要服杂徭。因此,征发杂徭便不可能以丁身为本,而必须考虑到一户内的丁男及中男,即以户为征发单位。因此,杂徭又称为户役。唐代官方文书中以及个人诗文中常常说到户役。如《册府元龟》卷八五《帝王部·赦宥》开元二十二年条云：

> 天下户役及贡赋，先令中书门下均融减省，宜速与条奏。

又如敦煌遗书伯三四一八号及伯三二一一号《王梵志诗》写本云：

> 十六作夫役，二十充府兵。

夫役即充夫。"十六作夫役"，即中男服杂徭。
《王梵志诗》又云：

> 天下浮游人，商多买（贾）一半。南北掷纵横，谁他蓳归贯。游游自觅活，不愁鹰（应）户役。

又云：

> 户役一概差，不辨（办）捧（棒）下死。

都可以作为证明。

天宝差科簿的制定正是以户为征发单位的，以从化乡为例：

石元方载五十五　　　上柱国
男太岳载廿九　　　　上柱国子纳资

男进国载廿四　　　　　上柱国子
　　男进岑载廿二　　　　　中男
　　弟元俊载卅四　　　　　上柱国

这是以石元方为户主的一户。

　　曹忠子载五十　　　　　翊卫 终服
　　男崇俊载十八　　　　　中男
　　弟忠儿载卅六　　　　　上柱国子 终服

这是以曹忠子为户主的一户。

再以乙乡为例：

　　平履瑶载卅　　　　　　上柱国子 里正
　　弟履钊载卅五　　　　　上柱国子 纳资
　　弟无惑载十八　　　　　中男

这是以平履瑶为户主的一户。

差科簿中每个乡的情况都是如此，无一例外。一户中既包括丁男，也包括中男。

（乙）色役制的特点之一是它的身份性，一个人担负何种色役，要以他的身份为定，因此，差科簿上要一一注明每个应服色役或已服色役者的身份。以从化乡为例：

　　壹拾人中下户
　　曹大庆载卅九　　　　　上柱国

男安国载廿八	上柱国子
弟引吐迦宁载卅七	卫士
宁男海元载廿一	中男
弟米毡载卅四	上柱国终服
弟大明载卅	上柱国终服
安沙尬载卅九	上柱国翊卫
弟守德载卅六	上柱国翊卫
弟守礼载卅五	上柱国子弟
安边庭载卅二	四品孙子弟
弟伏帝延载卅	四品孙

十一人中有六人为上柱国、勋官，比正二品，表明他们的身份，勋官是要服各种色役的。翊卫是八品卫官，这是身份，同时也是色役。四品孙是身份，上柱国子也是身份，都是从资荫而来的，应服色役。中男是庶民身份，被指定服执衣役（色役）。天宝十载时卫士作为府兵已不存在，卫士只表明他们的身份与一般百姓不同而已。总之，差科簿的形式和内容都表明了杂徭制与色役制的特点，差科簿主要是为了征发杂徭和色役而制定的。

唐代色役制

差科簿是为了征发徭役而使用的簿册。差科簿的第二部分(即现在人数名录)的每一行的结构分为三段,兹以悬泉乡差科簿[敦煌文书伯三五五九号(二)文书]为例加以分析:

  3 孟伏爱男业成(第一段),载卅八(第二段),白丁(土镇)(第三段)。

第三段的"白丁"是孟业成的身份,"土镇"即"土镇兵",是他服役的役称。标明"白丁(土镇)"的意义是,孟业成以其"白丁"身份,应服土镇兵役并已服土镇兵役,不应再担负其他徭役。

为了全面探讨敦煌县六个乡差科簿的第二部分共五百六十六行的第三段,再举以下八例(皆在悬泉乡):

  4 男光嗣 载廿九 白丁(郡典狱)

标明"白丁(郡典狱)"的意义是,孟光嗣为白丁身份,已为郡小吏,免除徭役。

  6 唐怀贞 载卅九 白丁(终服)

标明"白丁(终服)"的意义是,唐怀贞服丧应免除徭役。

17　董爽男守忠　载册二　前戍主

"前戍主"是董守忠的身份,他以此身份免除一般徭役。

27　张俊男思悊　载五十二　轻车

"轻车"即"轻车都尉",乃勋官,张思悊以其勋官身份,应服色役,免除一般徭役。

42　男伏帝忿　载廿一　中男

"中男"是康伏帝忿的身份,可以担负杂徭,也可服色役中的执衣役。

47　安玄俊　载册八　翊卫

"翊卫"是"卫官",也是"色役"的一种,安玄俊有此身份,免除一般徭役。

54　男希光　载廿三　品子(土镇)

"品子"是职事官(包括卫官)六品至九品官成丁之子和勋官比二品至比五品官成丁之子,应服色役中"亲事"或"帐内"役和其他役。

61　张神定　载册七　武骑尉(纳资)

"武骑尉"是勋官,张神定以其勋官身份应服色役,因不服役而纳资。

以上九例,可概括为两种情况:(一)某人因其身份应不服徭役,或应分派一般徭役或色役,已服一般徭役或色役。(二)某人已任官职,或已服兵役,或已服某种色役,皆不应再派一般徭役。差科簿中的五百九十四人,除注明废疾外者,或属于第一种情况,或属于第二种情况。两种情况中都包含色役问题,可见五百九十四人中的相当多数人与色役制有关,色役是涉及当时社会各种人的重要问题。

在差科簿第二部分的每行结构的第三段中,有色役役称,或某人身份即是某种色役,或某人因其身份应服某种色役者,如:

"捉钱"二见,"执衣"九见,都是色役役称。

"翊卫"二十五见,翊卫是卫官,也是色役的一种。

各级勋官名称一百七十见,有勋官身份者应服某种色役。

"品子"三十六见,"三品子"二见,"四品子"一见,"五品孙"二见,"四品孙"六见,"五品子"三见,有上列身份者应服某种色役。

以上各类名称共二百五十六见,色役制涉及二百四十六人,占差科簿见在人数(五百九十四人)将近一半。由此可见,色役制是研究唐代敦煌差科簿的重要问题,也是研究唐代前期徭役制的重要问题。

色役制的种类、特点、性质

唐代前期有色役二十四种,分别是四品以下文散官,四品以下武散官、勋官、三卫;亲事、帐内、防阁、庶仆、杂匠、幕士、白直、仗身、门夫、执衣、事力、乐人、乐工、兽医、骗马、调马、群头、栽接、番户、杂户等。它们的共同特点，也就是它们的共性有二：

（甲）分番服役，服役的内容不同，役期有长有短，但都是轮番服役。

（乙）不服役者（不论何种原因）要纳资（或称课），纳资数量不同，所纳的一般是钱，也有少数纳物品的。这就是代役钱或代役物。

具有这两点共性的大量服役项目，在唐代官文书中称之为色役或番役。

《唐会要》卷八三《租税》上（《册府元龟》卷四八七《邦计部·赋税》同）云：

> （开元）二十二年五月十三日敕："……其杂匠及幕士（《册府》"士"误为"事"）并诸色同类，有番役合（《册府》误为"令"）免征行者，一户之内，四丁已上，任此色役，不得过两人；三丁已上，不得过一人。"

《册府元龟》卷四八七《邦计部·赋税》云：

> （开元）二十三年六月敕："……此（应作"比"）缘户口殷众，色役繁多，每岁分番，计劳入任，因纳资课，取便公私。"

第一条史料中的杂匠及幕士是上列二十四种服役项目中的两个，它们有以上所说的（甲）、（乙）两点共性，开元二十二年五月十三日敕文称它们为色役或番役。其他具有同样（甲）、（乙）两点共性的二十二种服役项目,当然也应称之为色役或番役。据第二条史料,服色役者分番,同时,色役与资课有紧密关系,而这种关系表现为(据上列二十四种服役项目)资课是色役的代役钱或物。

《唐大诏令集》卷四《改天宝三年为载制》(《册府元龟》卷八六《帝王部·赦宥》同)云:

> 诸色当番人应送资课者,宜当郡县具申尚书省勾覆;如身至上处,勿更抑令纳资,致使往来辛苦。

这条史料中的"诸色当番人"就是各种分番服役者。"身至上处",就是服役。如服役,就不纳资;如不服役,就纳资。这正是上列二十四种服役项目所显示的色役的两点共性。

根据上引全部史料和分析,可以看出,我们根据二十四种服役项目总结出来的(甲)、(乙)两点共性和史籍以及官文书中所说的一般色役具备的两点共性是完全一致的。总之,色役制具有(甲)分番服役、(乙)不服役要纳资(或课)两个特点。

以下论色役制另一方面的特点,即色役的身份性。上列二十四种服役项目的服役者各自的身份不同,因此,也可称为每一种服役项目的个性。兹一一分析如下:

(1) 三卫服役

三卫包括左右卫亲卫、勋卫、翊卫和左右率府亲、勋、翊卫,以及诸卫之翊卫。其身份各不相同。

(甲) 亲卫,其身份为三品以上子或二品以上孙。

(乙) 勋卫及率府之亲卫,其身份为四品子、三品孙或二品以上之曾孙。

（丙）翊卫及率府之勋卫，其身份为四品孙、职事五品子孙或三品曾孙及勋官三品有封者或国公之子。

（丁）诸卫及率府之翊卫，其身份为五品以下子孙或柱国及有封爵兼带职事官子孙。

（2）亲事、帐内服役

（甲）亲事，其身份为六品、七品子。

（乙）帐内，其身份为八品、九品子。

（3）散官服役

（甲）文散官，其身份为四品以下九品以上散阶。

（乙）武散官，其身份为四品以下九品以上散阶。

（4）勋官服役

勋官十二等，其身份为自比正二品（上柱国）至比从七品（武骑尉）。

（5）防阁、庶仆、白直、事力、仗身、幕士服役

白直的身份为一般百姓中的丁男。《通典》卷三五说"初以民丁充"，"不得配丁为白直"，都可证明。防阁、庶仆、事力、仗身、幕士，史籍不言其身份，我怀疑他们的身份都是百姓中的丁男。唐代前期，有官的身份（职事、散、勋）服役、百姓中的中男服役以及低贱身份者服役都属于特殊情况，都是少数（与丁男比较相对地说），所以要说明他们的身份。至于丁男服役则是普遍的，因为是普遍的，人所共知的，故史籍往往不言其身份。

（6）执衣、门夫服役

执衣的身份为百姓中的中男。

门夫的身份为百姓中的中男和残疾者。

（7）杂匠服役

唐代官府工匠的身份很低，近于奴婢、官户。但杂匠的身份

稍高,因分番服役,且可纳资代役。

(8) 番户、杂户服役

关于番户、杂户的身份,论述如下:

《唐六典》卷六"都官郎中员外郎"条略云:

> 凡反逆相坐,没其家为官奴婢。一免为番户,再免为杂户,三免为良人,皆因赦宥所及则免之。
>
> 凡免皆因恩言之,得降一等、二等,或直入良人。诸律、令、格、式有言官户者,是番户之总号,非谓别有一色。

据此,番户即官户,其身份近于奴婢。杂户的身份高于番户,然亦低于一般百姓。

(9) 乐工、兽医、骟马、调马、群头、栽接等服役

这九种服役者的身份都是奴婢或官户,但"附贯州县,按比如平民"。(《新唐书》四六《百官志》)

上列服役者,按其身份又可分为三类:

第一类服役者,其身份为官吏。其中又可分为贵族(五品以上)和非贵族(六品以下至九品)。

第二类服役者,其身份为良民。

第三类服役者,其身份为贱民。

每一类服役者,由于服役而得到的待遇各不相同。

(甲) 三卫、亲事帐内、散官、勋官服役属于第一类。

三卫本身为六品、七品、八品卫官,亲事本身为八品卫官。他们和帐内的父、祖、曾祖分别为二品至九品职事官,或二品、三品勋官没封者,或国公。

就三卫及亲事、帐内而论,虽然为二品至九品职事官者是他

们的父、祖、曾祖,是"武德、贞观,世重资荫"(《新唐书》四九上《百官志》)(永兴按:唐代前期都是如此),他们父、祖、曾祖的高低不同官职也可表示他们自己高低不同的身份。四品至七品散官,比正二品至比从七品勋官,也分为尊卑不同的两部分。兹略申述如下。

《唐律疏议》卷一《名例律》"八议"条云:

> 六曰议贵。(谓职事官三品以上、散官二品以上及爵一品者。)

《唐律疏议》卷二《名例律》"诸五品以上妾犯非十恶者"条疏议云:

> 疏议曰:五品以上之官,是为通贵。

"通贵"与"贵"相通,可见五品以上官,其身份虽与三品以上职事官、二品以上散官及一品爵不同,但可以相通,可属于贵族这一等级。

在唐代律令中,官至五品以上和六品以下官的区分很严,如《唐律疏议》卷二《名例律》云:

> 若官爵五品以上,犯死罪者,上请(请谓条其所犯及应请之状,正其刑名,别奏请)。
>
> 疏议曰:官爵五品以上者,谓文武职事四品以下、散官三品以下、勋官及爵二品以下五品以上。此等之人犯死罪者,并为上请。

《唐律疏议》卷二《名例律》云：

> 其有官犯罪，无官事发；有荫犯罪，无荫事发；无荫犯罪，有荫事发，并从官荫之法。
>
> 疏议曰：……其父祖或五品以上，当时准荫，得议、请、减，父祖除免之后事发，亦依议、请、减法。"无荫犯罪，有荫事发"，谓父祖无官时，子孙犯罪，父祖得七品官，事发听赎；若得五品官，子孙听减……

《唐律疏议》卷二《名例律》略云：

> 诸犯私罪，以官当徒者，五品以上，一官当徒二年，九品以上，一官当徒一年。
>
> 疏议曰：九品以上官卑，故一官当徒一年，五品以上官贵，故一官当徒二年。

据以上引文，五品以上官贵，六品以下官卑，他们的法律地位是截然不同的。

《唐会要》卷八一《阶》略云：

> 旧制，叙阶之法……有以资荫。（谓一品子，正七品上叙，至从三品子，递降一等。四品、五品各有从、正之差，亦递降一等。从五品并国公子，八品下叙。三品已上荫曾孙，五品已上荫孙，孙降子一等，曾孙降孙一等。赠官降正官一等，散官同职事。若三品带勋官，即依勋官品，同职事荫，四品降一等，五品降二等。郡县公子准从五品，孙、县男已上

子降一等,勋官二品子又降一等,二王后子孙准正三品荫。)

官五品以上才能荫子、孙、曾孙,六品以下则不能荫。这不仅是政治地位的不同,也是社会地位的不同。

《唐律疏议》卷一二《户婚律》"诸相冒合户者"条云:

> 疏议曰,依《赋役令》,"文武职事官三品以上若郡王期亲及同居大功亲,五品以上及国公同居期亲,并免课役"。

五品以上同居期亲及同居大功亲有免除课役的特权,而六品以下的同等家族则无此特权,在政治、经济地位上,五品以上和六品以下也是不同的。

总之,根据以上种种分析,色役制下第一类服役者中,就其法律、政治、社会、经济地位而论,可分为五品以上和六品以下两类人,五品以上者可称为贵族(借用《唐律》中"贵"与"通贵"两称谓),六品以下者对比而言可称为官僚。

第一类服役者,服役是他们取得考和简选的资格,通过考和简选可以升迁;也可以说服役是他们升迁的手段。如:

左右卫之三卫充五仗者考以五;

左右率府之三卫帖五仗者亦五考;

左右卫之他职掌及左右率府之勋卫考以六;

诸卫及率府之翊卫考以八。

考满,兵部校试,根据校试中的不同情况给以不同等级的升迁。又如:

亲事、帐内服役十周年,则听其简试,根据简试情况给予不同等阶的升迁。又如:

文散官服役经两番以上,听简入选,可以从散位转为职事官。

武散官服役番满(史未言几番)者,六品已下,听预简选,量其才能,给予升迁。五品以上者,上奏皇帝,给予升迁。

勋官服役者,四品、五品以上者番上四年,六品以下者番上五年,由兵部简选,授以散官。

总之,第一类服役者,其服役所得是他们的官品地位的提高,而这是由于他们本身的官吏身份和他们的家族——他们父、祖、曾祖的身份。这一点充分表明了色役制的身份性。

(乙)防阁、庶仆、白直、事力、仗身、幕士、执衣、门夫、杂匠服役属于第二类。

这些服役者的身份是一般百姓(包括丁男和中男),在《唐律》中称之为良民。

这一类服役者可免除租税或一般徭役或兵役,兹引下列史料证明之。

《唐会要》卷八三《租税》上云:

(开元)二十二年五月十三日敕:"……其杂匠及幕士并诸色同类,有番役合免征行者,一户之内,四丁已上,任此色役,不得过两人;三丁已上,不得过一人。"

《通典》卷三五《职官一七·禄秩》略云:

诸州县不配防人处,城及仓库门各二人,须守护者,取年十八以上中男及残疾,据见在数,均为番地,勿得偏并……满五旬者,残疾免课调,中男免杂徭。其州城郭之下,户数不登者,通取于他县,总谓之门夫。

上引第一条史料虽仅举杂匠及幕士,但有"诸色同类,有番役"一语,可见杂匠、幕士等多种色役都可免除兵役。上引第二条史料只说到门夫,"残疾免课调,中男免杂徭"。其次,杨炎建议行两税法的奏疏(《唐会要》卷八三)中说:"凡富人多丁,率为官为僧,以色役免。贫人无所入,则丁存。故课免于上,而赋增于下。"从上下文义看,以色役所免者,是赋税。这就是说,一般服色役者免除赋税。

(丙)番户、杂户、乐工、兽医、骟马、调马、群头、栽接服役属于第三类。

这类服役者所得的仅是延续他们的生命的最低衣食而已,延续他们的生命实际上也是为统治者维持被奴役的劳动人手。按《唐六典》卷三"仓部郎中员外郎"条略云:

> 凡在京诸司官人及诸色人应给仓食者,皆给贮米……诸牧监兽医上番日给……诸官奴婢皆给公粮,其官户上番充役者亦如之。

《新唐书》卷四六《百官志》云:

> 金部郎中、员外郎各一人,掌天下库藏……及给宫人、王妃、官奴婢衣服。

《唐六典》卷六"都官郎中员外郎"条略云:

> 凡反逆相坐，没其家为官奴婢……凡初配(《旧唐志》"配"作"被")没有伎艺者(《旧唐志》"者"下有"各"字)，从其能而配诸司，妇人工巧者入于掖庭，其余无能，咸隶司农。
>
> 官户皆在本司分番，每年十月，都官按比……容貌端正送太乐……有工能官奴婢，亦准此。业成，准官户例，分番。
>
> 凡配官曹，长输其作；番户、杂户，则分为番。男子入于蔬圃，女子入厨馔。乃甄为三等之差，以给其衣粮也。

据此，官户、杂户、官奴婢的衣粮，由官府给予，他们被奴役所得仅为最低限度的生活而已。

总括上述，色役制下三类服役者，其服役所得各不相同，而这是为他们不同的身份所决定的。第一类服役者身份高，服役所得是升迁，也是他们身份再提高。第二类服役者身份较低，仅是良民，故其服役所得或为减少经济上的剥削，或为免除另一种更为严重的徭役，对他们的小自耕农经济都有好处。第三类服役者身份最低，是贱民，其服役所得只是维持其继续被奴役的基本衣食而已。总之，三类服役者所得各不相同，充分显示了色役制的身份性。

色役制下三类服役者的不同身份，也可从他们不同的法律地位得到证明。兹略举史料并加以说明。

《唐律疏议》卷二《名例律》云：

> 诸应议、请、减及九品以上之官，若官品得减者之祖父母、父母、妻、子孙犯流罪以下，听赎。
>
> 疏议曰，此名"赎章"。应议、请、减者，谓议、请、减三

章内人,亦有无官而入议、请、减者,故不云官也。及九品已上官者,谓身有八品、九品之官。若官品得减者,谓七品已上之官,荫及祖父母、父母、妻、子孙,犯流罪以下,并听赎。

同上书又云:

> 诸犯私罪以官当徒者(私罪,谓私自犯及对制诈不以实,受请枉法之类),五品以上,一官当徒二年;九品以上,一官当徒一年。

从一品到九品,在法律上分别有议请减赎的特权,同时可以以官抵罪、以官当刑。这是由于他们的官僚身份。这样的特权是一般百姓(良人)所没有的,更不必说贱民了,由于他们的身份较低或很低。

《唐律疏议》卷二二《斗讼律》云:

> 诸部曲殴伤良人者(官户与部曲同),加凡人一等(加者,加入于死),奴婢又加一等。若奴婢殴良人折跌支体及瞎其一目者,绞;死者,各斩。
>
> 疏议曰,《名例律》:"称部曲者,妻亦同。"此即部曲妻,不限良人及客女。殴伤良人者,注云"官户与部曲同","加凡人一等",谓加凡斗殴伤一等。注云"加者,加入于死",谓部曲殴良人,损二事以上,及因旧患,令至笃疾、断舌及毁败阴阳。凡殴流三千里者,部曲加一等合死,此名"加入于死"。"奴婢又加一等",谓加凡斗二等。
>
> 其良人殴伤杀他人部曲者,减凡人一等,奴婢又减

一等。

> 疏议曰,良人殴伤或杀他人部曲者,减凡人一等,谓殴杀者流三千里,折一支者,徒二年半之类。奴婢又减一等,殴杀者徒三年,折一支徒二年之类。

根据上引两条律文和疏议,良人的法律地位比官户、部曲高一等,比奴婢更高一等。同样罪状,在量罪定刑上,官户、部曲比良人重一等,奴婢比良人更重一等。这是由于奴婢、官户、部曲是贱民,他们的身份比良人低。

色役制下三类服役者——各等品级的官僚、良人、贱民,他们的不同法律地位说明了他们的不同身份。

在中国古代社会中,统治阶级与被统治阶级各自分为若干等级。身份性是区分不同等级的标志之一,因此,有关色役制的身份性的大量资料以及分析这些资料所提出的意见,对于研究唐代社会等级问题是有重要意义的。

色役制的转变与消逝

从南北朝到唐天宝年间,色役制经历了开始、发展和成熟的演变历程。色役制本身包含着否定它自己的因素,这个因素就是纳资(或纳课)。在南北朝末年,已出现个别的或少数的纳资代役现象;唐代前期,这种现象多了;到天宝年间,这种现象更为普遍。纳资代役是对作为徭役制的色役制的否定,纳资普遍化了,色役制也就消逝了。从南北朝到天宝年间,色役制变化的实质是人身隶属和人身奴役制的变化,是从身份性到非身份性的变化。这种变化是和从半奴隶性的手工工匠制到短番匠以及和雇匠制的变化等等重大社会变化同时发生的。这些变化的总和就构成中国古代社会历史上阶段性的转变。开元、天宝期间是转变的完成期。据此,研究色役制的转变与消逝是有重要意义的。

（甲）唐代百官俸料中的色役

国家给予官吏的俸料中包括为官吏个人服役者,南北朝时已是如此。

《魏书》卷二一下《彭城王勰传》云：

> 勰表以一岁国秩、职俸、亲恤,以裨军国,诏曰："割身存国,理为远矣。但汝以我亲,乃减己助国。职俸便停,亲、国（永兴按："亲"指亲恤,"国"指国秩）二事,听三分受一。"

《南齐书》卷二六《王敬则传》云：

> 竟陵王子良启曰："……所以然者,实亦有由。年常岁调,既有定期,僮恤所上,咸是见直。"

《南齐书》卷三四《虞玩之传》云：

> 玩之上表曰："……宋末落纽,此巧尤多。又将位既众,举恤为禄,实润甚微,而人领数万,如此二条,天下合役之身,已据其太半矣。"

《王敬则传》及《虞玩之传》中的"恤"就是《彭城王勰传》中的"亲恤",由于举恤为禄而使用了"天下合役之身",则"恤"乃合役之人；而"举恤为禄"，"恤"又是俸禄的一部分。

《魏书》卷一一一《刑罚志》云：

> 尚书令、任城王澄奏："案诸州中正，亦非品令所载，又无禄恤……"

《魏书》卷七八《张普惠传》云：

> （普惠）上疏曰："……减禄削力，近供无事之僧。"

同书又载张普惠上疏论高肇所行亲疏世减之法，云："及先帝之缌麻，令给亲恤"，"愚谓禄力并应依所□之食而食之"，"亲恤所哀，请依律断。"文有脱误，不甚明晰，然以禄与力为对文，而以亲恤指力，则颇为明白。禄指俸禄，力指事力。上引《南齐书·王敬则传》之"僮恤所上，咸是见直"，"直"似乎是代役钱，《魏书·彭城王勰传》之"亲、国二事，听三分受一"，也可能是代役钱。但《南齐书·虞玩之传》之"举恤为禄"，"天下合役之身，已据其太半矣"，则是役使人身。《宋书》卷八七《萧惠开传》记载，"惠开有……事力二三百人"，也是役使人身。总之，南北朝前期，官吏俸料中所包括的事力等等，直接役使人身和纳代役钱同时并存，而以役使人身为主，下文"唐色役制渊源"一节中曾举出此时期内的事力、仗身、自直多例，可为证明。但到北齐时，纳代役绢（钱）者增多。据《隋书》卷二七《百官志中》云：

> 诸州刺史、守、令已下，干及力，皆听敕乃给。其干出所部之人。一干输绢十八匹，干身放之。

而《北齐书》中多记某某食某郡县干之文,这些干都是不服役而纳代役绢者。

关于隋百官俸料中为官吏个人服役者的史实,史籍缺少记载,难知其详,但可推知,应与北齐的情况类似。

唐代前期的色役制,继续南北朝的变化趋势并发展到最后阶段,百官俸料中役使人身部分普遍为代役钱所代替,但其过程是曲折反复的。

《通典》卷三五《职官一七·禄秩》(《新唐书》卷五五《食货志》略同)云:

> 诸州县之官,流外九品以上,皆给白直……诸州县官,流内九品以上及在外监官五品以上,皆供执衣(随身驱使,典执笔砚,其监官于随近州县取充)。……初以民丁中男

唐安师等上番人名籍,新疆吐鲁番阿斯塔那61号墓出土

充,为之役使者,不得逾境,后皆舍其身而收其课,课入所配之官,遂为恒制。

白直、执衣是百官俸料中役使人身的两种,"后皆舍其身而收其课",就是从役使人身变为收取代役钱。这是色役制发展变化的一般规律,不过变化有早有迟,而且有反复。但最后总是以代役钱(或物)代替了人身役使。

早在贞观年间,防阁役就不役使人身而收取代役钱了。《通典》卷三五《职官一七·禄秩》云:

> 贞观十二年,罢公廨(钱),置胥士七千人,取诸州上户为之。准防阁例而收其课,三岁一更,计员少多而分给焉。

据此,最迟在贞观十二年,防阁役已不役使人身而收代役钱了。又据《通典》卷三五《职官一七·禄秩》(《新唐书》卷五五《食货志》、《册府元龟》卷五〇五《邦计部·俸禄》略同)云:

> 永徽元年,悉废胥士等,更以诸州租庸脚直充之。其后又令薄赋百姓一年税钱,依旧令高户及典正等掌之,每月收息以充官俸。其后又以税钱为之,而罢其息利。
>
> 凡京文武正官每岁供给俸食等钱(并防阁、庶仆及杂钱等),总一十五万三千七百二十贯。(员外官不在此数。)

"凡京官文武正官每岁供给俸食等钱"云云,《册府》卷五〇五系此事于乾封元年八月,这与《通典》《新唐书》记此事于永徽元年之后不久,也是符合的。在"俸食等钱"之下,杜佑注云:"并防阁、庶仆及杂钱等。"可见百官所役使防阁、庶仆,封建国家已不给人,而给钱,包括在"俸食等钱"之内。由此可见,防阁、庶仆两种色役由人身役使变为收取代役钱。防阁役仍继续维持贞观十二年开始的变化,庶仆役的变化可能较晚,但最迟也应在乾封元年。

开元二十四年,防阁役和庶仆的变化,即由役使人身到收取代役钱的变化,最后确定下来,固定在俸料钱制度中。

《唐会要》卷九一《内外官料钱上》(《册府元龟》卷五〇六《邦计部·俸禄》同)云:

> (开元)二十四年六月二十三日敕:"百官料钱,宜合为一色,都以月俸为名,各据本官,随月给付。其贮粟(《册府》作"米",是)宜令入禄数同申,应合减折及申请时限,并依常式。"
>
> 一品:三十一千。月俸八千,食料一千八百,防阁二十千,杂用一千二百文。
>
> 二品:二十四千。月俸六千,食料一千五百,防阁十五千(《册府》多"五百",是),杂用一千文。
>
> 三品:十七千。月俸五千,食料一千一百,防阁十千,杂用九百文。
>
> 四品:一十一千八百六十七文。月俸四千五百,食料七百,防阁六千六百文(《册府》作"六千六十七文",是)杂用六百文。
>
> 五品:九千二百。月俸三千,食料六百,防阁五千,杂用五百文(《册府》作"六百文",是)。
>
> 六品:五千三百。月俸二千三百,食料四百,庶仆二千

二百,杂用四百文。

七品:四千五百(《册府》作"四千五十",是)。月俸一千七百五十,食料三百五十,庶仆一千六百,杂用三百五十文。

八品:二千四百七十五文。月俸一千三百,食料三百,庶仆六百二十五文,杂用二百五十文。

九品:一千九百一十七文。月俸一千五十文,食料二百五十,庶仆四百一十七文,杂用二百文。

据上引史料,应注意两点:第一,一品至五品官俸料中的防阁二十千等等,即一品至五品官所役使的防阁的代役钱。六品至九品官俸料中的庶仆2 200人等等,即六品至九品官所役使的庶仆的代役钱。按《唐六典》卷三"户部郎中员外郎"条云:

凡京司文武职事官,皆有防阁,一品九十六人,二品七十二人,三品三十八人,四品三十二人,五品二十四人。六品给庶仆十二人,七品八人,八品三人,九品二人。

又云:

其防阁、庶仆、白直、士力纳课者,每年不过二千五百,执衣不过一千文。

防阁纳课每年2 500文,则每月为208文稍多,一品官有防阁96人,每月纳课总数为20 000文,二品、三品、四品、五品皆可据此类推。庶仆亦每月纳课208文稍多,六品官有庶仆12人,每月纳课总数为2 200文,七品、八品、九品皆可据此类推。

根据以上分析,百官所有的防阁、庶仆,已不再役使人身,而代之以收取代役钱。这是色役制发展变化的一般规律。这一发展变化为俸料钱制固定下来。

第二,据开元二十四年俸料钱制,防阁、庶仆的代役钱在百官俸料钱中所占的比例很大,一品官收取防阁代役钱20 000文,占其俸料钱310 000文的三分之二稍少;二品官的防阁代役钱15 500文,占其俸料钱24 000文的三分之二稍少;三品官的防阁代役钱10 000文,占其俸料钱17 000文的多半;四品官的防阁代役钱6 067文,占其俸料钱11 867文一半稍多;五品官的防阁代役钱五千,占其俸料钱9 200文一半稍多;六品官的庶仆代役钱2 200文,占其俸料钱5 300文的一半稍少;七品官的庶仆代役钱1 600文,占其俸料钱4 050文的五分之二稍多;八品官的庶仆代役钱625文,占其俸料钱2 475文的四分之一稍多;九品官的庶仆代役钱417文,占其俸料钱1 917文的五分之一稍多。

唐代前期是中国古代社会内部从一个阶段转变为另一个阶段的过渡时期,这一转变到开元、天宝年间逐渐(或基本上)完成了。以人身役使(防阁、庶仆)的代役钱为主体的俸料钱制是逐渐转变而形成的制度。这一转变形成的过程,同时也是色役制转变与消逝的过程。由此,我们可以推测:此前的俸料钱制是以人身役使为主体的制度。这一点应在魏晋南北朝史的研究中去解决,于此可不多论。

俸料钱中色役制的变化并非整齐划一的,仗身役的变化,在时间上与防阁、庶仆不同,但变化的趋势,即从役使人身到收取代役钱,是一致的。

《唐会要》卷九一《内外官料钱上》(《新唐书》卷五五《食货

志》同)云:

> 麟德二年八月十九日,诏文武(《新唐书》作"文官",是)五品已上,同武职班给仗身,以掌闲、幕士充之。咸亨元年四月十二日,停给。

据此,从麟德二年到咸亨元年,给予五品以上文武官的仗身,以掌闲、幕士充之,是役使人身的。

同书又云:

> (开元)十年正月……至二十二日敕:"王公以下,视品官参佐及京官五品已上,每月别给仗身职员钱悉停。"

此处京官五品以上,即前一史料中的五品以上文武官。在咸亨元年停给仗身之后,又给,并从给予人身役使变为给予代役钱,其时间应在开元十年以前,因开元十年,代役钱亦已停给。总之,仗身役的变化,在时间上与防阁、庶仆的变化不同,但变化的趋势是一致的。

防阁、庶仆、白直、执衣、仗身是百官俸料钱中使用人力最多的几种色役。开元二十四年的俸料钱制把防阁、庶仆的变化固定下来,仗身(京文武五品以上官部分)的变化在开元十年前也已确定,从天宝五载废止白直役(史料见下文)一事推论,白直役变化的完成应在开元末、天宝初,我推测执衣役的变化的完成也应在此时。总之,到开元、天宝期间,百官俸料钱中的色役,绝大部分已从人身役使变为收取代役钱,俸料钱制中色役制的变化已经完成,色役制也就趋于消失了。

（乙）白直等色役的停止

《唐会要》卷九一《内外官料钱上》(《册府元龟》卷五〇六《邦计部·俸禄》同,《通典》卷三五《职官一七·禄秩》、《新唐书》卷五五《食货志》略同)云：

> （天宝）五载三月二十日敕：郡县官人及公廨白直,天下约计一载被十万丁已上,一丁每月输钱二百八文。每至月初,当处征纳,送县来往,数日功程,在于百姓,尤是重役。其郡县白直,计数多少,请用料钱加税充用。其应差丁充白直,望请并停。一免百姓艰辛,二省国家丁壮。

白直是色役制中使用人力最多的一种,到天宝五载,以国家的命令正式废止,实质上是从南北朝以来白直役自身几百年发展过程的结束。很显然,纳资（一丁每月输钱208文）是白直役发展过程中有决定性的因素,是包含在它自身中自我否定的因素。这个因素发展了,普遍化了,作为色役的白直就不存在了,就从徭役制转化为赋税制,就是资课。

《唐会要》卷八三《租税上》(《册府元龟》卷四八七《邦计部·赋税》同)云：

> 其年(开元二十二年)七月十八日敕："自今已后,京兆府、关内诸州,应征庸调及资课,并限十月三日(《册府》作"三十日")毕。"

同上书又云：

> 二十五年三月三日敕："……自今已后,关内诸州庸调、资课,并宜准时价变粟取米,送至京,逐要支用。"

这两条史料中的资课,就是色役的代役钱(或粟或米),已经是唐代国家的经常税收。各种色役的服役者,把他们因不服役而纳的资(或课)纳给官府,其中大部分按俸料钱制给予百官。俸料钱中这一部分还保留着色役制的痕迹,如上引开元二十四年俸料钱制中的"防阁二十千"等等。天宝五载罢白直役则是把由色役转化来的资课也废止了,而代之以加税。这是色役制最后的彻底的消逝。

《唐六典》卷三"户部郎中员外郎"条云:

> 开元二十三年敕,以为天下无事,百姓徭役,务从减省,遂减诸司色役一十二万二百九十四。

"减诸司色役"的意义与停白直役同,都是色役的最终消逝,两次涉及三十二万多人,其中应包括多种色役。这些可以说明色役制即将发展到终点。根据这一点和俸料中的色役普遍转化为资课,我们可以说,色役制已基本上消逝。唐代后期,史籍中还记载色役与资课,但涉及的范围很小,涉及的人数不多,色役制还残存了一段时间。

唐色役制渊源

唐代色役制可溯源至南北朝,兹略加分析。

(甲) 白直

《宋书》卷六一《江夏文献王义恭传》(《南史》卷一三《宋江夏王义恭传》同)云：

> 孝建元年，南郡王义宣、臧质、鲁爽等反，加黄钺，白直百人入六门。

《南齐书》卷二二《豫章王嶷传》：

> （嶷）启自陈曰："臣自还朝，便省仪刀，捉刀左右十余亦省，唯郊外远行，或复暂有，入殿亦省服身。今所牵仗二，侠轂二，白直共七八十人。"……又启曰："……臣昔在边镇，不无羽卫，自归朝以来，便相分遣，侠轂、白直，格置三百许人，臣顷所引，不过一百。"

据此，南朝宋、齐的白直为贵族官僚个人服役，且人数甚多，与唐代前期的白直相同，唐代的白直役制源于南朝。

《魏书》卷一八《广阳王深传》(《北史》卷一六《魏广阳王深传》同)云：

> 深上书曰："……及太和在历，仆射李冲当官任事，凉州土人，悉免厮役；丰、沛旧门，仍防边戍。自非得罪当世，莫肯与之为伍。征镇驱使，但为虞候、白直，一生推迁，不过军主。"

《隋书》卷二七《百官志中》云：

> 自州、郡、县,各因其大小置白直,以供其役。

同上书又云:

> 诸州刺史、守、令已下,干及力,皆听敕乃给……力则以其州、郡、县白直充。

据此,北魏的军镇白直,供驱使服役,有类唐代公廨白直。北齐的白直为州县官吏服役,与唐代州县白直相同。唐代的白直役制亦源于北朝。

(乙) 防阁

《南齐书》卷五八《蛮传》略云:

> 西阳蛮田益宗,沈攸之时,以功劳得将领,遂为临川王防阁。

《梁书》卷二二《南平王伟传》(《南史》卷五二《梁南平王伟传》同):

> 倍先,置防阁、白直左右职局一百人。

据此,南朝的防阁,不只是名称与唐代相同,被服役者有很高的身份,也与唐代的防阁相同。唐代防阁役制源于南朝。

《魏书》卷二一上《咸阳王禧传》(《北史》卷一九《魏咸阳王禧传》同)云:

禧自洪池东南走,僮仆不过数人,左右从禧者,唯兼防阁尹龙虎。

西魏大统一三年(547)瓜州效谷郡计帐户籍(斯六一三背),兹转录有关两行:

```
61    五 人 杂 任 役
64        □ 人 防 阁
```

《隋书》卷二七《百官志中》云:

皇子王国置郎中令……防阁。(四人。)

据上引,北朝防阁,服役者身份不详,但被服役者的身份很高,此点与南朝同,与唐代亦同,唐代的防阁役制,亦源于北朝。西魏大统十三年瓜州效谷郡计帐户籍中的"杂任役",可能类似唐代色役。

(丙)仗身

《南齐书》卷二九《周山图传》(《南史》卷四六《周山图传》同)云:

山图于新林立墅舍,晨夜往还。上谓之曰:"卿罢万人都督,而轻行郊外。自今往墅,可以仗身自随,以备不虞。"

《梁书》卷三六《江革传》(《南史》卷六〇《江革传》同)云:

> 寻监吴郡……革至郡,惟有公给仗身二十人。

唐代文武官皆有仗身,南朝也是如此,唐代的仗身役制源于南朝。

(丁)事力

《宋书》卷八七《萧惠开传》(《南史》卷一八《萧惠开传》略同)云:

> 惠开有舫十余,事力二三百人。

《魏书》卷六二《李彪传》(《北史》卷四〇《李彪传》同)云:

> 高祖崩,世宗践祚,彪自托于王肃,又与邢峦诗书往来,迭相称重,因论求复旧职,修史官之事,肃等许为左右,彪乃表曰:"……今求都下乞一静处……官给事力,以充所须。"

《隋书》卷二七《百官志中》云:

> 又自一品已下,至于流外勋品,各给事力。一品至三十人,下至于流外勋品,或以五人为等,或以四人、三人、二人、一人为等。繁者加一等,平者守本力,闲者降一等焉。

据此,南朝北朝皆有事力役制,唐代亲王府属,均给事力,应源于南北朝。

(戊)幕士

《魏书》卷六七《崔光传》云:

> 九月，灵太后幸嵩高，光上表谏曰："……厮役困于负檐，爪牙窘于赁乘，供顿候迎，公私扰费，厨兵幕士，衣履败穿……"

唐代色役中有幕士役，当源于北魏。幕士乃是游幸途中掌管所用帷幕者。

以上白直、防阁、仗身、事力、幕士五种役，在唐代皆为色役，可见唐代色役制源于南北朝。唐代色役有两个主要特点：一为轮番服役，二为不服役者纳资（即代役钱）。前一个特点在南北朝时是否已经存在，不能确说，但服役的人数很多，这可能由于分番服役的缘故。后一个特点，在南北朝即已存在，特别是末期，不过不像唐朝那样普遍。如《隋书》卷二七《百官志中》略云：

> 诸州刺史、守、令已下，干及力，皆听敕乃给。其干出所部之人。一干输绢十八匹，干身放之。

可见北齐时已有纳代役绢之事。西魏大统十三年（547）瓜州效谷郡计帐户籍（斯六一三背），兹转录四行：

        ①
25   五匹台资
54   五石台资
        ②
2   台资妻
7   口二台资榷税令课

西魏北周时的"台资",与唐代的"职资"为同类制度,唐代的"资"为代役钱,西魏北周时的资为代役布、代役粟等,其性质相同。我认为南北朝时期是色役制的初期即尚未发展的阶段,故其特点不够显著、不够普遍;唐代前期是色役制发展和成熟的阶段,故其特点显著而普遍。一种制度发展到成熟阶段,发展到顶峰,就要转变,就要走向衰落,色役制也是如此。

唐代土贡制的特点

《通典》卷六《食货典六·赋税下》略云：

> 天下诸郡每年常贡。（按《令》文："诸郡贡献，皆尽当土所出，准绢为价，不得过五十匹，并以官物充市。"所贡至薄，其物易供。）

《新唐书》卷五一《食货志》云：

> 州府岁市土所出为贡，其价视绢之上下，无过五十匹。异物、滋味、口马、鹰犬，非有诏不献。有加配，则以代租赋。

《通典》所记的是有关土贡令原文，或节文，《新唐书》所记的是同一令文的大意。据此，诸州所上贡品都是官府收购当地的特产。《唐六典》诸书所详记的天下各州贡品系通过收购方式而取得，这是唐代土贡制度的特点之一。

官府作为贡品而收购的土产是特定的贡户生产的，至少贡物中的特殊物品是如此。这是唐代土贡的特点之二。其证据如下。

《元氏长庆集》卷二三《乐府·织妇词》云：

> 缲丝织帛犹努力，变缁撩机苦难织。东

唐代封泥，1957年陕西省西安市大明宫遗址出土。这种封泥是当时的地方官员用于密封进贡给皇帝的物品的，上有墨书题记，记录进贡的时间、地点、物品名称和进奉人等

家头白双女儿，为解挑纹嫁不得。

元稹自注云："予掾荆时，目击贡绫户有终老不嫁之女。"元微之自注中的贡绫户应有普遍性，这种贡户就是各州土贡中精美纺织品的织造者。据"东家头白双女儿，为解挑纹嫁不得"及"终老不嫁之女"诸句，贡绫户可能是传家技，世袭其业，而这正是唐

代贡户的特点。

《柳宗元集》卷一六《捕蛇者说》云：

> 永州之野产异蛇，黑质而白章，触草木尽死；以啮人，无御之者。然得而腊之以为饵，可以已大风、挛踠、瘘、疠，去死肌，杀三虫。其始，太医以王命聚之，岁赋其二；募有能捕之者，当其租入。永之人争奔走焉。
>
> 有蒋氏者，专其利三世矣。问之，则曰："吾祖死于是，吾父死于是，今吾嗣为之十二年，几死者数矣。"言之，貌若甚戚者。

永州的异蛇，"太医以王命聚之，岁赋其二"，这就是永州的贡品。柳宗元任官永州在元和初年，《元和郡县图志》卷二九"江南道永州"的元和贡已缺，不知永州是否贡蛇？但唐代土贡中确有贡蛇的，如《新唐书》卷三八《地理志》"河南道曹州"条云：

> 土贡：绢、绵、大蛇……

《通典》卷六《食货典六·赋税下》略云：

> 天下诸郡每年常贡：
> 新平郡（邠州）贡……蛇胆十斤。
> 蕲春郡（蕲州）贡……乌蛇脯。
> 潮阳郡（潮州）贡……蚺蛇胆十枚。

这些上贡的蛇大多是作药物的。《本草纲目》卷四三《鳞》之二

《蛇类》略云：

> 蚺蛇(《别录》下品)
> 白花蛇(宋《开宝》)
> 集解：……(时珍曰)花蛇,潮、蜀皆有……其蛇龙头虎口,黑质白花……又按《元稹长庆集》云：巴蛇凡百类,惟褰鼻白花蛇,人常不见之,毒人则毛发竖立。
> 主治：中风湿痹不仁,筋脉拘急……大风疥癣。
> 乌蛇(宋《开宝》)

可资证明。白花蛇和永州异蛇是同类："黑质而白章""黑质白花",相同点一；"可以已大风、挛踠","主治……筋脉拘急……大风疥癣",相同点二；两者皆有烈毒,相同点三。以上记述也可使我们据以推论,永州异蛇是永州作为药物的贡品。

从柳宗元记述的这一资料中也可以看出唐代土贡制下贡户的特点：第一,"有蒋氏者,专其利三世矣",贡蛇户也是传家技、世袭其业的。第二,"募有能捕之者,当其租入",贡蛇户免除一般租税。

唐代土贡制第三个特点是,每年冬季,各州朝集使入朝京师,上贡王庭,本州特产物是上贡内容之一。其证据如下：

《唐六典》卷三"户部郎中员外郎"条云：

> 凡天下朝集使,皆令都督、刺史及上佐更为之。若边要州都督、刺史及诸州水旱成分,则他官代焉。皆以十月二十五日至于京都,十一月一日户部引见讫……元日,陈其贡篚于殿庭。凡京都诸县令,每季一朝。

《唐大诏令集》卷一〇三《处分朝集使敕》(开元六年二月六日)云:

> 敕朝集使等……自去冬入计者……

同书同卷《处分朝集使敕》(开元七年三月十一日)云:

> 敕朝集使……今之牧守,古之诸侯……币帛筐篚,入至朕前,则敷衽以陈,命席而对。

唐代土贡制第四个特点是,诸州上贡物品由太府寺丞管理。《唐六典》卷二〇"太府寺丞"条云:

> 丞掌判寺事……凡元正、冬至所贡方物应陈于殿庭者,受而进之。

可资证明。

六种土贡资料

现存有关土贡的令文为开元七年及开元二十五年者,但《元和郡县图志》卷三九"陇右道芳州"条有"贞观贡,牦牛酥"的记载,可见唐代土贡制始于初年。

现存唐代文献记载土贡的有以下五种:

甲、《唐六典》卷三"户部郎中员外郎"条;

乙、《通典》卷六《食货典六·赋税下》;

丙、《元和郡县图志》；

丁、《贞元十道录》(敦煌文献残卷《鸣沙石室佚书》)；

戊、《新唐书》卷三七至四三下《地理志》。

这五种文献记载六次土贡，它们的确切时间都需要考定。在本文中提出我的初步意见，但不敢视为定论，请读者指正。

(一)《唐六典》记载的土贡

《唐六典》所载唐代的律、令、格、式和各种制度多为开元七年者，也有开元二十五年者，总之，都是开元年间的。据此，《唐六典》所载的土贡是开元贡。但它是开元七年的，还是开元二十五年的？应具体考订。兹引下列史料并加以分析。

《唐六典》卷三"户部郎中员外郎"条云：

> 凡天下十道，任土所出，而为贡赋之差。(其物产，经不尽载，并具下注。日额贡献，多非土物，或本处不产，而外处市供；或当土所宜，缘无额遂止。开元二十五年，敕令中书门下对朝集使，随便条革，以为定准，故备存焉。)

"凡天下十道"云云，为开元七年令式，"其物产"至"故备存焉"一段乃令式的注文。"经不尽载"的"经"指《唐六典》有关土贡的正文，例如关内道"厥贡岱代赭、盐山、角弓、龙须席、苁蓉、野马皮、麝香"。"经不尽载"，即正文载贡品简略。"并具下注"，即详见以下注文。以关内道为例，自"京兆粲草席"至"丹、延、庆等州麝香"一段就是注文。根据这样分析，这十条(十道，每道一条)有关土贡的正文和十条(十道，每道一条)有关土贡的注文都是开元二十五年中书门下和朝集使根据实际情况制定的。据此，《唐六典》所载的开元贡乃开元二十五年贡。

其次，根据上引史料，开元二十五年以前的土贡情况比较混乱，没有体现令文中"任土所出"的精神，贡品也不完备。开元二十五年以前的唐代的土贡资料没有保存下来，或与此种混乱情况和不完备情况有关。从开元二十五年起，才有记载完备的土贡资料。

（二）《元和郡县图志》记载的开元贡

《元和郡县图志》所记两次土贡之一，已注明为开元贡。开元纪年尽二十九年。据上文分析，从开元二十五年起才有记载完备的土贡资料，此其一。《唐六典》记载的土贡是开元二十五年贡，此其二。《元和郡县图志》记载的开元贡是完备的土贡资料，其时间应在开元二十五年以后，但其内容又与《唐六典》所载开元二十五年贡不同。据此推论，其时间只有一个可能，即在开元二十六到二十九年之间。

（三）《通典》记载的土贡

《通典》所记土贡的比较确切年代，可就以下两点推定。

第一，用郡名而不用州名。例如：

> 华阴郡……今华州。
> 冯翊郡……今同州。
> 新平郡……今邠州。

按《旧唐书》卷九《玄宗纪》略云：

> （天宝元年二月丙申）天下诸州改为郡，刺史改为太守。

《旧唐书》卷三八《地理志》略云：

> 华州　上辅　天宝元年改为华阴郡，乾元元年复为华州。
> 同州　上辅　天宝元年改同州为冯翊郡，乾元元年复为同州。
> 邠州　上　天宝元年改为新平郡，乾元元年复为邠州。

"今华州"等的"今"系杜佑著《通典》时；"华阴郡"等乃上贡时的郡称。据《旧唐书·玄宗纪》及《旧唐书·地理志》，改州为郡在天宝元年至乾元元年的十八年间，天下诸州皆同。据此，《通典》所记土贡的时间的上限为天宝元年，其下限似应为乾元元年。但据《通典》卷六《食货典六·赋税下》土贡表：

> 扶风郡……今岐州。
> 安定郡……今泾州。
> 安化郡……今庆州。

《新唐书》卷三七《地理志》"关内道"略云：

> 凤翔府扶风郡，赤，上辅。本岐州，至德元载更郡曰凤翔，二载，复郡故名。
> 泾州保定郡，上。本安定郡，至德元载更名。
> 庆州顺化郡，中都督府。本弘化郡，天宝元年曰安化，至德元载更名。

据上引,岐州在至德元载前为扶风郡,至德元载则为凤翔;泾州在至德元载前为安定郡,至德元载则为保定;庆州在至德元载前为安化郡,至德元载则为顺化;而《通典》土贡表曰扶风、安定、安化。据此,《通典》土贡表的时间下限为天宝十四载。

第二,杜佑在记述土贡之前,记述天宝收支,其首句曰"天宝中"云云。实际上,土贡表乃天宝收支的继续。国计收支记载国家的财政收入,土贡也是国家的特种收入。职是之故,土贡表的时间也应是天宝中的。《通典》所载的土贡是天宝中贡。

(四)《贞元十道录》记载的土贡

《新唐书》卷一六六《贾耽传》云:

> 又著《贞元十道录》,以贞观分天下隶十道,在景云为按察,开元为采访,废置升降备焉。

《新唐书》卷五八《艺文志·地理类》云:

> 贾耽……《贞元十道录》四卷。

皆不载成书及上书时间。《旧唐书》卷一三八《贾耽传》和《册府元龟》卷五六〇《国史·地理》,虽详述贾耽撰写几种地理著作的情况,但没有说到《贞元十道录》。现存《贞元十道录》(敦煌文书残卷)只残存十数州,无从考定所载土贡的确切时间。因此,《贞元十道录》记载的土贡只能说是贞元贡。

(五)《元和郡县图志》记载的元和贡

《元和郡县图志》李吉甫自序,其署衔如下:

金紫光禄大夫、中书侍郎、同中书门下平章事、兼集贤殿大学士、监修国史、上柱国、赵国公。

《旧唐书》卷一四八《李吉甫传》云：

> （元和）五年冬，裴垍病免。明年正月，授吉甫金紫光禄大夫、中书侍郎、平章事、集贤殿大学士、监修国史、上柱国、赵国公。

《新唐书》卷七《宪宗纪》云：

> （元和）六年正月庚申，淮南节度使李吉甫为中书侍郎、同中书门下平章事。

根据上引，李吉甫自淮南节度使入相在元和六年正月，入相之后才有《元和郡县图志》自序中的署衔。但据《旧唐书·李吉甫传》，他病死于元和九年冬，自元和六年至九年未改官，则其上《元和郡县图志》可能在元和六年正月至元和九年冬之间。其《自序》说：

> 故蜀有阻隘之夫，吴有凭江之卒，虽完保聚，缮甲兵，莫不手足裂而异处，封疆一乎四海。故鄘、卫风偃，朔塞砥平。

按唐宪宗平定蜀刘辟之叛在元和元年冬，平定吴李琦之叛在元和二年冬，"鄘、卫风偃，朔塞砥平"乃指成德王承宗归命，义武张茂昭入朝，其事皆在元和五年。据此，似李吉甫上《元和郡县

唐代黄地花鸟纹印花纱,1986年新疆吐鲁番阿斯塔那108号墓出土。这种用生丝织成的纱是杭州、绍兴一带的特产,经常以此贡奉内廷,所以也称宫纱

图志》应在自淮南入相之时,即元和六年,但《元和郡县图志》四"关内道新宥州"条记元和八年冬李吉甫论回鹘入侵事。又记元和九年五月诏复于经略军城置宥州事,而吉甫死于其年十月,据此《元和郡县图志》可能经过多年修订,而其上书则在元和九年。书中所记载元和贡的时间不能晚于元和九年,所据资料当更早,其上限则为元和元年,即在元和元年至元和九年之间。据此,《元和郡县图志》所载元和贡的时间亦当在此期间。

(六)《新唐书·地理志》记载的土贡

唐代的社会经济不断发展,土贡中的丝织品也随之日益增多。就两次开元贡、天宝贡和元和贡中的多数州的贡品而论,时间愈在后,土贡中的丝织品的品种也愈多,也愈精美。这可以说是个通例。以下据此通例,考证《新唐书·地理志》所载土贡的时间性。

《元和郡县图志》所载十道诸州的元和贡大多残缺,唯江南道残留稍多。兹取江南道七州和剑南道一府二州的元和贡与《新唐书·地理志》所载相同十处的土贡相比较,做出推论。《新唐书·地理志》所载土贡以(甲)代之,元和贡以(乙)代之。

江南道:

1. 苏州

(甲)丝葛、丝绵、八蚕丝、绯绫、布、白角簟、草席、鞋、大小香秔、柑、橘、藕、鲻皮、䰽、鲊、鸭胞、肚鱼、鱼子、白石脂、蛇粟。

(乙)丝葛十匹、白石脂三十斤、蛇床子三升。

2. 湖州

(甲)御服、乌眼绫、折皂布、绵细、布、纻、糯米、黄糙、紫笋茶、木瓜、杭子、乳柑、蜜、金沙泉。

(乙)布三十三端。

3. 杭州

(甲)白编绫、绯绫、藤纸、木瓜、橘、蜜姜、干姜、苣、牛膝。

(乙)白编绫十二匹。

4. 睦州

(甲)文绫、簟、白石英、银花、细茶。

(乙)交梭二匹、竹簟。

5. 越州

(甲)宝花、花纹等罗、白编、交梭、十样花纹等绫、轻容、生縠、花纱、吴绢、丹沙、石蜜、橘、葛粉、瓷器、纸、笔。

（乙）自贞元之后，凡贡之外，别进异文吴绫及花鼓歇单丝吴绫、吴朱纱等纤丽之物凡数十品。

6. 婺州

（甲）绵、葛、纻布、藤纸、漆、赤松涧米、香秔、葛粉、黄连。

（乙）纤纩、白藤、细纸。

7. 宣州

（甲）银、铜器、绮、白纻、丝头红毯、兔褐、簟、纸、笔、署预、黄连、碌青。

（乙）自贞元后，常贡之外，别进五色线毯及绫、绮等珍物，与淮南两浙相比。

剑南道：

1. 成都府

（甲）锦、单丝罗、高杼布、麻、蔗糖、梅煎、生春酒。

（乙）高杼裨布、绫、罗、高杼衫段、丝布。

2. 蜀州

（甲）锦、单丝罗、花纱、红蓝、马策。

（乙）白罗、木兰皮。

3. 汉州

（甲）交梭、双紃、弥牟、纻布、衫段、绫、红蓝、蜀马。

（乙）弥牟布、纻布。

以上十州，（甲）超过（乙）者为苏、湖、杭、睦、婺、成都、蜀、汉八个州府，（甲）同于（乙）者为越、宣二州，按照上述通例，《新唐书·地理志》所载土贡，其时间在元和贡之后。上述十个州府都是唐代后期社会经济发展较快的地方，盛产丝织品，时间愈后，其丝织品的量与质都愈多愈好，因此，虽仅十个州府，却具有普遍意义。

其次，湖州贡茶的时间亦可参证上述推论。《新唐书》卷四一《地理志》略云：

> 湖州
> 土贡：御服、乌眼绫……紫笋茶……
> 县五：乌程、武康、长城（顾山有茶，以供贡）、安吉、德清。

据此，湖州元和贡元紫笋茶，《新唐书·地理志》所载湖州土贡有紫笋茶，产于长城县顾山。按《南部新书·戊》云：

> 唐制，湖州造茶最多，谓之顾渚贡焙……焙在长城县西北。大历五年以后，始有进奉……故陆鸿渐《与杨祭酒书》云："顾渚山中紫笋茶两片，此物但恨帝京未得尝，实所叹息。一片上太夫人，一片充昆弟同啜。"后开成三年，以贡不如法，停刺史裴充。

紫笋茶在大历五年之后始有进奉，当是临时进奉，因元和贡中尚无紫笋茶。陆羽死于贞元末，《与杨祭酒书》的时间待考，推测或在贞元时。当时，长安尚无紫笋茶。此点与元和贡中无紫笋茶适相符合，贡紫笋茶成为常制应在元和后，据此可证明《新唐书·地理志》所载土贡的时间当在元和以后。

总括以上几方面的分析，《新唐书·地理志》所载土贡的时间在元和以后，但相距不甚远，我推测应在长庆时，应是长庆贡。这一意见还可引下述史料作为参证。

《新唐书》卷三九《地理志》"河北道"云：

> 镇州常山郡,大都督府。本恒州恒山郡……天宝元年更郡名。十五载曰平山,寻复为恒山。元和十五年避穆宗名更。
>
> 土贡:孔雀罗、瓜子罗、春罗、梨。

据此,元和十五年唐穆宗即位之后始有"镇州、常山郡"之名,则镇州土贡的时间当在元和以后,称之为长庆贡是可以的。

《新唐书》卷三七《地理志》"关内道"云:

> 宥州宁朔郡,上。……(开元)二十六年,还所迁胡户,置宥州及延恩等县,其后侨治经略军。至德二载,更郡曰怀德;乾元元年,复故名。宝应后废。元和九年,于经略军复置,距故州东北三百里。十五年徙治长泽,为吐蕃所破。长庆四年,节度使李祐复奏置。土贡:毡。

据此,宥州屡置屡废,最后为长庆四年置,则其土贡可能是长庆四年或稍后的。

据以上全部引文和论述总结如下。唐代土贡资料有六,按时间先后排列如次:

1. 开元二十五年贡(《唐六典》卷三"户部郎中员外郎"条);
2. 开元二十六年至二十九年贡(《元和郡县图志》);
3. 天宝中贡(《通典》卷六《食货典六·赋税下》);
4. 贞元贡(贾耽《贞元十道录》,敦煌文书残卷,见《鸣沙石室佚书》);
5. 元和元年至九年贡(《元和郡县图志》);
6. 长庆贡(《新唐书》卷三七至四三下《地理志》)。

中晚唐的估法和钱币

唐代从开元、天宝时起,钱币的使用逐渐发达,地域扩大,范围加广,技术提高。这个趋向是前进的自然演进的潮流,而建中初年的两税法以资产为宗,以钱谷定税,就是这个潮流的具体表现。反对两税法的人,虽然竭力呼喊废弃以资产为宗,而呼吁以丁身为本,废弃以钱谷定税,而主张以布帛为额,但始终不能成功,就是因为前进的自然演进潮流不是几个人的力量能够挽回的。但是在中晚唐,另外一件事实和这个自然演进的潮流相抵触,相矛盾。这个事实就是由于铸铜的产量较开元、天宝时锐减,每年新铸钱的数量也较开元、天宝时锐减;同时由于佛教的盛行,铸佛像,铸寺庙僧尼所用的铜器,销毁了大量现钱,以致造成

西安出土的"开元通宝"金币

钱的缺少和不够用。因而在以钱谷为额的两税收入和政府各项支出上，不能不折用布帛，因此就发生了影响到整个中晚唐经济、政治、军事的估法问题。这里要探讨的是，铸钱原料和铜的缺乏及佛教的盛行，如何影响了整个中晚唐的经济、政治和军事。

产铜量的锐减和每年铸钱数量的锐减

《新唐书》卷五四《食货志》云：

> 元和初，（天下岁采）铜二十六万六千斤。及宣宗（时），天下岁率铜六十五万五千斤。

> （天宝时）天下炉九十九：绛州三十，扬、润、宣、鄂、蔚皆十，益、郴皆五，洋州三，定州一。每炉岁铸钱三千三百缗，役丁匠三十，费铜二万一千二百斤、镴三千七百斤、锡五百斤。每千钱费钱七百五十。天下岁铸三十二万七千缗。

据此记载计算，天宝时九十九炉铸钱，岁费铜约二百一十万斤。但首先要决定这些铜是矿铜呢，还是政府收买旧铜器的铜呢？

我认为是矿铜。证据是，《新唐书》卷五四《食货志》云：

> （开元）二十六年，宣、润等州初置钱监，两京用钱稍善，米粟价益下。其后钱又渐恶，诏出铜所在置监，铸开元通宝钱，京师库藏皆满。

这是就原则上讲，钱监都置于出铜所在，也就是说，钱监铸钱所用的是矿铜。又如《新唐书》卷三九《地理志》"河东道"云：

> 绛州绛郡。
> 曲沃（南十三里有铜）。翼城（有铜源、翔皋钱坊二。有浍高山，有铜）。闻喜（有铜冶）。

同书同卷"河北道"云：

> 定州博陵郡。
> 唐（有铜）。

同书卷四一《地理志》"淮南道"云：

> 扬州广陵郡。
> 江都（有铜）。六合（有铜）。天长（有铜）。

《元和郡县图志》卷二五"江南道"云：

> 润州。
> 句容县，铜冶山在县北六十五里，出铜铅，历代采铸。

《新唐书》卷四一《地理志》"江南西道"云：

> 宣州宣城郡。
> 当涂（有铜）。南陵（武德四年隶池州，州废来属。后析置义安县，又废义安为铜官冶。利国山有铜）。

鄂州江夏郡。

永兴(有铜)。武昌(有铜)。

郴州桂阳郡。

义章(有铜)。

根据以上所引,可知天宝时九十九炉所在地的九州,除了每年五炉的益州、每年三炉的洋州,都可找出当地是产铜的。而上引开元末的诏令说出铜所在置监铸钱,把这两件事合并来看,可知有钱监的地方是出铜的,所以可以确言天宝时九十九炉铸钱岁费二百一十万斤的铜是矿铜,不是收集民间铜器的铜。此外,开元、天宝时也没有收集铜器铸钱的记载,这也是铸钱所用的铜是矿铜的一个默证。

把天宝时仅仅用于铸钱的二百一十万斤铜,与元和时岁产铜二十六万六千斤和大中时岁产铜六十五万五千斤来比较一下,则元和时产铜较天宝时减低了87%,大中时减低了59%。这个统计数目是很可惊的。至于铜的产量为什么大量减少,是不是因为过去的矿山已经开采得渐渐穷尽了,还是因为其他缘故?现在都无证据。因此对这个问题,不能做任何论断。

由于产铜量的锐减,每岁铸钱数目也就随之锐减。上引《新唐书·食货志》说天宝时每年铸钱三十二万七千缗,其实不止此数。如《元和郡县图志》卷一四"河东道"云:

蔚州兴唐郡。

飞狐县(有三河铜冶,有钱官)。三河冶旧置炉铸钱,至德以后废。元和七年,中书侍郎平章事李吉甫奏:臣访闻飞狐县三河冶铜山约数十里,铜矿至多。去飞狐钱坊二十五里，两处同用拒马河水，以水斛销铜。北方诸处铸钱，人工绝省。所以平日三河冶置四十炉铸钱，旧迹并存。

这里所说的至德前的平时，一定是指天宝时。因为在唐代，天宝时铸钱事业最为发达。而这里所说蔚州四十炉较《新唐书·食货志》所说的多了三十炉，也就是说每年多了九万九千缗，则天宝时每年铸钱可得四十二万六千缗。中晚唐时期每年铸钱的数目较之则减少多了。如《新唐书》卷五四《食货志》云：

（宪宗时）天下岁铸钱十三万五千缗。

同书卷五二《食货志》云：

帝（穆宗）亦以货轻钱重，民困而用不充，诏百官议革其弊。而议者多请重挟铜之律。户部尚书杨於陵曰："开元中，天下铸钱七十余炉，岁盈百万（永兴按：此数目疑不可信）。今才十数炉，岁入十五万而已。"

据此，则元和时铸钱较天宝时减低了68%，长庆时铸钱较天宝时减低了差不多65%，整个中晚唐时期铸钱数量的减低，大体上，和元和、长庆时相同，是可推测而知的。

佛教怎样影响了钱币

《册府元龟》卷五〇一《邦计部·钱币》云：

敬宗宝历元年十月,河南尹王起奏:"准八月二十一日敕,不许销铸见钱为佛像,仍令京兆、河南尹重立科条奏闻。今请犯者,以盗铸钱论。"制:"可。"

这条制令虽未明言当时百姓销铸现钱为佛像,但如果没有销铸现钱为佛像的事实,或者这事实也不甚普遍,就用不着皇帝下令禁止。因此,这条制令反映的,必是销铸现钱为佛像的事实,而这事实又甚普遍,造成了销铸现钱的巨大影响,所以皇帝才下令来禁止,这是很明白的。

《册府元龟》卷五〇一《邦计部·钱币》云:

(大历)七年十二月,禁天下新铸造铜器,唯镜得铸。其器旧者听用之,不得货鬻。将广钱货,资国用也。

大历十年敕,如有销钱为铜者,以盗铸钱论。

贞元九年正月,诸道盐铁使张滂奏:"诸州府公私诸色铸造铜器杂物等。伏以国家钱少,损失多门,兴贩之徒,潜将销铸。每销钱一千,为铜六斤,造写为器物,则斤直六千百余。其利既厚,销铸遂多,江淮之间,钱实减耗。伏准建中元年六月二十六日敕,令准大历七年十二月十五日敕文,一切禁断。年月深远,违犯尚多。臣请自今已后,应有铜山,任百姓开采,一依时价,官为收市。除铸镜外,一切不得铸造及私相买卖。其旧器物先在人家,不可收集,破损者仍许卖入官,所贵铜价渐轻,钱免销毁。"

(开成元年)六月,帝御紫宸殿,问宰臣曰:"币轻钱重如何?"李珏曰:"今请加炉铸钱,他法不可。先有格令,州府禁铜为器。当今以铜为器而不知禁,所病者制敕不曾下经年,而州县因循。所以制令相次,而见之为常。今自淮而南,至于江岭,鼓铸铜器,列而为肆,州县不禁。市井之人,逐锥刀之利,以一缗范为他器鬻之,集利不啻数倍。"

《新唐书》卷五四《食货志》云:

其后民间乾元重棱二钱铸为器,不复出矣。

根据以上所引史料,可知销钱铸为铜器损坏了大量现钱。

但是,这些铜器都是什么呢?何以价钱如此之高,还能大批制造?一定是销路极好,一定有一个极端需要的原因,所以政府再三明令以重刑相科,都不能禁止。首先我们要讨论这些铜器的购买者是什么人。

《李文公集》卷三《策问进士第一道》略云:

问:初定两税时,钱直卑而粟帛贵。粟一斗价盈百,帛一匹价盈二千。税户之岁供千百者,不过粟五十石,帛二十余匹而充矣。及兹三十年,百姓土田为有力者所并,三分逾一其初矣,其输钱数如故,钱直日高,粟帛日卑。粟一斗价不出二十,帛一匹价不出八百。税户之岁供千百者,粟至二百石,帛至八十匹,然后可足。

同书卷九《疏改税法》略云:

臣以为自建中元年初定两税,至今四十年矣。当时绢一匹为钱四千,米一斗为钱二百。税户之输十千者,为绢二匹半而足矣。今税额如故,而粟帛日贱,钱益加重。绢一匹价不过八百,米一斗不过五十。税户之输十千者,为绢十有二匹然后可。

圆仁《入唐求法巡礼行记》卷一云:

(开成三年在扬州)更买白绢二匹,价二贯。

十九日,为充廿四日天台大师忌日设斋,以绢四匹、绫三匹送于寺家。留学僧绢二匹,请益僧绫三匹、绢二匹,具状送寺家毕,具在别纸,卖买得六贯余钱。

同书卷二云:

(会昌元年)登州都督府粟米一斗三十文。

莱州粟米一斗五十文。

禹城县粟米一斗四十五文。

可知自建中初至元和末之四十年间,绢米的价钱都低落了数成。而自元和末至会昌初的二十年间,绢米的价钱又有下降。圆仁所记开成三年在扬州买白绢二匹价二贯,白绢是绢中最好的一种,其价格自然较普通的绢高。由此推测,当时一匹普通的绢的价钱,也不会超过八百。圆仁又说四匹绢、三匹绫卖得六贯余钱,绫的价钱较绢高,这样算来,一匹绢也不会超过八百。同时圆仁所记山东一带的米价都没有超过五十文的。圆仁所记只是扬州和山东一带绢米的价钱,也许不能代表各地一般的绢米价。但如《新唐书》卷五二《食货志》云:

> 帝（穆宗）亦以货轻钱重，民困而用不充，诏百官议革其弊。

同书卷五四《食货志》云：

> 文宗病币轻钱重，诏方镇纵钱谷交易。

《唐会要》卷八九《泉货》略云：

> 会昌六年二月敕："比缘钱重币轻，生民坐困。"

可知自元和末至会昌末，钱重货轻的情形并未改善。也就是说，钱值日高，粟帛值日卑的情势仍在继续。则会昌年间绢米的价钱，最高也不会超过元和末年的价钱，还是可以确言的。因此圆仁所记虽然是扬州和山东一带的绢米价，却有各地一般绢米价的真实性。

把绢米价和铜器价作一比较，一斤重的铜器价值六百多文，一个普通大小的铜洗脸盆要三四斤重，价钱为两贯或两贯半，也就是说需要支付三匹绢或四五石米才能买得起，这绝不是中产阶级以下的老百姓所能办到的事。总而言之，中晚唐的大批铜器的购买者，绝不是中产阶级以下的老百姓，而是当时富有的特权阶级。

这个阶级中需用铜器最多的是寺庙和僧尼。《新唐书》卷五四《食货志》云：

> 及武宗废浮屠法，永平监官李郁彦请以铜像、钟、磬、

炉、铎皆归巡院,州县铜益多矣。

圆仁《入唐求法巡礼行记》卷二云:

> 求法僧等便作状报留却之由,其状如左。
> 僧等但随身物铁钵一口,铜铙二具,铜瓶一口。

同书卷四云:

> 会昌六年正月,得楚州译语刘慎言书云:"有敕焚烧佛教经论、幡盖,及僧衣、铜瓶、碗等。"

开元《唐大和上东征传》记大和上于扬州第一次将去海东舟中,

唐代铜浮屠,1987年陕西扶风法门寺地宫出土

所携物品中之铜器如下：

> 铜瓶廿口，大铜盖四口，大铜盘廿面，中铜盘廿面，小铜盘四十四面，一尺面铜叠八十面，少铜叠二百面。

大和上第一次自扬州出发将去海东为开元二十一年，但初唐与中晚唐的佛庙和僧尼的用具，不会有什么改变，中国与日本佛庙僧尼的用具也大致相同。大和上舟中的铜器，一定是佛庙中所用的，又可无疑问。这样看来，佛庙中的钟、磬、炉、铎、盘、瓶、盖、叠、铙、碗都是铜制的，如大和上舟中的大铜盖、大铜盘、一尺面铜叠，都是用铜最多的，而瓶、铙、碗又是每个僧尼随身的必需品。如依会昌五年废佛法时的统计：寺四千六百，兰若四万，僧尼二十六万五百，则每年所用的铜器，其数量之大，颇为惊人。因此，我推断中晚唐销钱铸造的大批铜器的购买者，是寺庙和僧尼，因为他们是富有的特权阶级，而需要铜器又是最为迫切的。其次，一部分铜器的购买者是富有特权阶级中的俗人，他们富有，当然可以买得起价格极高的铜器，他们洗脸，自然要用铜盆而不会用瓦盆了。

总之，根据以上分析，可知中晚唐因为佛教盛行，销钱铸造大批佛像，大量寺庙僧尼所用的铜器销毁了大量旧有的现钱，而富有的特权阶级日用的铜器也毁灭了很多旧有现钱。

钱的缺少

由于佛教盛行，毁灭了大量旧有现钱，而产铜量的锐减，每年铸钱数量也随之锐减，新钱补充不上。因此在中晚唐时期，造成了钱少钱不够用的结果。具体事实如下。

《唐会要》卷八九《泉货》略云：

> 贞元九年正月,张滂奏:"伏以国家钱少,损失多门。"
>
> 十四年十二月,盐铁使李若初奏请:"诸道州府,多以近日泉货数少,缯帛价轻。"
>
> 元和元年二月,以钱少禁用铜器。
>
> 七年五月,兵部尚书、判户部事王绍,户部侍郎、判度支卢坦,盐铁使王播等奏:"伏以京都时用,多重见钱,官中支计,近日殊少。"
>
> 十二年正月又敕:"近日布帛转轻,见钱渐少。"
>
> (大中)四年十一月敕:"应私贮见钱家,除合贮数外,一万贯至十万贯,限一周年内处置毕;十万贯至二十万贯以下者,限二周年内处置毕。如有不守期限,安然蓄积过本限,即任人纠告,及所有觉察,其所犯家钱,并准元和十二年敕纳官。"

这些都是钱少的证据。大中四年禁贮现钱,也是因为钱少要增加市面的流通额,这是很明显的。

估　　法

因为钱少钱不够用,而建中初年两税法以钱谷为额又不能改变,所以政府在征收赋税时,就不得不折征匹段;支出时,就不得不钱货兼用。这是很明显的事。今略举例证如下。

收入方面的例证,如《册府元龟》卷四八八《邦计部·租税》

略云：

> 宪宗元和四年二月，度支奏："自今已后，送省及留使匹段不得剥征折估钱。仍具每州、每使合纳见钱数及州县官俸料纳一半见钱数，同分析闻奏。仍便纳入今年旨条，以为常制。"

《唐会要》卷八三《租税上》略云：

> （元和）六年二月制："近日所征布帛，并先定物样，一例作中估受纳。精粗不等，退换者多，转将货卖，皆致损折。其诸道留使、留州钱数内绢帛等，但得有用处，随其高下约中估物价优饶与纳，则私无弃物，官靡遗财。其所纳见钱，仍许五分之中，量征二分，余三分兼纳实估匹段。"

《唐会要》卷八四《租税下》略云：

> 元和十五年八月，中书、门下奏："其盐利酒利，本以榷率计钱，有殊两税之名，不可除去钱额。但旧额中有令纳见钱者，亦请令折纳时估匹段。"
>
> （大和）四年五月，剑南西川宣抚使、谏议大夫崔戎奏："准诏旨制置西川事条。今与郭钊商量，两税钱数内三分，二分纳见钱，一分折纳匹段。"
>
> （大中）四年正月制："其诸道州府应所征两税匹段等物，并留州使钱物，纳匹段虚实估价及见钱，从前皆有定制。"

支出方面的例证,如《唐会要》卷九一《内外官料钱上》云:

(元和)十二年四月敕,京百官俸料,从五月以后,并宜给见钱。其数内一半充给元估匹段者,即据时估实数,回给见钱。

《唐会要》卷九二《内外官料钱下》云:

(长庆)四年五月敕:"宜令户部应给百官俸料,其中一半合给段匹者,回给官中所粜粟。"

《册府元龟》卷五〇七《邦计部·俸禄》略云:

(大和)三年七月,诏:"沧、德二州州县官吏等,刺史每月料钱八十贯。其令俸禄,且以度支物充。仍半支省估匹段,半与实钱。"

《册府元龟》卷五〇八《邦计部·俸禄》略云:

(会昌六年)三月,户部奏:"百官俸料,一半匹段给见钱则例。"敕旨:"其一半先给元估匹段者,宜令户部准元和十二年四月十三日敕例,每贯给见钱四百文,使起四月以后支给。"

收入与支出,现钱与匹段兼用,收入与支出的纸面数额,又完全以现钱统计。其中现钱的一部分,无论收入与支出,都没有发生什么问题,但匹段的一部分,在收与支的过程中,都发生了如何估价、如何折纳的问题。如《册府元龟》卷四八八《邦计部·租税》略云:

> 宪宗元和四年二月,度支奏:"伏望起元和四年已后,据州县官正料钱数内一半,任依京官例征纳见钱支给,仍先以郭下两税户合给见钱充,如不足,即于当州两税内据贯均配支给。其余留使、州杂给用钱,即请各委州府并依送省轻货中估折纳匹段充。臣今类会如前敕所纳匹段,并依中估,明知加价纳物,务在利及疲人,若更征剥实钱,即是重伤百姓。自今已后,送省及留使匹段不得剥征折估钱。仍具每州、每使合纳见钱数及州县官俸料纳一半见钱数,同分析闻奏。仍便纳入今年旨条,以为常制。余依。"先是,天下方镇恣意诛求,皆以实估敛于人,虚估闻于上,宰臣裴垍深知其弊,俾有司奏请厘革,江淮之人今受其赐。

《唐会要》卷八三《租税上》略云:

> (元和)六年(当依《册府》作四年,因为五年裴垍已罢相)二月,先是,天下百姓输赋于府,一曰上供,二曰送使,三曰留州。自建中初定税,时货重钱轻,是后货轻钱重,齐人所出,固已倍其初征矣。其留州、送使,所在长吏又降省估使就实估,以自封殖,而重赋于人。及裴垍为相,奏请天下留州送使物,一切令依省估……故疲民稍息肩。

据此可知,收支中的匹段折纳,有省估、虚估、实估多种估价。

上引史料中的"省估",就是都省对于州县要征收的匹段的估价,也就是尚书省户部颁给州县长吏征收两税额内匹段部分的估价,就是虚估。其证据有二:(一)上引两条史料中说裴垍改革地方长吏征税的弊端,两条所说的是一件事。一条里说方镇实估敛于人,虚估闻于上;另一条里说降省估就实估,省估、虚估都是与实估相对而言的,故省估就是虚估。(二)省估就是非实估,比实估多,比实估高,故上引《唐会要》云:"降省估使就实估。"省估也就是送省轻货中估。地方上供匹段,无论以其何等估法敛于齐民,在呈报给中央政府时,一定按照户部所颁布的估法,即省估。"中"字的意思是各地货物价格贵贱折中的中,也就是货物价值上中下的中。其证据为,《唐会要》卷四〇《定赃估》云:

> 开元十六年五月三日,御史中丞李林甫奏:"天下定赃估,互有高下,如山南绢贱,河南绢贵。贱处计赃,不至三百,即入死刑;贵处至七百已上,方至死刑。即轻重不侔,刑典安寄?请天下定赃估,绢每匹计五百五十价为限。"敕:"依。"

> 其年(大中六年)十月,中书门下奏:"其犯赃人平赃定估等,其外州府比者虽准律文,取当处上估绢定赃平估。或有不出土绢处,纵有出处,亦虑结狱之时,须为勘估。因其贵贱,便生异端。兼以州府绢价,除果、阆州外,无贵于宋、亳州。上估绢者,则外州府不计有土绢及无土绢处,并请一例取宋、亳州上绢估,每匹九百文结计。如所取得绢已费使,及不记得当时州土色目,即请取犯处市肆见货当处中估绢价平之。如不出绢处,亦请以当处见货杂州中估绢价平

之。"从之。

李林甫所奏的七百文绢就是上估,三百文绢就是下估,五百五十文绢就是中估。大中六年十月中书门下奏章里上估绢、中估绢也是以贵贱为定。总之,根据上引二例证,元和四年诏令中所说的中估,就是依照各处绢价贵贱不同的上、中、下的中估,可无疑问。

实估就是货物的真实估价,就是时估。如《唐会要》卷八四《租税下》云:

> 元和十五年八月,中书门下奏:"其盐利酒利,但旧额中有令纳见钱者,亦请令折纳时估匹段。"

可为证明。时估就是某种货物当时通行的价格,也就是真实的价格,即实估。这样归纳起来,中晚唐的估法,大体上说有两种:一是虚估,二是实估。

估法行用在政府收入及支出上和它的影响

中晚唐的税收,无论中央与地方,大体上都是行用虚估的。上引元和四年裴垍改革税收弊政的一条史料里,已说明地方是以实估敛于人,其实中央政府也是以实估敛于人的。如《陆宣公翰苑集》卷二二《均节赋税恤百姓六条》其一"论两税之弊须有厘革"云:

> 定税之数,皆计缗钱;纳税之时,多配绫绢。往者纳绢

一匹,当钱三千二三百文;今者纳绢一匹,当钱一千五六百文。往输其一者,今过于二矣。

这当然是依照实估征纳的。又如前引《李文公集》"进士策问第一道"说的,元和初年粟一斗落至二十文,帛一匹落至八百文,三十年前纳五十石粟、二十匹绢的,三十年后要纳二百石粟、八十匹绢。这也当然是依照实估征纳的。又如《册府元龟》卷四八八《邦计部·租税》云:

(大和)四年五月,剑南西川宣抚使、谏议大夫崔戎奏:"准诏旨制置剑南西川两税,旧纳见钱,今令一半纳见钱,一半纳当土所在杂物,仍于时估之外,每贯加饶三五百文,依元估充送省及留州、留使支用者。"

含嘉仓铭砖拓片,1971年河南省洛阳市含嘉仓遗址第19窖出土,其上记录了该窖储粮的品种、来源、数量、时期和仓窖的位置等

可见普通税收仍依照实估,所以诏旨处置剑南西川两税,要百姓纳税时,每贯临时加饶三五百文,算作特别优饶。假如普遍税收都依照虚估,就不用这种特别优饶了,这是很明显的。这样统计起来,可知中晚唐中央与地方的收入方面,大体上都是行用实估的。像元和初年时一切税收按照虚估,乃是临时偶尔的事,不是经制。

这样,百姓的负担因物价的日渐低落,也一年比一年加重。但行用估法的苛政,还有甚于此者,就是折估。《陆宣公翰苑集》卷二二《均节赋税恤百姓六条》其一"论两税之弊须有厘革"云:

> 诸州税物送至上都,度支颁给群司,例皆增长本价。而又缪称折估,抑使剥征。奸吏因缘,得行侵夺,所获殊寡,所扰殊多。
>
> 望令所司应诸州府送税物到京,但与色样相符,不得虚称折估。如滥恶尤甚,给用不充,唯罪元纳官司,亦勿更征百姓。

其二"请两税以布帛为额不计钱数"云:

> 近属折纳价钱,则又多获矣。

所谓"折估",就是百姓上供的匹段,度支认为不与色样相符,重把价钱估低了,再向百姓征索,这样对度支的收入,额外增加极多,但害民也极甚。上引陆宣公的奏疏,就已足够证明了。

中晚唐中央政府的财政支出,是行用虚估的。如上引《陆宣公翰苑集》卷二二《均节赋税恤百姓六条》其一"论两税之弊须有厘革"云：

> 诸州税物送至上都，度支颁给群司，例皆增长本价。

其二"请两税以布帛为额不计钱数"云：

> 议者若曰：自定两税以来，恒使计钱纳物。物价渐贱，所纳渐多。出给之时，又增虚估。

都可作为证明。

行用虚估对中晚唐国家政治、军事，产生了重要影响。这种行用虚估影响到军事上，试举一例如下。《旧唐书》卷一三五《皇甫镈传》略云：

> （裴）度上疏乞罢知政事，因论之曰："况皇甫镈自掌财赋，唯事割剥，以苛为察，以刻为明。自京北、京西城镇及百司并远近州府，应是仰给度支之处，无不苦口切齿，愿食其肉。比者淮西诸军粮料，所破五成钱，其实只与一成、两成，士卒怨怒，皆欲离叛。臣到行营，方且慰喻，直其迁延不进，供军渐难，俱能前行，必有优赏，以此约定，然后切勒供军官，且支九月一日两成已上钱，俱容努力，方将小安，不然必有溃散。"

淮西行营诸军讨吴元济时的军费，"所破五成钱"，就是说按照虚估，诸军实得者，只有纸面数额的一半，而皇甫镈在虚估之上又加虚估,诸军实得者,只有纸面数额的十分之一或十分之二,几乎造成军队的叛乱,其影响可谓严重了。淮西作战之一再失败,这是主要原因之一;中晚唐政府军队之无作战能力,这也是主要原因之一。而这也更说明破落腐化的经济制度之上是建立不起来健全的军事制度,产生不了强大的军队的。

其次论述这种虚估对国家政治的影响。《新唐书》卷一三九《李泌传》云:

> 是时(贞元初年),州刺史月奉至千缗,方镇所取无艺,而京官禄寡薄,自方镇入八座,至谓罢权。薛邕由左丞贬歙州刺史,家人恨降之晚。崔祐甫任吏部员外,求为洪州别驾。使府宾佐有所忤者,荐为郎官。其当迁台阁者,皆以不赴取罪去。

可见唐后期外官俸料,远较内官为多。《册府元龟》卷五〇八《邦计部·俸禄》云:

> (会昌六年)十二月,中书门下奏:"应诸州刺史既欲责其洁己,须令俸禄稍充。但以厚薄不同,等给无制,致使俸薄处无人愿去,禄厚处终日争先。"

是各地外官俸料厚薄也不相同。产生这种现象的原因何在?前引《唐会要》及《册府元龟》元和四年、长庆元年、会昌三年六月条,可知内外官料钱的支付,是一半现钱、一半匹段的。但每一官吏俸料钱的数额是以钱计,所以一半匹段的支付,就有了如何估法的问题。据现在已知的史料,可以证明内官这一半匹段是按照虚估支付的。证据如下。《唐会要》卷九一《内外官料钱》上云：

> （元和）十二年四月敕："京百官俸料，从五月以后，并宜给见钱。其数内一半充给元估匹段者，即据时估实数，回给见钱。"

《册府元龟》卷五〇八《邦计部·俸禄》云：

> （会昌）六年二月，诏以诸道铸钱，已有次第，须令旧钱流布，绢价稍增。文武百察俸料，起三月一日并给见钱，其一半先给虚匹段，对估时价支给。
>
> 三月，户部奏："百官俸料，一半匹段给见钱则例。"敕旨："其一半先给元估匹段者，宜令户部准元和十二年四月十三日敕例，每贯给见钱四百文，使起四月以后支给。"

上引会昌六年二月条，明说是虚估；三月条和二月条说的是一件事，则谓之元估，可见元估就是虚估。元和十二年四月条所说的元估，也就是虚估。

中晚唐外官月俸，也是一半给现钱，一半给实物。《册府元龟》卷四八八《邦计部·租税》云：

> 宪宗元和四年二月，度支奏："仍具每州、每使合纳见钱数及州县官俸料纳一半见钱数，同分析闻奏。"

《册府元龟》卷五〇六《邦计部·俸禄》云：

> （大历十二年）五月，中书、门下奏：得苏州刺史、兼御史大夫、知台事李涵，东都、河南、江淮、山南等道转运使、吏部尚书兼御史大夫刘晏，户部侍郎、专判度支韩滉等状，厘革诸道观察使、都团练使及判官料钱等。观察使都（如更兼使，不在加给限）每月除刺史正俸料外，每使每月请给一百贯，杂给准时价不得过五十贯文。都团练副使每月料钱八十贯文，杂给准时价不得过三十贯文。观察判官（与都团练判官同）每月料钱五十贯文，支使每月料钱四十贯文，推官每月料钱三十贯文，巡官准观察推官例。以上每员每月杂给准时估不得过二十贯文。如以州县见任官充者，月料、杂给减半。刺史知军事，每月除正俸外，请给七十贯文。如带别使，不在加限。杂给准时估不得过三十贯文。

这条史料所说的是大历十二年的事，不能以之概论整个中晚唐时期。但就记载唐代官吏俸料最详的史籍如《册府元龟》《唐会要》，大历十二年后，没有更改上引这一制度的文字，这是可注意的一点。同时，整个中晚唐时期，外官俸料较高，一直没有改变，而俸料钱中一半匹段的支付，较大历十二年时更成为定制，这是可注意的另一点。因此推测整个中晚唐时期外官俸料中一半匹段，是遵照大历十二年的制度，按实估给付的，这个推断大致说是不差的。这样分析起来，可知中晚唐内官俸料较少，是因为其中一半匹段，按照虚估给付；外官俸料较多，是因为其中一半匹段按照实估给付。而各地外官俸料多寡不同，是因为各地绢价贵贱不等。这种外官俸高内官俸低造成中晚唐外重内轻的局面。估法的行用，影响到政治上，可谓相当严重了。

总括全篇所述，由于铸钱所需之原料铜的缺乏，中晚唐每年铸钱数量甚少。由于佛教的盛行，中晚唐旧存现钱大量被毁灭，造成了钱的缺少。但自开元、天宝以来，钱的使用渐趋发达，在此自然前进潮流之中，建中初年确立了以钱谷为额的征税原则。这一征税原则不能改变，所以在收入及支出上只能折用一部分匹段，虚估、实估的估法于是应运而生。财政领域的估法，并没有仅在国家经济、财政范围内起作用，它直接造成中晚唐外重内轻的世局，影响了中晚唐政府军队的作战能力。

勾检制

在唐代内外官府中,从中央到地方,都有勾官的设置,勾检形成一种制度,成为一个独立系统,与唐官制其他三个系统(中央决策系统、行政系统、监察系统)并列。

唐代勾检制分为两个部分,一个以尚书都省为中央领导机构的行政勾检部分,另一个是以尚书省比部为中央领导机构的财政勾检部分。这里只论述第一部分。

勾检是尚书都省两种主要职能之一,尚书都省是全国行政管理勾检系统的中央领导机构

这一段分两部分,一部分论述尚书都省各级官吏的勾检职能,另一部分论述尚书都省勾检的具体内容与方法。

(一)尚书都省各级官吏的勾检职能

《唐六典》卷一"尚书都省左右丞"条略云:

> 左右丞掌管辖省事,纠举宪章,以辨六官之仪制,而正百僚之文法。

《唐会要》卷五八《尚书省诸司》中《左右丞》略云:

> 永昌元年三月二十日,敕曰:元阁会府,枢揆实繁;都省勾曹,管辖綦重。

《唐会要》卷五八《尚书省诸司》中《左右丞》略云：

> （贞观）十年，治书侍御史刘洎上书曰："臣闻尚书万机，实为政本，伏寻此选，受授诚难。是以八座比于文昌，二丞方于辖辖……至于懿戚元勋，宜优礼秩，久妨贤路，殊为不可。将欲救弊，且宜精简。尚书左右丞及左右郎中，如并得人，自然纲维克举。"
>
> ……
>
> 龙朔二年，有宇文化及子孙理资荫，所司理之。至于勾曹，右肃机杨昉未详案状，诉者自以道理已成，而复疑滞，劾而逼昉。昉谓曰："未食，食毕详之。"……昉遽命案，立判之曰："父杀隋主，子诉资荫，生者犹配远方，死者无宜使慰。"

上述四条史料充分证明尚书左右丞的勾检职能。"元阁会府""都省勾曹"，"会"，勾会也，亦即勾检，这两句话意即最高勾检机构。左右丞能够"纠举宪章"，"正百僚之文法"，以及如刘洎所说的"二丞方于辖辖""自然纲维克举"，就是由于左右丞的勾检职能。"纠举宪章"等等是左右丞勾检职能的体现。

尚书左右丞的勾检职能，到唐代后期，仍大致相同。按《唐会要》卷五八《左

唐三彩文官俑，1957年陕西省西安市鲜于庭诲墓出土

右丞》略云：

> 会昌二年十月，左丞孙简奏："……又据右丞是正四品下，吏部侍郎是正四品上。今吏部侍郎在右丞之下，盖以右丞官居省辖，职在纠绳；吏部侍郎品秩虽高，犹居其下。推此言之，则左丞品秩既高，又居纲辖之地；户部侍郎虽兼大夫，岂得骤居其上？……今京兆、河南司录及诸州府录事参军，皆操纪律，纠正诸曹，与尚书省左右丞纪纲六联略同。"

可资证明。以京兆、河南府司录及诸州府录事参军等勾官与尚书左右丞相提并论，因为都是勾官，都有勾检职能。"官居省辖，职在纠绳"，"纲辖之地"，其意皆为勾检。"其录事参军职司纠举"（《唐大诏令集》卷六九《乾元元年南郊赦》），纠举是勾官的职责。"纠绳""纠举"，皆勾检也。

尚书都省左右司郎中、员外郎的主要职能也是勾检。按《唐六典》卷一"尚书都省左右司郎中、员外郎"条略云：

> 左右司郎中、员外郎各掌付十有二司之事，以举正稽违，省署符目，都事监而受焉。

《旧唐书》卷四三《职官志·尚书都省》略云：

> 左右司郎中各一员。左司郎中，副左丞所管诸司事，省署钞目，勘稽失，知省内宿直之事。若右司郎中缺，则并行之……左右司郎中、员外郎各掌副十有二司之事，以举正稽违，省署符目焉。

《新唐书》卷四六《百官志·尚书都省》略云:

> (左右司郎中各一人,员外郎各一人)掌付诸司之务,举稽违,署符目,知宿直,为丞之贰。以都事受事发辰,察稽失,监印,给纸笔。以主事、令史、书令史署覆文案,出符目。

根据上引史料,左右司郎中、员外郎的主要职能为勾检,制度规定明确,毋庸多论。值得注意的是,都事也"察稽失",主事、令史、书令史"署覆文案"。都事从七品上,主事从九品上,令史、书令史无品,这些尚书都省低级小官以及无品胥吏也都持有勾检权。

《旧唐书》卷四三《职官志·尚书都省》(《新唐书》卷四六《百官志·尚书都省》同)略云:

> 左右仆射各一员……御史纠劾不当,兼得弹之。左右丞各一员……御史有纠劾不当,兼得弹之。

据此,左右仆射也有勾官的职能,他们所勾检的不是一般行政管理事务,而是监察系统的官员。就这一点来说,他们纠劾御史是高一级的勾检行为。左右丞的职能也是如此。

总括以上全部论述,尚书都省的官吏全部都有勾检职能,从尚书省长官左右仆射,以下的左右丞、左右司郎中、员外郎、都事、主事、令史、书令史都有勾检职能。因此,我们可以得出这样的结论:尚书都省的主要职能之一是勾检,尚书都省是最高的中央勾检机构。

（二）尚书都省勾检的内容和方法

尚书都省勾检什么呢？勾检的范围如何？方法如何？以下依次论述。

《唐会要》卷五八《尚书省诸司》中《左右司郎中》略云：

> 贞元五年正月，左司郎中严涗奏："按《公式令》，应受事，据文案大小，道路远近，皆有程期，如或稽违，日短少差，加罪。今请程式，常务计违一月以上、要务违十五日以上不报，按典请决二十，判官请夺见给一季料钱，便牒户部收管。符牒再下犹不报，常务通计违五十日以上，要务通计违二十五日已上，按典请决四十，判官夺料外，仍牒考功与下考。如符牒至三度固违不报，常务通计违八十日以上、要务通计违四十日已上，按典请决六十，判官请吏部用阙。长官及勾官既三度不存勾当，五品以上，请牒上中书门下殿罚；六品以下，亦请牒吏部用阙。"……从之。

上引史料所记述的，对稽违文案的当事官吏的处罚，虽皆与本题有关，但我们所着重的是对长官及勾官的处罚。唐代勾官的职责是"勾检稽失"，长官是最高的负责者。一度、二度、三度文案稽违时间不报，每一度勾官都应该及时勾检举出，职责所在，不容玩忽。三度都未勾检举出，所以长官和勾官要受到"殿罚"或"用阙"的较重处分。

严涗的请奏，不只是以《公式令》为依据，也以律及律疏为依据，按《唐律疏议》卷五《名例律》"诸同职犯公坐者"条略云：

检、勾之官,同下从之罪。

同上引书"诸公事失错"条略云:

> [疏]议曰:应连坐者,长官以下,主典以上及检、勾官在案同判署者,一人觉举,余并得原。其检、勾之官举稽及事涉私者,曹司依法得罪。唯是公坐,情无私曲,检、勾之官虽举,彼此并无罪责。
>
> 其官文书稽程,应连坐者,一人自觉举,余人亦原之,主典不免;若主典自举,并减二等。
>
> 问曰:"公坐相连,节级得罪,一人觉举,余亦原之。稽案既是公罪,勾官亦合连坐,勾、检之官举讫,余官何故得罪?"
>
> 答曰:"公坐失错,事可追改,一人觉举,余亦原之。至于行事稽留,不同失错之例,勾官纠出,故不免科。"

律及律疏所说的是稽案,与上引《唐会要》所记严浞奏疏中的文案稽违相同。文案稽违,如勾官检勾举出,则无罪责;否则,连坐得罪,同下从之罪。

文案或简称案,即各级官府每日处理问题按程式记录的文件,即"凡内外百司所受之事,皆印其发日,为之程限。一日受,二日报"(《唐六典》卷一"尚书都省左右司郎中、员外郎"条载《公式令》)。这样的官文书是上级与下级以及同级之间互相沟通、互相联系的工具,是唐代国家机器借以运转的工具,是全国性的行政管理大事。严浞以尚书都省左司郎中的身份提出文案稽违的处分办法,这是他的职权所在。尚书都省勾检全国各级官文书(亦即文案)的处理以及传递情况。其依据是《公式令》和有关的律及律疏。勾检官勾检文书当然同时勾检与文书有关的从长官到主典的四等官。上引律及律疏所说的"长官以下，主典以上"正是此意。这是毋庸赘述的。

又按敦煌所出唐《公式令》(伯二八一九)云：

符式

尚书省　　　　为某事

某寺主者云云　案主姓名　　符到奉行。

　　　　　　　　　　　　主事姓名

都省左右司

吏部郎中，具官封名。郎中一人准。　令史姓名

书令史姓名

年　月　日

右尚书省下符式。凡应为解向上者，上宫(永兴案：应作"官")向下皆为符。首判之官，署位准郎中。其出符者，皆须案成并案送都省检勾。(若事当计会者，仍别录会目，与符俱送都省。)其余公文及内外诸司应出文书者，皆准此。

日本三浦周行、泷川政次郎编定本《令集解释义》卷三二《公式令·符式》引唐令云：

"唐令符式"云：尚书省下诸寺出符者，皆须案成，并送都省检勾。假有百姓诉事，始(如)经都省受时刑部，刑部勘了，应下外州者，符并勘案送都省，检本案勾前付刑部之案耳。

日本《令集解》引唐令片断，并加释义，对我们理解唐令很有用处，故附此移录。唐令："皆须案成，并送都省检勾。"《令集解》引唐《令》"并"字后无"案"字，疑敦煌出唐《令》"并"字后的"案"字乃衍文，盖抄写致误。仁井田升著《唐令拾遗》在"并案"下亦注云："案，《令集解》无。"

据上引敦煌所出唐《公式令》符式，凡行政事务官府（如尚书六部、九寺、五监、十二卫等等）下符，其文案皆必须送尚书都省勾检；如果事须计会，还要送会目。这一点与上文引《唐会要》贞元五年严涗奏疏所说的完全一致。勾检什么？勾检这些文案的稽失，同时也勾检与这些文案有关的官吏。这是尚书都省勾检的内容之一。关于此点，还可举出下列史料。

《唐会要》卷五八《尚书省诸司》中《左右司员外郎》云：

> （开元）五年四月九日敕："尚书省，天下政本，仍令有司各言职事。吏部员外郎褚璆等十人，案牍稽滞：璆稽四道，户部员外郎吕太一四道，刑部员外郎崔廷玉二道，兵部员外郎李廷言、刑部员外郎张悟、仓部员外郎何鸢、祠部郎中孔立言、刑部郎中杨孚、虞部郎中田再思各一道，虞部员外郎崔赏三道。且六官分事，四方取则，尚书郎皆是妙选，须称职司，焉可尸禄悠悠，曾无断决。昨者试令询问，遂有如此稽遁。动即经年，是何道理？至如行判程期，素标令式，自今后，各宜惩革，再若有犯，别当处分。"

这条史料系于尚书都省左右司员外郎之下，可见"昨者试令询问"，因而检举出稽遁者是尚书都省左右司员外郎。这条史料虽以敕令形式出现，其内容却是左右司员外郎检勾的结果。据此，勾检诸司案牍是尚书都省勾检的一个内容。

尚书都省勾检诸官府文案,即官文书档案,还包括下列事务。

《旧唐书》卷四三《职官志·尚书都省》"左右司郎中员外郎"条(《唐六典》卷一"尚书都省左右司郎中员外郎"条同,但有错字)云:

> 凡天下制敕计奏之数,省符宣告之节,率以岁终为断。京师诸司,皆以四月一日纳于都省。其天下诸州,则本司推校,以授勾官。勾官审之,连署封印,附计帐,使纳于都省。常以六月一日,都事集诸司令史对覆。若有隐漏不同,皆附于考课焉。

这条史料所说的有以下六点:

(甲) 尚书都省检勾京师诸司及诸州的"制敕计奏之数,省符宣告之节"是前一年的。

(乙) 京师诸司要把前一年的上述各种官文书在本年四月一日送交尚书都省。

(丙) 诸州的前一年的上述各种官文书,首先由本司推校,再由州勾官覆审,然后附计帐使上交尚书都省。

(丁) 每年六月一日,"都事集诸司令史对覆","诸司"当是京师诸司,都事与京师诸司令史对覆,应该是京师诸司纳于尚书都省的前一年的各种官文书。这里没有说到诸州所纳的官文书,可能也是由尚书都省的都事及诸司令史覆校,史籍记事有所简略。

(戊) 覆校"隐漏不同"。

（己）对"隐漏不同"负有责任的官员,要在考课上受到处理。

《旧唐书·职官志》的上述记述,既说明尚书都省勾检的内容,也说明勾检的方法。这是一条很重要的史料,但有些记述的意思不够明确,如诸州纳于尚书都省的各种官文书,是否也要由都事覆校？"隐漏不同"的"不同"指的是什么？为此,抄录下列史料,以资参考,对于理解上述的疑问,可能有所帮助。

日本《令集解释义》卷三三《公式令》略云：

诸国应官会式

其国

合诏敕若干

合官符若干

　　右被官其年月日符下,追征科造等事。其符,其月日到国,依符送其处讫,获其位姓名其月日返抄。受纳之司,亦依见领数为会。若两国自相付领者,亦准此为会,送官对勘。

诸司应官会式

其省

合诏敕若干

合官符若干

　　右被官其年月日符令纳。其月日得其国解送,依数纳讫。

　　以前应会之事,以七月卅日以前为断,十二月上旬勘了。被管诸司,皆于所管勘校。自余诸司,各本司勘审,并无漏,然后长官押署,封送太政官。国司亦准此。附朝集使

> 送太政官。分遣少辨及史等，总集诸司主典，及朝集使对勘。若有诈伪隐漏不同者，随状推逐。其脱漏应附考者，以五分论，每漏一分，降考一等。所管通计被管为考。辨官条录，送式部附唱。其应会之外，公文须相报答者，在京诸司，过一月不报，诸国计程外，过一季不报。每年朝集使来日，并录送省，对唱附考。

日本《养老令》是仿效唐令而制作的，当然两者有不同处，但其中相类似之处，对于理解唐令是有用的。

上引日本《养老令》全文与前文所引《旧唐志》及《唐六典》所载唐开元七年《公式令》全文，两者相对比，其基本含义是大致相同的。首先，日本令的诸国诸司相当于唐令的天下诸州及京师诸司，日本令的诏敕官符相当于唐令的制敕计奏省符，日本令的"以前应会之事，以七月卅日以前为断，十二月上旬勘了"，相当于唐令的"率以岁终为断"，"常以六月一日，都司集诸司令史对覆"。两者的基本内容都是总计校比过去一段时间内的官文书，两者都是整理审查过去一段时间内的官文书的制度。确定此点之后，我们可以推测出唐令中疑问或疑难点的解答。唐令："若有隐漏不同。""不同"指的是什么？日本令"若有诈伪隐漏不同者"，不同指的是两种情况：一为"诈伪"，"诈伪"即与原发出的真实的官文书不同；二为"隐漏"，由于隐漏，与原发出的官文书数目不同了。唐《公式令》不可能只规定勾检已发的官文书的"隐漏"，而不勾检"诈伪"，因为"诈伪"是比"隐漏"更严重的错误。关于地方送纳中央的官文书，日本令规定："分遣少辨及史等，总集诸司主典，及朝集使对勘。"唐令缺少都事与朝集使对勘覆校这一规定，因为地方官文书送纳者为计帐使而非朝集使。京都诸司纳于尚书都省的官文书要由尚书都省的都事集诸司令史对覆,如此谨严周密,怎么可能对地方纳送尚书都省的官文书,不加覆校、放任了事呢？这是不可能的。所以,根据日本令和唐制度的完整性,可以推测,地方官文书也由都事集诸司令史对覆。

以上一段论述了尚书都省勾检的另一方面的内容与方法。

总结以上全部论述:勾检全国各级行政管理官府的官文书(同时也勾检与文书有关的各级官吏)是尚书都省的主要职能之一。这又可分为两种情况:一为内外诸司应出文书皆须送尚书都省勾检,其稽失者的负责官吏要受到从行政处分到刑事处罚。二为全国内外诸司的已处理完毕的官文书(亦即档案)必须送纳尚书都省覆校。其方法是京师诸司每年四月一日送纳,尚书都省的都事集诸司令史对校;诸州府每年由计帐使在六月前送纳,可能是尚书都事与诸司令史对校。

尚书都省勾检系统的下级官吏——京师诸司勾官与诸府州勾官

唐代勾检制两个系统,其中央领导机构是两个,但其下级机构则是一个,即京师诸司的勾官与地方诸府州的勾官。

京师诸司的勾官——秘书省:令史;殿中省:丞;内侍省:主事;御史台:主簿;九寺五监:主簿;十二卫:录事参军;太子詹事府、家令寺、仆寺:主簿;太子十率府:录事参军;亲王府:录事参军;亲王国:国丞。中书省的勾官为主书,门下省的勾官为录事。

地方府、州、县的勾官——京兆、河南、太原三府:司录参军;大、中、下都督府:录事参军;诸州:录事参军;诸县:主簿;录事;

折冲府:兵曹;诸镇:录事、仓曹。(以上据《唐六典》及《旧唐书·职官志》)

这一大批内外勾官的职权是勾检稽失,省署抄目。有不少勾官还掌印。"稽",滞缓也,即没有按照《公式令》规定的程期办事处理文案,拖延了时间。"失",误也,即办事、处理文案违背了国家的有关的令、格、式。按《唐下西州柳中县残文书为勘达匪驿驿丁差行事》(《吐鲁番出土文书》第四册)云:

(前　缺)
1. 史
2. 十一月二十七日受,十二月十一日行判
3. 录事张达检无稽失
4. 录事参军善顺勾讫
5. 下柳中县勘达匪驿驿丁差行事

(后　缺)

永兴按:此文书标题似应作《唐西州下柳中县符为勘达匪驿驿丁差行事》,录事参军善顺乃西州勾官。

唐(开元)二十六年官府文书断片(大谷一〇二七《大谷文书集成》壹)

(前　缺)
1. 开元廿六年六月□
2. 　　　　　佐
3. 尉景

4.　　　　　　□充

5. 五月廿三日受，六月五日行判

6. 录事　　　检无稽失

（后　缺）

这两件官府文书末尾都有勾官"勾检稽失"的具体记录，同类的敦煌、吐鲁番文书还有许多，不再一一征引。

兹解释"省署抄目"。何谓"抄目"？按日本《令集解释义》卷二《职员令》神祇官"大史一人，掌受事上钞"注略云：

释云，唐令私记云："都省令史受来牒而付本头令史，付讫作钞目，谓之上钞。其样如左也：太常寺牒为请差巡陵使事。右一通，十九日付吏部令史王庭。"

抄目的含义如此。"抄"即"钞"。

勾检制的特点和它的重要作用

就以尚书都省为中央领导机构的行政管理系统而论，勾检制的特点有四：

（一）勾检官吏普遍存在。在京师官府中，所有的官府都有勾官，勾检本官府与行政管理有关的文案和官吏。尚书六部不设勾官，因尚书都省的勾官直接勾检六部。本文第一部分引宇文化及子孙理资荫史料，可为证明。处理资荫问题是吏部应办之事，但由尚书都省右丞直接勾检判处。

地方府、州、县的全部官府都有勾官，勾检本官府与行政管理有关的文案和官吏。

（二）本官府内部勾检具有优越性。本官府的勾官对本官府行政管理情况最了解、最熟悉，勘覆检查准确，因此，本官府的上级官员很难弄虚作假。

（三）上级（也是外）下级（也是内，即本官府）相结合勾检。本文第一、第二部分论述勾检的内容与方法时，详尽说明了这种上下、内外相结合的勾检情况。

（四）勾检以律、令、格、式为依据。上文所举两件吐鲁番文书体现了勾检的制度。按制度办事，而不是依靠勾官个人的贤愚以及能与不能办事，使勾检制度有了经久行用的基础。

在我国古代社会历史中，旧史所说的吏治即行政管理，《唐律》中的《职制律》也就是包括管理官吏在内的行政管理法律。这是关系到国家机器能否正常运转的大事，关系到治国的大事。勾检制是唐代行政管理制度的一个重要组成部分，唐代富强，行政效率较高，特别是贞观阶段和开元、天宝时期更为显著，勾检制起了重要作用。这是不应忽视的。

流外官

《通典》载唐开元二十五年官品令的流外官制是研究唐代流外官的重要史料。这里根据《通典》的记载和其他有关史料,对唐代流外官入流和入流后的迁转以及流外官的作用提出一些意见。

流外官品秩高低的分析

《通典》卷四〇《职官二二·秩品》五所载唐开元二十五年《官品令》流外官制,其文颇长,但下面的分析要时时征引,只能全文移录。其文云:

大唐官品:开元二十五年制定。
(前略)
　　流外
　　勋品　(勋品自齐、梁以来有之)
　　诸卫、都水监、羽林军录事 尚书、中书、门下省、御史台令史　太子内坊、三寺、诸率府录事　诸楷书手　太常寺谒者　司仪署诸典书　河渠署河堤谒者　太医署医、针师　内侍省寺人
　　二品
　　太卜署卜助教　秘书、殿中、内侍省令史　城门、符宝、弘文馆令史　通事令史　尚书、门下、中书省、御史台书令史　太常寺祝史　宫苑总监录事　太子左春坊掌仪　典客署典客　亲、勋、翊卫府录事　太史局漏刻博士　太子内坊内厩　御史台殿中令史

明代《贞观十八学士图屏》,共四幅,分别安排琴、棋、书、画四个场景。上有明代才子唐伯虎(唐寅)的印章。十八学士是唐太宗做秦王时的十八位谋臣,有杜如晦、房玄龄、苏世长、虞世南、许敬宗等人

三品

城门、符宝书令史　秘书、殿中、内侍省、御史台殿中书令史　九寺、少府、将作、军器监府　都水、宫苑总监府　京及东都市、平准、诸陵署录事　诸牧、园苑监录事　诸仓监、诸关津录事　太子亲、勋、翊卫府录事　诸卫羽林军府　太子詹事府令史　尚食局主食　太子左右春坊令史　秘书、殿中、内侍省诸局书令史　内侍省内典引　尚药局太医署按摩、咒禁师　太常寺赞引　太医署医工、针工　太卜署卜师　诸计史　率更寺漏刻博士　诸王府国司录事

四品

太子詹事府左右春坊书令史　太子内坊令史　九寺、少府、将作、国子、军器监史　太子三寺、诸率府　诸宫农圃监、诸牧园苑监府　诸都护府府都水府宫苑总监史　诸卫羽林军史　太子左春坊诸局书令史　太子典膳局主食　太子右春坊书令史　门下省主宝、主符　太医署主药　门下、中书省传制　太子率更寺掌漏　太子内坊阁郎　亲王率府太医署按摩、咒禁工　御史台监察令史

五品

太子内坊书令史　太子三寺、诸率府史　大理寺司直评事史　诸宫农圃监、诸牧园苑监史　诸都护府史　太子诸署府、宫闱局内阍人、内掌扇　太子内坊导客舍人　太官署监膳史　良酝署掌酝　掌醢署主醢　诸典事　亲、勋、翊卫率府史　大理寺狱史　亲王府史　太子左右春坊传令　亲王国司府

六品

亲、勋、翊卫府史　诸仓、关、津府　太子亲、勋、翊卫率

府史　太医署药园师诸亭长　太子诸署史、园史　太子内坊内阍　亲王国司史　公主邑司史

七品

太子亲、勋、翊卫府史　门下省主节　诸掌固　太史局历生　天文观生　诸仓、关、津史　亲事府典军府、史　诸仓府史(?)

八品

守宫署掌设

九品

国子学太公庙干　诸辇者

(以上是我校勘后的官品令文。)

分析上引资料,流外官不同品秩的规定有三种情况:

(甲)同一官称,其品秩之高低,由其所在官府的地位高低而定。

这类情况有五种官称。

(1)录事:诸卫、都水监、羽林军录事。
　　　　　太子内坊、三寺、诸率府录事。

以上诸录事的品秩皆为流外勋品。

上述诸录事所在的官府的地位较高,但又不是最高者。再高一级官府也有录事,但已不是流外官了。如:

门下省录事四人,从七品上(据《唐六典》,以下不注明出处者,皆据《唐六典》)。

御史台录事二人,从九品上。

太子詹事府录事二人,正九品上。

太子左春坊录事二人,从八品下。

太子右春坊录事一人,从八品下(据《旧唐书》)。

上述诸录事都是流内七品至九品。

录事:宫苑总监录事。

  亲、勋、翊卫府录事。

以上诸录事的品秩皆为流外二品。

以亲、勋、翊卫府为例,它的地位皆低于诸卫,因此,这些官府中录事的品秩低于诸卫的录事。

录事:诸陵署录事。

  诸牧园苑监录事。

  诸仓监、诸关津录事。

  太子亲、勋、翊卫府录事。

  诸王府国司录事。

以上诸录事的品秩皆为流外三品。

以太子亲、勋、翊卫府为例,它的地位低于诸卫的亲、勋、翊卫府,因此,这些官府中录事的品秩低于诸卫的亲、勋、翊卫府录事。

(2) 令史:尚书、中书、门下省、御史台令史。

以上诸令史的品秩皆为流外勋品。

三省及御史台为唐代最高级的中央官府,这些官府中的令史的品秩也是最高的。

令史:秘书、殿中、内侍省令史。

  城门、符宝、弘文馆令史。

  通事令史。

以上诸令史的品秩皆为流外二品。

秘书、殿中、内侍三省的地位低于尚书、中书、门下三省,这些官府中的令史,其品秩也低于尚书、中书、门下三省的令史。

令史：诸卫羽林军、府、太子詹事府令史。

太子左右春坊令史。

以上诸令史的品秩皆为流外三品。

以上官府的地位低于秘书省等等，这些官府中的令史，其品秩也低于秘书省等等官府中的令史。

令史：太子内坊令史。

此令史的品秩为流外四品。

太子内坊的地位低于太子詹事府等等，故太子内坊令史的品秩也低于太子詹事府等等的令史。

(3)书令史(4)府(5)史，此三类流外官与上述录事、令史各级品秩的规定类似，不再一一分析。

(乙) 同一官称，无论其所在官府地位高低，其品秩皆相同。

这一类流外官有亭长、掌固、计史、典事。

尚书都省及其下属六部、中书省、门下省以及全部中央文武官府（亲王、公主官府非中央官府）皆有亭长、掌固。不仅如此，中央官府的下属曹、局、署，绝大多数都有掌固，如：

尚书省的吏部，吏部本司及吏部曹共有亭长八人、掌固十三人。亭长八人为吏部本司所属者，但掌固十三人则为吏部本司及吏部曹所共有者。其下司封、司勋、考功三曹各有掌固四人。又如户部本司有亭长六人，户部本司与户部曹共有掌固十人。其下度支、金部、仓部三曹各有掌固四人。礼、兵、刑、工四部也是如此。

又如秘书省有亭长六人、掌固八人，所属著作局、太史局又各有掌固四人。太常寺有亭长八人、掌固十二人，所属两京郊社署各有掌固四人，诸陵署各有掌固二人，永康、兴宁二陵署各有掌固二人,诸太子陵署各有掌固一人,诸太子庙署各有掌固一人,太乐署、鼓吹署、太医署、太卜署、廪牺署分别有掌固六人、四人、四人、二人、二人,两京齐太公庙署各有掌固四人。其他各级文武官府也都是如此,地位高低悬殊,但所有的亭长都是流外六品,掌固都是流外七品。

计史、典事,其品秩的规定的情况与亭长及掌固相同,唯不如后两者设置普遍。所有在各级官级中的计史都是流外三品,所有在各级官府中的典事都是流外五品。

以上(甲)(乙)两类是流外官的主体,占全部流外官的绝大多数。

(丙)其他官称,其品秩高低,无规律可言。

流外官的品秩分析已竟,兹论述其品秩因迁转而有变化。

流外官的转迁

《唐六典》卷一"尚书都省"条云:

亭长六人

掌固十四人

(掌固)与亭长皆为番上下,通谓之番官。转入府、史,从府、史转入令史,选转皆试判。

《唐六典》卷二"吏部郎中"条略云:

郎中一人掌小选。凡未入仕而吏京司者,复分为九品,通谓之行署。其应选之人,以其未入九流,故谓之流外铨,亦谓之小铨。其校试、铨注，与流内铨略同。

其在吏部、兵部、考功、都省、御史台、中书、门下，是为"前行要望"，目为"七司"。其余皆曰"后行闲司"。

谓流外转迁者，始自府、寺而超授七司者，以为非次。长安中，毕构奏而革之，应入省者，先授闲司及后行，经两考方转入七司，便为成例。

凡择流外职有三：一曰书，二曰计，三曰时务。其工书、工计者，虽时务非长，亦叙限。三事皆下，则无取焉。每经三考，听转选，量其才能而进之，不则从旧任。

其考满有授职事官者，有授散官者。旧则委郎中专知小铨，开元二十五年敕，铨试讫，应留放，皆尚书、侍郎定之。

《唐六典》卷八"门下省"条云：

传制八人

梁、陈二代并有传诏之职，而用人犹重。天后改为传制，掌送制敕。流外中之最小吏也。分番上下，亦呼为番官。

根据上引史料，可知三事：

第一，流外官的迁转都要经过铨考，即史料所说的"选转皆试判"。尽管史料说流外铨"其校试、铨注，与流内铨略同"，但在主要点上，两者是不同的。流内铨所着重的是"身、言、书、判"和"德行、才用、劳效"，而流外铨所着重的是"书、计、时务"。很显然流外铨所着重的是具有技术性质和实际工作才能。

尽管流外铨由吏部郎中主持，但铨试后的留放，要由吏部尚书、侍郎决定。更重要的是流外官经过铨试后可以迁转的,也要同流内铨一样,要过门下。最少在一段时间内是如此。按《册府元龟》卷六三〇《铨选部·条制》略云:

> (开元)二十一年六月二十八日诏曰:"……比者流外奏申,乃引过门下。簿书堆盈于琐闼,胥使(应作吏)填委于掖垣,岂是事宜,过为烦碎。自今以后,亦宜依旧。"

据此可见,开元二十一年六月二十八日以前的一段时间内,流外官的迁转,也要过门下。

第二,流外官的迁转顺序:番官—府—史—令史。这是上引史料的记载,但这一迁转顺序是不完整的。据上引《官品令》和我的分析,令史之下有书令史,令史之上有录事。唐官制中没有规定完整的流外官迁转顺序。我们只能说,流外官的迁转顺序只能是按照不同品秩高低顺序迁转。如上引中书、门下省传制,在《官品令》中为流外四品的番官。但同是番官,典事为流外五品,亭长为流外六品,主节、掌固为流外七品。诸府、诸史、诸书令史、诸令史、诸录事,亦皆品秩高低不同。一般说,流外官只能按品秩高低顺序迁转而不能超越。

第三,流外官迁转顺序关系到不同官府的不同地位。

上引史料中说到前行要望和后行闲司,这怎样解释呢?按《唐会要》卷五七《尚书省分行次第》云:

> 故事:以兵、吏及左右司为前行,刑、户为中行,工、礼为后行。每行各管四司,而以本行名为头司,余为子司。显庆元年七月二十一日,改户部尚书为度支尚书,侍郎亦准此,

遂以度支为头司,户部为子司。至龙朔二年二月四日,复旧次第也。

《通典》卷二三《职官五·尚书下》"吏部"条云:

尚书六曹,吏部、兵部为前行,户、刑为中行,礼、工为后行,其官属自后行迁入二部者以为美。

按上引《唐会要》及《通典》所说的都指尚书省六部分为前行、中行、后行,但上文引《唐六典》所说的"其在吏部、兵部、考功、都省、御史台、中书、门下,是为'前行要望',目为'七司'。其余则曰'后行闲司'",其前行、后行包括中央官府全部,而且只有前行、后行,没有中行。考功为吏部的一曹,与吏部、兵部以及门下、中书省并列为七司,也难理解。《旧唐书》卷四三《职官志·吏部》云:

其吏部、兵部、礼部、考功、都省、御史台、中书、门下,谓之前八司,其余则曰后行。

也同样难解。礼部置于前行要望中,也不妥。这一问题,只能暂置于此,留待再考。但也无害于本文此段的主旨,因上文引《唐六典》的注文中说:"流外转迁者,始自府、寺而超授七司者,以为非次。"这是毕构改革前的情况,而毕构的改革则为流外官的转迁,先授闲司及后行,即官府不为人重视者,经两考后,才能转入前行七司,即要望,亦即为人重视的官府。由此可见,流外官的转迁,不只是按照不同品秩、顺序升迁;同样品秩,也要由后行闲司,即不被重视的官府,再转迁到前行要望,即被重视的官府。这样,迁转者的品秩也就随之变化,在后行闲司的品秩要低一些,在前行要望的品秩要高一些。我在上文(甲)所分析的同一官称,其品秩高低由其所在官府的情况而定,此处分析的是情况的一种。

流外官入流以及入流后的升迁

流外官入流是研究流外官制的中心问题,也是研究唐代官制和政治史的重要问题,但有关史料不多,有些史料又极简单,语焉不详。兹据有关史料,说明以下两点:

(甲) 流外官入流与考数

《唐六典》(南宋本)卷一尚书都省"令史十八人、书令史三十六人"条的注文是研究唐流外官入流较详的史料,但有数处漫漶难识。日本近卫本《唐六典》曾据《隋书》《通典》对漫漶处视为阙字加以填补,日本广池本《唐六典》又据《职官分纪》校补。兹引录其文如下:

> 自魏、晋已来,令史之任,用人常轻。梁、陈、后魏、北齐虽预品秩,益又微矣。其革选卑降,始自乎(按《职官分纪》作"平")隋。开皇初著令,有流外勋品、二品、三品、四品、五品、六品、七品、八品、九品之差。皇朝因之。诸台、省并曰令史。其尚书都省令史、书令史并分抄行署文书,食贮米,菜料日四十钱,给三口粮。国初限八考已上入流,若六考已上频上,七(此字只残余一点痕迹,无法辨认,据《职官分纪》书作"七")考六上,并入流为职事。初,隋氏革选,令

史为流外,得官者少,年限亦深。武德初,天下始定,京师谷价贵,远人不愿仕流外,至调州佐史及朝集典充选,不获已,相资而往,故促以年(此字只余残痕以意填"年")考,优其叙次,六七年有至本司主事及上县尉。近革选限,十(此字全缺,据《分纪》填)考六上入流。每府、史三考,令史两考,听转选,续前劳也。

这段史料中所说的流外入流只指台省的令史和书令史。武德初,令史、书令史经过六、七考即可入流并为主事、县尉(永兴按:尚书都省主事从九品上,中书省主事从八品下,上县尉从九品下)。稍后,限八考以上入流,六考以上频上以及七考六上亦可入流。开元中期后,令史、书令史选限较严,十考六上方得入流。

上述台省的令史、书令史入流的年限以及入流后充当何种职事官,其他史料亦可证明。

《唐六典》卷一"尚书都省"条云:

> 主事六人,从九品上。
> 皇朝并用流外入流者补之。

《唐六典》卷九"中书省"条云:

> 主事四人,从八品下。
> 皇朝并用流外入流累转为之。

都是例证。唐代前期,流外官八考以上入流者不只是台省的令史、书令史,其他一些流外官也是如此。

《唐六典》卷八"门下省弘文馆"条云：

> 典书二人。
> 其职同流外，八考入流。

《唐六典》卷一〇"秘书省"条云：

> 典书八人。
> 其职同流外，八考入流焉。
> 历生三十六人。
> 同流外，八考入流。
> 装书历生五人。
> 皇朝置，同历生。
> 天文观生九十人。
> 皇朝所置，从天文生转补，八考入流也。

都是例证。但应注意：令史品秩最低者为流外四品，典书只流外勋品中有，历生及天文观生皆在流外七品中。他们在流外中品秩高低悬殊，怎能都是八考入流呢？这一问题有待于继续发掘史料和进一步研究。

流外官入流后补主书、主事，但不只是这两种官职。录事也是流外官入流后初补的官职。据本文开端所引《官品令》，从流外三品至流外勋品皆有录事，如流外勋品中的"诸卫、都水监、羽林军录事"等等。流内官也有录事，如：

> 御史台：录事二人，从九品下。

> 太常寺:录事二人,从九品上。
> 光录寺:录事二人,从九品上。
> 国子监:录事一人,从九品下。

从流外勋品的录事入流后补从九品下的录事,这是很自然的事。这里还应附带指出:录事是流外官入流后所积极争取的官职。据《太平广记》卷一八六《铨选二》"薛据"条云:

> 开元中,薛据自恃才名,于吏部参选,请授万年录事。诸流外官共见宰执诉云:"录事是某等清要官,今被进士欲夺,则某等色人,无措手足矣。"遂罢。

按万年县录事二人,从九品下,流外官入流而补录事,这又是当然的。流外官入流争取充任录事,因录事是紧要官,下文将详论之。

(乙) 流外官入流后的升迁

流外官入流后的迁转有严格限制。这首先涉及唐代官制中的清浊之分。《唐六典》卷二"吏部尚书侍郎"条云:

> 凡出身非清流者,不注清资之官。(谓从流外及视品出身者。其中书主书、门下录事、尚书都事,历任考词、使状有清干及德行、言语,兼书判、吏用,经十六考已上者,听拟寺监丞、左右卫及金吾长史。)

据《唐六典》卷二"吏部郎中"条所列清官中有太常寺丞,上列史料所说的寺监丞应包括太常寺丞,则非清流出身的主书、录事、都事亦可任清官,似与"凡出身非清流者,不注清资之官"相矛盾。或者太常丞只是一个例外,一般地说,非清流出身的流外官是不能任清资之官的。中书主书(从七品上)、门下录事(从七品上)、尚书都事(从七品上)都是流外出身而成为品秩较低的紧要官,必须历任考课优良又经十六考,才能任非清资的寺监丞等等官职。这三种流外出身的职事官,如没有上述条件,寺监丞等等都不能充任,其他流外出身者,就更不能担任了。《六典》所记乃开元二十五年时的情况。在此之前的情况也大致相同。兹举出史料如下。

《册府元龟》卷六二九《铨选部·条制》云:

> 其年(神功元年)闰十月二十五日敕:八寺丞,九寺主簿,三监丞、簿,城门、符宝郎,通事舍人,大理司直、评事,左右卫、千牛卫、金吾卫、左右率府、羽林卫长史,直长,太子通事舍人,亲王掾属,判司、参军,京兆、河南太守,判司,赤丞、簿、尉,御史台主簿,校书、正字,詹寺、主簿,协律、奉礼,太祝等,出身入仕,既有殊途,望秩常班,须从甄异。其有从流外及视品官出身者,不得任前件官。其中书主书、门下录事、尚书都事,七品官中,亦为紧要,一例不许,颇乖劝奖。其考词有清干、景行、吏用、文理者,选日拣择取历十六年以上者,听量拟左右金吾长史及寺监丞。

按上列自八寺丞至太祝几十种官职都不是清资官,只是望秩常班而已。流外出身者已不能充任,则较望秩常班声望更高的清资官,流外出身者更不敢企冀了。我引此史料并做此分析,旨在说明流外官在入流后的升迁受着清浊之分的限制,不能充任清资官。

附带指出,上引《册府》所载望秩常班中曰八寺丞,而不曰九寺丞,正说明九寺丞中的太常丞是清官,不在望秩常班之内。这样上引《唐六典》所说的寺丞乃八寺丞,我在上文指出的矛盾问题可以解决了。

《唐会要》卷五八"吏部尚书"条云:

> 大历十四年七月十九日敕:"流外出身人,今后勿授刺史、县令、录事参军,诸军、诸使亦不得奏请,仍委所由检勘。虽恩制所授,并不得与。上同会缺,不成赴集,如须要甄录者,牒申中书、门下、吏部,改与别官。"

刺史、县令、录事、参军都是要官职权力较大、声望较高者,流外出身人不能充任。由此可见,流外官入流后升迁的限制,可谓严矣。

流外官在行政事务中的作用

流外官在封建国家行政事务中所起的作用,可就以下两方面论述。

(甲)从四等官制看流外官的作用

《唐律疏议》卷五《名例律》云:

> 诸同职犯公坐者,长官为一等,通判官为一等,判官为一等,主典为一等,各以所由为首。(若通判官以上异判有失者,止坐异判以上之官。)

（疏）议曰：同职者，谓连署之官。公坐，谓无私曲。假如大理寺断事有违，即大卿是长官，少卿及正是通判官，丞是判官，府、史是主典，是为四等。各以所由为首者，若主典检请有失，即主典为首，丞为第二从，少卿、二正为第三从，大卿为第四从，即主簿、录事亦为第四从。若由丞判断有失，以丞为首，少卿、二正为第二从，大卿为第三从，典为第四从，主簿、录事当同第四从。

据上引律文及疏，主典是第四等官，他们大多数是府、史等流外官。在处理文案有失误时，如他们是所由者，则为首罪；如所由不是他们，他们也要负有从罪。这种首罪与从罪，正表示他们在行政事务中的责任，也说明了他们的作用，他们在处理文案时有无失误，是行政事务能否顺利进行的条件之一。

《律疏》说："检请有失。"何谓"检请"？兹举出有关的大谷文书，加以说明。

《周长安三年（703）三月敦煌县录事董文彻牒》（大谷二八三六）：

（前　缺）

1. 家奴客须着，贫儿又要充衣。相学鹤望和籴，
2. 谷麦漫将费尽。和籴既无定准，自悞即受单
3. 寒。岂唯虚丧光阴，赤露诚亦难忍。其桑麻，
4. 累年劝种，百姓并足自供。望请检校营田官，
5. 便即月别点检萦子及布。城内县官自巡，如有
6. 一家不绉绩者，罚一回车驮远使。庶望规模
7. 递洽，纯朴相依。谨以牒举，请裁，谨牒。

8. 　　　　　　长安三年三月日录事董文彻牒。
9. "付　司。辩　示。
10. 　　　　　一日。"
11. 　　　三月一日　录事受。
12. 　尉摄主簿　付司户。
13. 　　　"检　案。泽　白。
14. 　　　　　一日。"
15. 牒,检案连如前,谨牒。
16. 　　　三月　日史汜艺牒。
17. 　　　"准牒下乡及榜示村
18. 　　坊,使家家知委。每季
19. 　　点检,有不如法者,随犯科
20. 　　决。诺。泽白。
21. 　　　　　二日。"
22. 　"依判。诺。余意示。
23. 　　　　　二日。"
24. 　"依判。辨示。
25. 　　　　　二日。"
26. 下十一乡,件状如前。今以状下乡,宜准
27. 状,符到奉行。
28. 　　　长安三年三月二日
29. 　　　　　　佐
30. 尉
31. 　　　　史汜艺
32. 　　三月一日受牒,二日行判。无稽。
33. 　　录事张　　检无稽失。

34.　　　尉摄主簿　　自判

35. 牒,为录事董文彻牒劝课百姓,营田判下乡事。

以上引录的是敦煌县内部牒,其内容为,县录事董文彻请县检校营田官下乡劝课检查百姓缉绩,每月点检紫子及布。县录事无品为流外官,史氾艺及另一录事张和佐也都是流外官,他们都是上引《律疏》中的主典即第四等官。文书中的"泽"乃县尉,是判官,即第三等官;文书中的"余意"是通判官,应是县丞,即第二等官;文书中的"辩"是长官,是县令,即第一等官。一、二、三等官在文书中的职能和作用与本文主旨无关,可不论。第四等官主典录事董文彻"望请"等等,这就是《律疏》中所说的"请";主典史氾艺"检案连如前",就是《律疏》中所说的"检"。"检案连如前",意为已检出与本文案有关的资料,并连接在一起。如董文彻的"请"为不应请者或"请"中有错误,史氾艺未按时检或检非所要检者,皆谓"检请有失"。检请有失则贻误了县行政事务,检请无失则是县行政事务办好的一个条件。这是反、正两方面的作用。以流外官充任主典在县行政事务中的作用如此,在州以及中央各官府的行政事务中的作用也是如此。

(乙) 从勾检制看流外官的作用

勾检制是唐代官制的组成部分和重要特点。从中央到地方的各级官府中都有勾官,其中多数由本官府的录事充当。按《唐六典》卷三〇"京县畿县天下诸县官吏"条云:

京兆、河南、太原诸县
　　录事二人
诸州上县

录事二人
　诸州中县
　　　录事一人
　诸州中下县
　　　录事一人
　诸州下县
　　　录事一人
　(京畿及天下诸县)录事掌受事发辰,勾检稽失。

同书"都护府及镇戍岳渎关津官吏"条云:

　上都护府
　　　录事二人
　上镇
　　　录事一人
　中镇
　　　录事一人
　下镇
　　　录事一人
　录事掌受事勾稽。
　上关
　　　录事一人
　中关
　　　录事一人
　录事掌受事发辰,勾检稽失。

勾官之职为勾检稽失,何谓勾检稽失？按《唐律疏议》卷五《名例律》云：

> 检、勾之官,同下从之罪。
> （疏）议曰：检者,谓发辰检稽失、诸司录事之类。

同书"诸公事失错"条略云：

> 其官文书稽程,应连坐者,一人自觉举,余人亦原之,主典不免；若主典自举,并减二等。
> （疏）议曰：文书,谓公案。小事五日程,中事十日程,大事二十日程……此外不了,是名稽程……其制敕,案成以后颁下,各给抄写程。二百纸以下限二日程。过此及外,每二百纸以下,加一日程,所加多者不得过五日。注云："其赦书,计纸虽多,不得过三日。"此等抄写程,既云案成以后,据令："成制敕案,不别给程。"即是当日成了。违令限日,皆是有稽。

据上引,所谓稽就是稽程,就是没有按照规定的日期把文案处理完毕,亦即拖延了时日；所谓失,即失错或失误,主要是没有按国家规定的律、令、格、式办事。勾官的责任就是勾检处理文案中的稽和失,也就是勾检官府办事中的稽和失。这样,勾检制就保证了律、令、格、式的实行和行政效率。勾官这种权力和责任都记载在各种文案中。如上引大谷文书《周长安三年三月敦煌县录事董文彻牒》云：

32. 三月一日受牒,二日行判。无稽。
33. 录事张　　　检无稽失。

这是唐代官府处理问题的文案的最后部分,也是表示文案完成部分。由勾官勾检后,写明了"检无稽失",这件公案才算处理完毕。如果处理问题过程中有稽或有失,勾官不写出"检无稽失",不签署,则这件公案不算处理完毕。如果是外发的牒状等,就不能外发。由此可见,勾官的勾检在行政事务中的重要作用,也可见勾官中的多数流外官录事在行政事务中的重要作用。

开元二十八年,全国有县1 573(《新唐书》卷三七《地理志》)。据上引《唐六典》所载上、中、中下、下四等县的录事(勾官)数,则全国县中有作为勾官的录事约2 500人,加上中央官府中作为勾官的流外录事,约有3 000人。他们的职责为保证国家律、令、格、式的实行和较高的行政效率,其作用可谓大矣。

关于《唐律疏议》中三条律疏的修改
——读唐律札记

近几十年中,中国学者和日本学者发表了多篇研究《唐律疏议》的文章。近来,杨廷福先生又发表了两篇研究《唐律疏议》的论文,读后,至为敬佩。

日本学者的论文中,曾指出在永徽四年十月颁布律疏后,律疏有多处修改,如改"玺"为"宝"等等,功力之深,研究之细,至为敬佩。但这只是文字的改动,不涉及律疏的含义。我还没有见到律疏内容改动的研究论著,这可能由于自己所知所见甚少的缘故。在这篇小文中,我提出在永徽四年十月后《唐律疏议》中律文和疏议的三处(三次)修改,为《唐律疏议》研究者提供史料,为过去关于《唐律疏议》的研究成果做补充。

《唐会要》三七《服纪上》:

> 显庆元年九月二十九日,修礼官长孙无忌等奏曰:依古丧服,甥为舅缌麻,舅报甥亦同此制。贞观年中,八座议奏,舅服同姨小功五月,而今律疏舅报于甥,服犹三月。谨按傍亲之服,礼无不报,已非正尊,不敢降之也。故甥为从母五月,从母报甥小功;甥为舅缌麻,舅亦报甥三月;是其义矣。今甥为舅,使同从母之丧,则舅宜进甥,以同从母之报。修律疏人,不知礼意,舅报甥服,尚止缌麻。于例不通,理须改正。今请修改律疏,舅报甥亦小功。又曰:庶母,古礼缌麻,新礼无服。谨

按庶母之子,即是己之昆季,昆季为之杖期,而己与之无服。同气之内,吉凶顿殊,求之礼情,深非至理。今请依典故为服缌麻。制从之。

按以上引文"贞观年中"以下一段亦见于《通典》九二《礼典》凶礼缌麻成人服三月条,唯"尚止缌麻",《通典》作"尚循缌麻"。"贞观年中,八座议奏"的详细情况见《唐会要》三七《服纪上》贞观十四年条,今只引有关几段:

贞观十四年,太宗从容谓礼官曰:……又舅之与姨,亲疏相似,而服纪有殊,理未为得,宜集学者详议。……秘书监颜师古议曰:……又外氏之亲,俱缘于母,姨舅一例,等属齐尊,姨既小功,舅乃缌麻,曲生异义,兹亦未安。愚谓……为舅小功,同于姨服,则亲疏中节,名数有伦。……侍中魏征、礼部侍郎令狐德棻等与礼官定议曰:……舅旧服缌麻,请与从母同服小功。制曰:可。

根据以上所引,贞观十四年改礼,把"舅旧服缌麻(三月)",改为"与从母同服小功(五月)"。但永徽修律,"修律疏人,不知礼意,舅报甥服,尚止缌麻",因而到显庆元年,修礼官长孙无忌等奏请,要把这个律疏中的错误改正过来,使律疏和礼一致。

这一修改表现在名例律中。《唐律疏议》一《名例律》十曰内乱条:

疏议曰:奸小功以上亲者,谓据礼,男子为妇人着小功服而奸者。若妇人为男夫,虽有小功之服,男子为报服缌麻者非,谓外孙女于外祖父及外甥于舅之类。

妇人(外孙女、外甥)为男夫(外祖父、舅)有小功(五月)之服,男子(舅)为报服缌麻(三月),这是未修改之前的永徽律疏,也就是上引显庆元年九月二十九日长孙无忌等奏文中所说的"舅报甥服,尚止缌麻",与礼不符合,这一错误要修改。据上引十曰内乱条疏议,我推测,似乎是把这一错误否定了,因疏议说:"男子为报服缌麻者非。"但我不敢肯定对疏议这样理解是否正确,我的理解也可能不对,因此,只作为一种推测。对这条疏议的解释,留待进一步研究。这可能是第一次修改,距离永徽四年十月颁布律疏为时三年。

《旧唐书》六二《杨恭仁传附杨思训传》:

> 显庆中,历右屯卫将军。时,右卫大将军慕容宝节有爱妾置于别宅,尝邀思训就之宴乐。思训深责宝节与其妻隔绝。妾等怒,密以毒药置酒,思训饮尽便死。宝节坐是配流岭表。思训妻又诣阙称冤,制造使就斩之。仍改《贼盗律》以毒药杀人之科,更从重法。

《新唐书》一〇〇《杨恭仁传附杨思训传》:

> 显庆中,历右屯卫将军,从高宗幸并州。右卫大将军慕容宝节夜邀思训与谋乱,思训不敢对。宝节惧,毒酒以进,思训死。妻诉之,流宝节岭表,至龙门,追斩之。乃诏以置毒人者,重其法。

《新》《旧》传所述情节稍有不同,与本文主旨无关,暂置不论。两传所记慕容宝节改流为死则相同。"重其法"或"更从重法",就是从流刑改为死刑,慕容宝节先判流岭表,后又从重改判死刑。这一修改表现在《贼盗律》中。《唐律疏议》一八《贼盗律》:

> 诸以毒药药人及卖者绞。(谓堪以杀人者,虽毒药可以疗病,买者将毒人,卖者不知情不坐。)即卖买而未用者,流二千里。
>
> 疏议曰:凡以毒药药人,谓以鸩毒、冶葛、乌头、附子之类堪以杀人者,将用药人及卖者知情,并合科绞。
>
> 注云:谓堪以杀人者,谓虽毒药可以疗病,买者将以毒人,卖者不知毒之情,卖者不坐。即卖买而未用者,谓买毒药拟将杀人。卖者知其本意,而未用者,流二千里。

据上引《新》《旧》传,这条律文及疏议的修改在显庆中,这是第二次修改,距离永徽四年十月颁布律疏时亦为时五年。

《唐会要》三七《服纪上》:

> 龙朔二年八月,有司奏:同文正卿萧嗣业,嫡继母改嫁身亡,请申心制。有司奏称,据令,继母改嫁,及为长子并不解官,乃下敕曰:虽云嫡母,终是继母,据理缘情,须有定制,付所司议定奏闻。司礼太常伯陇西郡王博义等奏议曰:……窃以嫡继慈养,皆非所生,出之与嫁,并同行路,嫁虽比出稍轻,于父终为义绝。继母之嫁,既殊亲母,慈嫡义绝,岂合心丧?望请凡非所生父卒而嫁,为父后者无服,非承重者杖期,并不心丧,一同继母,有符情礼,无玷旧章。又

心丧之制,唯施厌降,杖期之服,不悉解官。而令文三年齐斩,亦入心丧之制;杖期解官,又有妻服之舛。又依礼,庶子为其母缌麻三月,既是所生无服,准例亦合解官。令文漏而不言,于事终须修附,既以嫡母等嫁,同一令条,总议请改,理为允惬者。依文武官九品以上议,得司卫正卿房仁裕等七百三十六人议,请一依司礼状,嗣业不合解官。……母非所生,出嫁义绝,仍令解职,有紊缘情,杖期解官,不甄妻服,三年齐斩,谬曰心丧。庶子为母缌麻,漏其中制。并令文疏舛,理难因袭。望请依房仁裕等议,总加修附,垂之不朽。其礼及律疏,有相关涉者,亦请准此改正。嗣业既非嫡母,改醮不合解官。诏从之。

这个不合解官的律疏改正表现在《斗讼律》中。《唐律疏议》二三《斗讼律》即嫡继慈母杀其父及所养者杀其本生并听告条:

答曰:……然嫡继慈养,依例虽同亲母,被出改嫁,礼制便与亲母不同。其改嫁者,唯止服期,依令不合解官,据礼又无心丧。虽曰子孙,唯准期亲,卑幼若犯,此母亦同期亲尊长。被出者礼既无服,并同凡人,其应理诉,亦依此法。

上引《唐会要》所载,请改的首先是令,然后要改正礼和律疏。《斗讼律》所说的也首先是令,然后是礼和律疏。两者完全一致。这是第三次修改,距离永徽四年十月颁布律疏时为时九年。

总括上述,提出两点意见:一、在中国古代,礼和律密切关联,八议出于《周礼》,唐律中的相当多的条文也源于礼,出礼入刑之例很多。从永徽四年到龙朔二年的九年中,修改律疏三条,其中两条是由于礼改了，律也必须随之改变。这是当时的实际，这一实际说明了礼和律有着密切关联。礼和律的关系是研究《唐律疏议》的一个重要课题，这两条律疏的修改启发了我们，这是一条可行的研究途径。唐代数次修礼，也几次改律，如果把有关的记述综合比较，分析研究，会把《唐律疏议》的研究推进一步，也可能会发现更多的律文修改。二、这三条律疏的修改都在永徽四年十月颁布律疏之后，都是律疏本身的修改，都是律疏内容和意义的修改，影响是比较大的。如果这种事例多了，对于《唐律疏议》制定的时间性的研究，也有参考价值。

附录

附录一 种花留与后来人——陈寅恪先生在清华二三事

近年来时常想念先师陈寅恪先生,有时梦见在先生身旁,音容宛如昔日。醒来和锦绣妻述说梦中的情况,感到凄然。我时常问自己,亲承先生的教诲多年,对先生了解多少?了解的是什么?

1946年10月,当时我在北京大学文科研究所工作,住在北平城里。一天早晨,郑天挺先生(当时郑先生任北大文科研究所所长)打来电话说,雷海宗先生(当时雷先生是清华大学历史系主任)在电话中告诉郑先生,寅恪先生已回到清华,目疾治疗无效,双目失明,他提出要王永兴做他的助手。郑先生还说,北大已同意,要我这两天就去清华。放下电话,我匆忙赶到西单大街坐清华校车到清华。我走到新林院五十二号门前,师母正在院子里,我行礼拜见师母,跟着她走进书房。先生显然听到师母和我在院中讲话,站在书桌前等着。我行礼毕,先生握着我的手,他面容清瘦,但精神还好,笑着说:"你来得这样快。"同时,摸索着书桌旁的沙发,我扶着先生坐下。十多年不见,先生什么也看不见了,我感到凄怆,含泪坐在他身旁。先生问我的生活,接着就说到备课,先生决定在历史系开一门课,讲授唐史。此时,雷海宗先生来访,他转述校长梅贻琦的话,劝寅恪先生休养一两年,等健康恢复后再授课。先生婉辞,雷先生不再提开课,只说:"在家里讲课吧,要学生们来。"先生同意了。

午饭后,先生命我去中文系,请中文系安排他授课的时间,他在中文系也开一门课。当时,先生是中文系、历史系合聘教授。我和先生见面后几个小时,看到先生双目失明和健康不佳,内心一直感到凄苦。听到先生的话,我冒失地说:"您身体很弱,在历史系讲一门课已经够累了,是否不要在中文系讲课?"先生正对着我,严肃地说:"我拿国家的薪水,怎能不干活!"就这样,先生开了两门课。

先生为人在各个方面从不特殊,旧日清华的教授大多数每年开两门课。当时先生开两门课不特殊,也特殊。先生自少年时即体弱多病[见先生撰《寒柳堂记梦未定稿(七)关于寅恪之婚姻(补文)》,石泉整理,载王永兴编《纪念陈寅恪先生百年诞辰学术论文集》,江西教育出版社,1994年]。抗日战争中,颠沛流离,温饱都成问题,在恶劣的生活条件下,教学研究不辍。后又远渡重洋,双目失明,健康受到极大摧残。在这样的情况下,以超人的精神意志,坚持开两门课,似不特殊,实特殊也。

"我拿国家的薪水,怎能不干活!"朴素的语言的内涵是忠于国家民族的崇高精神,是真理。先生是义宁陈氏忠义之家的第四代,渊源于贤者之门,不是偶然的。

我从先生受教始于1937年冬季,时清华、北大、南开在长沙合并成为临时大学。我选修先生讲授的魏晋南北朝史。1938年春、夏之间,学校迁至云南,改名西南联合大学,文学院先在蒙自,后又迁至昆明。先生一直是中文系、历史系合聘教授,讲授两门课。在昆明,先生居住在翠湖之滨青云街靛花巷。"我拿国家的薪水,怎能不干活!"听先生这句话,我想起他在昆明西南联大讲课的情景。西南联大借用文林街昆华中学的教室上课。从先生的住处到昆华中学来回约四里,又要上坡下坡。我们二十几个学生静坐教室里等着,先生抱着用黑布包着的一大包书走进教室,满头是汗,在两块黑板上抄写讲课要用的史料,然后坐下闭目讲课。

我记述1946年寅恪先生在清华讲授两门课,又联系到抗日战争期间他在昆明西南联大讲两门课的情况,旨在说明先生一生的教学都是如此。他的教学是高水平的,例如他讲授魏晋南北朝史、唐史几十次,每次内容不同,每次内容都是新的;先生备课讲课又极为认真,丝毫不苟。从1946年到1948年,先生备课讲课时,我始终在他身边,为他读《通鉴》和多种史籍,检视史料,他口授我抄写讲课纲要;上课时我在黑板上写史料。一字之误,他都不放过。每讲完一次课,先生极为劳累,他用他的生命去做他认为应做之事,他认为这是平常事。全中国有几位教师能像先生这样教学、培育青年?这就是先生所说的"怎能不干活"的深刻含义。先生在1929年5月写的题为《北大学院己巳级史学系毕业生赠言》一诗的后四句云:

> 天赋迂儒"自圣狂",读书不肯为人忙。平生所学宁堪赠,独此区区是秘方。(见《陈寅恪诗集》,清华大学出版社)

"为人"之典出于《荀子·劝学篇》,荀子云:

> 古之学者为己,今之学者为人。

何谓"为人",即读书为了给别人看,得到吹捧,自吹自捧,得名得利,得到各式各样的官,头戴各式各样的高帽子。何谓"为己",即"读书不肯为人忙",先生有正确的解释:

> 士之读书治学,盖将以脱心志于俗谛之桎梏,真理因得以发扬。(《清华大学王观堂先生纪念碑铭》,《金明馆丛稿二编》)

上文所云读书为了得到吹捧,为名为利,是俗谛;而先生忠于教学职守,是真理的发扬。下文谨述先生求真实、供鉴戒的史学思想,是极高的史学研究造诣,也是真理的发扬。就先生而言,前者属于做人,后者属于治学;前者为高尚的道德品质,后者为高水平的学术成就。两者同源一体,不可分割。不学习和了解先生的做人及其质直的思想感情,就不可能了解和学到先生的治学和学术成就。

先生讲授唐史备课要使用《通鉴》、《通典》、两《唐书》、《唐会要》、《唐六典》、《册府元龟》多种史籍文献。前四种书,先生指定他要听读的部分,要我事前准备。后三种书和其他有关的书,先生需要时命我检阅。大书桌旁摆着两件小沙发,我面对先生坐着,我的背后是一书架经常使用的书。先生特别重视《通鉴》,首先听读。我一字一句地读,先生听着、思考着。有时,先生命我再读一遍,更慢些。《通鉴》听读完毕,先生提出一些问题,先生口授我写。先生读《通鉴》多次,能背诵。有一次,我读《通鉴》还未到一段,先生突然要我停下来,重读;我感到,我读的有错误或脱漏。我更仔细地一字一句慢读,果然发现,我第一次读时脱漏一字,我感到惭愧。这似乎是一件小事,其实是一件大事。要学先生治学,就要像先生那样一字不苟;要学先生做人,就要像先生那样一丝不苟。

《通鉴》通读完毕,同样听读《通典》、两《唐书》,最后,先生口授,我写下类似讲课纲要也类似一篇文章提要的草稿。这一草稿要不断修改。一次备课要用很长时间。

先生对工作时间很严格，每天早八点开始，到十点，休息二十分钟，我陪侍先生在窗前的阳台上散步。阳台的东头是一丛月季，西头是一丛丁香，东西来回走着，有时先生问我院中花草树木的情况，他心情很愉快。

先生在清华新林院的住房相当宽敞，书房对面一间大屋子作为教室。先生指定讲课要用的史料，在上课前，我写满两块大黑板。先生准时讲课，我扶着他走进教室坐到藤椅上，并禀告先生黑板上写出史料的顺序。先生即闭目讲课，讲授过程中，时常要增加一些史料，我即遵命写在黑板上，并念给学生听。两节课，中间虽稍有休息，先生已很劳累，靠坐在沙发上闭目养神，我做些有关备课和学生作业的事。

中午，我在先生家吃饭。我扶着先生坐在饭桌旁，师母在厨房帮助忠良（忠良姓陈，在先生家工作十多年，人如其名，实为先生家人）。饭、菜端上来，我按习惯禀告先生，并按先生的指定把各种菜都放在先生面前的盘上，把汤放在先生面前的小碗里。每餐先生吃得都不多，饭后，我扶着先生走到阳台上。先生习惯散步片刻，然后午休。

从备课中可以看到先生极重视《通鉴》。在《唐代政治史述论稿·自序》中，先生说：

> 夫吾国旧史多属于政治史类，而《资治通鉴》一书，尤为空前杰作。今草兹稿，可谓不自量之至！然区区之意，仅欲令初学之读《通鉴》者得此参考，或可有所启发，原不敢谓有唐一代政治史之纲要，悉在此三篇中也。

读先生此书为读《通鉴》之参考,这一方面是谦辞,又不仅是谦辞。我认为应从先生的史学渊源来理解。"宋贤史学,今古罕匹",此意屡见于先生著作中。司马君实之书乃宋贤史学的代表作,寅恪先生史学直接渊源于宋贤史学,谓其主要渊源于《资治通鉴》,亦无不可也。求真实、供鉴戒之史学思想,"长编考异"之治史方法,乃先生史学的两个方面,均可在《通鉴》中得其根源。欧阳永叔的史学思想亦为先生史学思想一源。凡此,均当另文详述。总之,寅恪先生直接继承宋贤史学而又发展之,可确言也。

抗日战争期间,日本侵略者把清华园作为兵营。礼堂和图书馆的阅览室成为马圈,房屋大量被破坏。日本投降后,清华返回故园,住房缺少。我当时年轻,居住城里,清华的紫白校车每日从早晨七点到晚上九点,有多次班车,来往很方便,我没有想到向清华校领导请求分配住房。1947年1月中,清华庶务科通知我说,分配给我三间住房,在西校门外喇嘛庙(即颜家花园),要我去成府找颜惠庆的管家,由他领我去看房子。这是颜家的一处房屋,清华租来作为教师住房。庶务科的通知使我感到十分意外,且迷惑不解,我没有向学校申请住房,历史系和雷海宗先生也没有向我说过住房的事。但我还是踏雪去看了房子,一所大花园内的三间宽敞大瓦房,在西校门附近。不久,我搬入新居。同时向先生禀报并形容这所花园的情景:花园的前半部,也就是我的住房所在,是一处松林,还有几棵高大的白皮松;花园的后半部是坍塌的殿堂,周围杂乱生着很多花草树木。先生告诉我,英法联军侵入北京火烧圆明园,延烧了喇嘛庙后半部,高大殿堂坍塌了。颜惠庆买了喇嘛庙,所以又名颜家花园。先生又说,他曾去过颜家花园,很喜欢那几棵白皮松。

这年初夏的一天下午,天空晴朗。先生心情愉快,和师母说,他要去喇嘛庙看看那几棵高大的白皮松和旧日园林。我陪侍先生乘车前往,先生在松林中徘徊,四处顾望。先生的双目还有一些光感,角度适当还可看到一些景色。我扶持先生走到每一棵白皮松前,他抚摩着挺拔矗立、苍劲的树干,仿佛在回忆着什么,思考着什么。在一棵白皮松前,先生仰望树顶,他看到了在阳光照耀下的一片苍绿,问我:"这是最高最老的一棵吧?"他双臂围抱树身,可能是要量一量这棵矗立天地之间的大树。它经过多年动乱仍然自强不息地在生长着。接着,我扶持先生看看坍塌的殿堂和许多不知名称的花木。先生有些累了,我请先生到我的住房里休息喝茶。我领着我的长女珠眉到先生膝前,孩子向爷爷问好,先生抚摩着孩子的头发,笑着问着。

回到新林院时,师母站在阳台上等着,先生笑着说,出去的时间稍长一些,但他并不累。

从城里迁居喇嘛庙后,下午我也常去先生家里,看学生作业和到系里、校里办事。

先生喜欢听京剧,特别是张君秋唱的《望江亭》。一次,有客人来访,说张君秋唱的《望江亭》改了几个字,已灌成唱片,市场上可以买到。我知道先生的心情,向他提出我进城去买改了几个字的《望江亭》唱片。先生笑着同意了,并嘱咐我,改变的是哪个字,在商店当时就听一听。我按先生的嘱咐买回唱片,先生很高兴,立即听了,并说,是改动了几个字,更好了。

侍读先生之侧,我很愉快,感到幸福。至于学校为什么主动地把喇嘛庙的房子分配给我,不再去想。

1990年,清华大学举办纪念陈寅恪先生百年诞辰学术讨论会,并决定编辑出版纪念论文集,刘桂生先生和他的弟子欧阳军喜君撰写《陈寅恪先生编年事辑补》（刊载于江西教育出版社的《纪念陈寅恪先生百年诞辰学术论文集》），他们查阅清华大学校史档案，在1947年档案中有如下一封信：

  月涵（永兴按："月涵"即清华大学校长梅贻琦）吾兄先生左右：

  王永兴先生住宅事当由雷伯伦先生（永兴按：即历史系主任雷海宗先生）面商，兹再由内子面陈一切。鄙意有二点请注意。

  （一）规则问题：清华住房之规则或有困难，但王先生系北大之教员，暂时以友谊关系来住清华，助弟授课，若以客人之身份暂住适当之房屋，似不在前定之规则限制之内，可否通融办理，或有其他办法则更佳。

  （二）事实问题：若王先生无适当之房屋，则其牺牲太大，弟于心深觉不安，勉强继续此种不安之情态，恐亦不能过久，则弟之工作势必停顿。思维再四，非将房屋问题解决不可。解决之法唯求吾兄曲念苦衷及实际困难情形，设一变通之策，谅亦不致有他种同类情形援此例以阻碍规则之施行也。详情悉由内子面陈，敬希见谅为荷。专此奉恳，并候俪祉。

弟寅恪谨启 一月十三日

  敬读四十三年前先生致梅贻琦校长的信，我如大梦初醒，悲感万分。为了我的住房，先生写信，师母亲临梅家。几十年中，先生和师母从未说过。长时间中我受到先生的护持也竟不知，而今禀谢无由，至感悲愧。此时，我想到旧日清华大学的校训：

"自强不息,厚德载物。"先生乃厚德之人也。

从1946到1948年间,学校和历史系三次要寅恪先生填表,表的一栏为教课研究专业范围,先生口授我写:中国中古文史之学。在历史系、中文系讲课在此范围;从此时至1965年,先生撰文十九篇,均在此范围。至于从1954年开始撰写的《柳如是别传》和《论再生缘》两部长篇专著,则是例外。

从1946年以后,先生治学范围缩小,如在昆明西南联大还讲授使用梵文、藏文等多种文字的佛经翻译文学课,此后不再讲授。这和先生双目失明有关,也表现先生治学的原则和精神,即由博返约也。

有几次朋友来访,我侍坐先生之侧,恭听谈论,来访者提出有关梵文、藏文以及佛典诸问题向先生请教,先生总是说,他已将梵文等放下多年,不敢再谈论这方面的问题了。先生通晓梵文、希腊文等二十余种文字,但我侍读先生之侧这三年以及我从先生受业多年之中,我从未听先生自己说过他通晓多种文字。我体会,对他来说,通晓多种文字是一件平常事,是应有之事,不需要也不应该特意去说。先生的身教使我懂得一个读书治学的人应该具有谦谦君子的精神。

1948年12月,自东北南下的解放军攻占昌平,国民党败兵有些逃到清河,离清华园不远,清华校内人心惶惶。先生、师母都已年老,又都体弱多病。在战火临近之际,只能回避南去。北平城内的胡适先生打来电话说,一两日内有飞机飞南京,可能是从北平南去的最末一班飞机,可以给寅恪先生一家保留座位。要求寅恪先生一家立即进城等待,明日早晨派汽车来接。事情这样紧急。晚饭后,我立即来先生家,在书房里,先生、师母、忠良和我商量明晨进城的准备。时间很短,先生盼咐我协助师母挑出先生要带走的书籍稿件，装满一皮箱。又说，先生、师母全家走后，家具等等由忠良整理，移出清华，存放他处；我负责整理书籍，装箱，移出清华，存放他处。夜深，师母回卧室，忠良回后院。我侍坐先生身旁，心中感到凄苦，先生南去，不知何时再回清华，不知何时再为先生读《通鉴》，再为先生写黑板，再陪侍先生散步。先生很平静，问我今后有何打算、如何安排。师母本已嘱咐我不要问先生南去后的计划，免得先生不愉快。我忘了她的嘱咐，突然问先生，到南京后如何安排？先生看出我心情不平静，不仅未生气，反而平静而慈祥地说："岭南大学的陈序经校长、王力先生邀我去岭南大学，在南京小住几天，就去广州。广州的天气好，岭南大学的自然环境好，可以久居，不再去别处了。"这是我和先生的最后谈话，但万万想不到，此后就再也见不到先生了。

1948年3月，先生和师母在清华园寓庐手植海棠，有诗云：

北归默默向谁陈，一角园林独怆神。寻梦难忘前度事，种花留与后来人。江城地瘴怜孤艳，海国妆新效浅颦。剩取题诗记今日，繁枝虽好近残春。（见《陈寅恪诗集》）

这首诗很好地记述了寅恪先生当时在清华的生活和心情，"种花留与后来人"更有深意，故取为本文标题。

弟子王永兴敬述
1996年3月6日

附录二 陈寅恪先生『读书不肯为人忙』述义

拙著《陈寅恪先生史学述略稿》出版后,自己检查,寅恪先生史学渊源于宋贤史学之说虽不误,但先生的全面思想以及做人治学乃继承孔子以降古圣先贤(主要为宋贤)者,未能简要阐述,实为该书重要缺点之一。今兹草撰此文,一为补该书所未备;一为补过。述恩师之学,不应有此疏失也。

在《北大学院己巳级史学系毕业生赠言诗》(见浦江清:《清华园日记》)中第二首云:

> 天赋迂儒"自圣狂",读书不肯为人忙。
> 平生所学宁堪赠,独此区区是秘方。

永兴谨按:"读书不肯为人忙"即"读书为己",亦即"学者为己",而"学者为己"乃圣言也。先贤亦多疏证圣言以教诲后人。寅恪先生此诗句乃出自古圣先贤也。此七字极为重要,故先生视为秘方,不仅教诲北大学院己巳级史学系毕业生,亦教诲吾辈小子也。

(一)继圣言

1. 朱熹注《论语章句集注·宪问篇》云:

> 子曰:"古之学者为己,今之学者为人。"(程子曰:"为己,欲得之于己也;为人,欲见知于人也。"程子曰:"古之学者为己,其终至于成物;今之学者为人,其终至于丧己。"愚按:

圣贤论学者,用心得失之际,其说多矣,然未有如此言之切而要者。于此明辨而日省之,则庶乎其不昧于所从矣。)

永兴谨按:何谓"学者为己",何谓"学者为人",在《论语疏证》卷一四《宪问篇》,杨树达先生首先引《荀子·劝学篇》曰:

> 君子之学也,入乎耳,著乎心,布乎四体,形乎动静;端而言,蠕而动,一可以为法则。小人之学也,入乎耳,出乎口,口耳之间则四寸耳,曷足以美七尺躯哉?古之学者为己,今之学者为人。君子之学也,以美其身;小人之学也,以为禽犊。

遇夫先生次引《北堂书钞》引《新序》曰:

> 齐王问墨子曰:"古之学者为己,今之学者为人,何如?"对曰:"古之学者,得一善言,以附其身;今之学者,得一善言,务以悦人。"

遇夫先生又引《后汉书·桓荣传》论曰:

> 孔子曰:"古之学者为己,今之学者为人。"为人者凭誉以显扬,为己者因心以会道。

在《杨树达〈论语疏证〉序》(《金明馆丛稿二编》)中,寅恪先生有言曰:

及读先生是书,喜曰:先生治经之法,殆与宋贤治史之法冥会,而与天竺诂经之法,形似而实不同也。夫圣人之言,必有为而发,若不取事实以证之,则成无的之矢矣。圣言简奥,若不采意旨相同之语以参之,则为不解之谜矣。既广搜群籍,以参证圣言,其言之矛盾疑滞者,若不考订解释,折衷一是,则圣人之言行,终不可明矣。今先生汇集古籍中事实语言之与《论语》有关者,并间下己意,考订是非,解释疑滞。此司马君实、李仁甫《长编》《考异》之法,乃自来诂释《论语》者所未有,诚可为治经者辟一新途径、树一新模楷也。

永兴谨按:遇夫先生在圣言"古之学者为己,今之学者为人"之后,采用《荀子·劝学篇》《新序》《后汉书·桓荣传》三书中意旨相同之语,加以疏证,此即寅恪先生所谓取古籍中意旨相同之语以参证圣言也,则圣言可以解矣。"古之学者为己"即"君子之学也,以美其身",亦即"古之学者得一善言,以附其身",亦即"为己者因心以会道";"今之学者为人"即"小人之学也,以为禽犊",亦即"今之学者,得一善言,务以悦人",亦即"为人者凭誉以显扬"。学以美己身,学得善言以附己身,学因心以会道,"此古之学者为己"也;学以为禽犊,学为悦人,学为凭誉显扬,此"今之学者为人"也。两者区以别矣,则圣言可解矣。寅恪先生所云"读书不肯为人忙"即"古之学者为己",继圣言而有所发展者也。

在《论语译注·宪问篇》,杨伯峻先生对圣言的译文为:

孔子说:"古代学者的目的在修养自己的学问道德,现代学者的目的却在装饰自己,给别人看。"

永兴谨按:伯峻先生的译文确切,与上文遇夫先生所引三书的解释亦大致相同。圣言之意,可以明矣。

上文引《荀子》所云"小人之学也,以为禽犊","禽犊"如何解释?按王先谦著《荀子集解》卷一《劝学篇》注略云:

> 禽犊,馈献之物也。
>
> 郝懿行曰:禽犊谓犊之小小者,人喜抚弄而爱玩之。小人之学,入乎耳,出乎口,无裨于身心,但为玩好而已,故以禽犊譬况之。先谦案:杨注固非,郝说犹误。上言君子之学,入耳著心而布于身,故曰学所以美其身也。小人入耳出口,心无所得,故不足美其身,亦终于为禽犊而已。文义甚明。《荀子》言学,以礼为先,人无礼则禽犊矣。上文云"学至乎《礼》而止矣",是其言学之宗旨。又云"为之,人也;舍之,禽兽也",正与此文相应。禽兽、禽犊,特小变其文耳。

永兴谨按:王先谦氏之说近是,与《论语集注·宪问篇》程子所谓"今之学者为人,其终至于丧己"相同。"丧己",丧己之所以为人者,与禽犊何异。

此篇宋贤注,上文已引,如程子曰:"为己,欲得之于己也;为人,欲见知于人也。"甚为重要。特别是朱子所云:圣贤论学,其说颇多,然未有如此言(永兴按:即圣言古之学者为己)之切要者,与寅恪先生所云"读书不肯为人忙""独此区区是秘方",均谓其重要至极也。朱子在宋为儒宗为大贤,寅恪先生在今世为儒宗为大贤,宜所见相同也。

2. 朱熹注《论语章句集注·雍也篇》云：

> 子谓子夏曰："女为君子儒，无为小人儒。"（儒，学者之称。程子曰："君子儒为己，小人儒为人。"谢氏曰："君子小人之分，义与利之间而已。然所谓利者，岂必殖货财之谓，以私灭公，适己自便，凡可以害天理者，皆利也。"）

在《论语译注·雍也篇》，杨伯峻先生云：

> 〔译文〕孔子对子夏道："你要去做个君子式的儒者，不要去做那小人式的儒者！"
>
> 〔余论〕儒者（其意义似乎相当于今天的知识分子）而有"君子""小人"的分别，君子当然是指道德品质优秀的人，小人当然是指品质恶劣的人。

永兴谨按：上文引谢氏所云"君子小人之分，义与利之间而已"，很重要，言简意赅。谢氏释利，尤为重要。"凡可以害天理者，皆利也。"何其言之深切著明也。余年八十有五，亲自经历受侮辱损害之事多次，其害天理者非殖货财之人，均为知识分子，而均以读书研究为借口，其实皆利也。

在《论语疏证·雍也篇》，杨遇夫先生引《荀子·非十二子篇》以参之，程树德先生撰《论语集释·雍也篇》上之考证及集解中，引诸家之说颇多，因与本文主旨关系不大，均不加考辨。

以上1、2两条均引圣人之言及前贤之疏证，可见寅恪先生之"读书不肯为人忙"乃继往圣之言也，不仅继承之，且发展之。在《清华大学王观堂先生纪念碑铭》（《金明馆丛稿二编》）中，寅恪先生有言曰：

> 士之读书治学，盖将以脱心志于俗谛之桎梏，真理因得以发扬。

永兴谨按：俗谛之大者、为害之深者为名与利，"读书不肯为人忙"，即读书主要不为名与利也。先生读书为自己的道德学识，故能求得真理。寅恪先生有卓识，亦有此卓行。在先生三十六岁以前的十数年中，先后在欧美诸知名大学中读书学习，学习梵文、巴利文、希腊文、藏文二十余种文字，但无意取得博士、硕士等学位。德国柏林大学、美国哈佛大学之博士学位，乃为世之读书者所艳羡之学衔，亦即士之读书者所追求而欲获得之美名也，但先生不屑一顾。终先生一生，无任何为读书人所追求而必获得之学衔、职衔。先生始终为一普通教授，即普通教师也。斯真能脱心志于俗谛之桎梏，因而求得真理也，亦即"读书不肯为人忙"所取得之真理也。以下详述之。

（二）独立之精神，自由之思想

在上引《清华大学王观堂先生纪念碑铭》中，寅恪先生又云：

> 来世不可知者也，先生之著述，或有时而不章；先生之学说，或有时而可商。惟此独立之精神，自由之思想，历千万祀，与天壤而同久，共三光而永光。

永兴谨按：先生赞誉王观堂先生，先生自己亦为具有独立之精神、自由之思想之人也。先生生于清光绪六年庚寅，即1890年，逝世于1969年。在此八十年中,我国在政治、经济、学术文化诸方面发生多次极大的变动。在大变动中,或全国震动,或万众欢腾,独先生冷静自信,不为各种意见与行动所动摇,坚持自己的信念与学说,众人皆醉我独醒。此后长时间内出现的种种,都证明先生的观察与学说是正确的。此为先生"独立之精神,自由之思想"的表现之一。几十年中,先生读书治学与生活,受到来自各方面的干扰,甚至摧残破坏,但先生仍冷静自信自立,坚持自己的信念与学说,坚持读书写作,坚持歌颂历史上具有独立之精神、自由之思想之人之事。此又为先生"独立之精神,自由之思想"之又一表现。陆键东君所著之书之所以震动全国,受到少有的自动欢迎与诵读,主要由于陆君能具体阐述寅恪先生之独立之精神、自由之思想,"三军可夺帅也,匹夫不可夺志也",感人至深。可以预见,正如寅恪先生歌颂观堂先生一样,寅恪先生之独立之精神、自由之思想,历千万祀,与天壤而同久,共三光而永光。

在平日读书研究中以及撰著中,寅恪先生总是创新的,绝不人云亦云。先生的四部专著及近百篇论文,莫不如是。此亦"独立之精神,自由之思想"之表现也。兹举一例。在《唐代政治史述论稿》上篇《统治阶级之氏族及其升降》中,寅恪先生有言曰:

> 故隋唐皇室亦依旧自称弘农杨震、陇西李暠之嫡裔,伪冒相传,迄于今日,治史者竟无一不为其所欺,诚可叹也。

永兴谨按:《隋书》成于7世纪初期,在《隋高祖纪》中,谓高祖杨坚乃汉太尉杨震之后。唐太宗重修《晋书》,不以凉武昭王李暠列于载记,因自认为唐皇室出自陇西李暠也,其时在7世纪初期。寅恪先生关于李唐氏族撰文四篇：①《李唐氏族之推测》（1931年）②《李唐氏族之推测后记》（1933年）③《三论李唐氏族问题》（1935年）④《李唐武周先世事迹杂考》（1936年）。四篇论文撰著之时间均在20世纪30年代。先生以长编考异之法治史，此四篇论文乃《唐代政治史述论稿》上篇关于李唐氏族研究定稿之长编也。在定稿中，先生云：

> 总而言之，据可信之材料，依常识之判断，李唐先世若非赵郡李氏之"破落户"，即是赵郡李氏之"假冒牌"。

而非陇西李暠之嫡裔。自李唐皇室自称其氏族为陇西李氏，至寅恪先生考证李唐皇室其氏族为赵郡李氏之"破落户"或"假冒牌"，其时间为自7世纪初期至20世纪前期，历时一千三百余年。先生发一千三百年之覆，求得历史之真实。在此一千三百年中，不少史学名家，特别是史学大师如欧阳永叔，无不为李唐皇室所自称出自陇西李暠之假托所欺。独寅恪先生能打破一千三百年之伪冒相传，恢复历史真实，其主要原因为，寅恪先生具有独立之精神、自由之思想也。先生之独立之精神、自由之思想之取得，归根结底，乃由于"读书不肯为人忙"，亦即圣言"学者为己"。读书为自己修身，为自己的学识，故能有卓识，有勇气，不为俗见所拘，因而达到独立之精神、自由之思想之人生至高之境界。

（三）诚与达："读书不肯为人忙"所达到之高尚精神

朱熹注《论语章句集注·颜渊篇》云：

> 子张问："士何如斯可谓之达矣？"（达者，德孚于人而

行无不得之谓。)子曰:"何哉,尔所谓达者?"(子张务外,夫子盖已知其发问之意,故反诘之,将以发其病而药之也。)子张对曰:"在邦必闻,在家必闻。"(言名誉著闻也。)子曰:"是闻也,非达也。(闻与达相似而不同,乃诚伪之所以分,学者不可不审也。故夫子既明辨之,下文又详言之。)夫达也者,质直而好义,察言而观色,虑以下人。在邦必达,在家必达。(内主忠信,而所行合宜;审于接物,而卑以自牧,皆自修于内,不求人知之事。然德修于己而人信之,则所行自无窒碍矣。)夫闻也者,色取仁而行违,居之不疑。在邦必闻,在家必闻。"(善其颜色以取于仁,而行实背之。又自以为是而无所忌惮,此不务实而专务求名者,故虚誉虽隆而实德则病矣。程子曰:"学者须是务实,不要近名;有意近名,大本已失,更学何事?为名而学,则是伪也。今之学者,大抵为名,为名与为利,虽清浊不同,然其利心则一也。"尹氏曰:"子张之学,病在乎不务实,故孔子告之,皆笃实之事,充乎内而发乎外者也。当时门人亲受圣人之教,而差失有如此者,况后世乎?")

永兴谨按:上引一长段内容甚多,但主要仍是"达"与"闻"之区别,亦即"诚"与"伪"之区别,亦即"学以为己"与"学以为人"之区别。"闻"之所以为"伪",如圣人之言,"色取仁而行伪";"达"之所以为"诚",如圣人之言,"质直而好义",亦如朱子之言:"内主忠信"及"皆自修于内"也。程子曰:"今之学者,大抵为名。"即今之学者大抵为人也,学以为人,即学以为名为利也。朱子曰:"闻与达相似而不同,乃诚伪之所以分。""闻"即美名著于外,亦即为人所称赞,为此而学,所以为伪也。而"达",如朱子所言,"德修于己而人信之",为此而学,所以为诚也。寅恪先生"读书不肯为人忙"即学以为己,即诚也。先生继古圣先贤之道,以诚教诲吾辈小子,吾辈自应遵师教,读书学习为己,不可近名也。

程子于宋时言:"今之学者,大抵为名。"九百年后的今日,为名而学的读书人,百倍于程子之时。此等人中之狡黠者,如朱子所描述,"善其颜色以取于仁,而行实背之。又自以为是而无所忌惮",诚惟妙惟肖。学风之坏,至于此极,悲夫!

(四) 知之为知之,不知为不知,是知也

朱熹注《论语章句集注·为政篇》云:

> 子曰:"由,诲女知之乎?知之为知之,不知为不知,是知也。"(由,孔子弟子,姓仲,字子路。子路好勇,盖有强其所不知以为知者,故夫子告之曰:"我教女以知之之道乎。但所知者则以为知,所不知者则以为不知。如此,则虽或不能尽知,而无自欺之蔽,亦不害其为知矣。况由此而求之,又有可知之理乎?")

永兴谨按:古圣先贤对我辈后生之教诲,可谓至矣尽矣。"不知为不知",乃得新知之因也。由己之不知,又能学以为己,为修身之迫切要求,必孜孜不倦以求知也,必不计身份地位以求知也,必恭谨勤敬以求知也。忆三十年前,向觉明师校勘《大唐西域记》,有数甚难之问题不能解决,求教于在北京专习此学之学者,均不能解决。此即不知也。觉明先生未强不知以为知,南行数千里至广州谒寅恪先生,请求教诲。觉明先生在广州十数日,向寅恪先生请教多次,终于解决全部问题,欣喜北返。此为朱子所谓"况由此而求之,又有可知之理乎"之最佳事例也。觉明先生深知"读书不肯为人忙"之秘方矣。

在《书杜少陵哀王孙诗后》(《金明馆丛稿二编》),寅恪先生曾言:

> 杜少陵《哀王孙》诗为世人所习诵,自来笺释之者众且详矣,何待今日不学无术,老而健忘者之饶舌耶?然于家塾教稚女诵此诗,至"朔方健儿好身手,昔何勇锐今何愚"句,则瞠目结舌,不能下一语,而思别求一新解。

先生之新解精确,但所以有此新解,则由于"不能下一语",即不知也。先生未强不知以为知,可想见先生为解少陵此诗句而思考而检阅有关史籍,因而得出古今之笺注少陵诗者所不能得出之新解也。仇兆鳌氏为笺释杜少陵诗名家。兹取仇氏笺注上引少陵《哀王孙》诗句之详注,与寅恪先生对少陵诗句之新解,两相比较,以说明圣言"知之为知之,不知为不知,是知也",乃治学者必须遵守之教诲也。

仇兆鳌注《杜诗详注》卷四《哀王孙》,其二句云:

> 朔方健儿好身手,昔何勇锐今何愚。仇注⑤云,时哥舒翰将河陇朔方兵及蕃兵共二十万拒贼,败绩于潼关。《唐六典》:开元二十五年,敕天下诸军,置兵防健儿于诸色征行人内。《唐书》:天宝十四载,京师召募十万,号天武健儿。《颜氏家训》:顷世乱离,衣冠之士,虽无身手,或聚徒众,徼幸成功。
>
> 仇注⑥云,《六韬》:将不勇,则三军不锐。《陌上桑》:

使君一何愚。

永兴按：仇氏之注，详则详矣，但据之不能理解少陵之诗。如《陌上桑》中之"使君一何愚"与少陵诗之"朔方健儿好身手，昔何勇锐今何愚"，虽同有"何愚"二字，但两者毫无关联，如何能以前者解释后者，不可能也。又如仇注仅言哥舒翰败绩于潼关，与"朔方健儿好身手"有何关联？勇锐何所指？愚何所指？此仅就文字及形式而言，仇注对于读上述少陵诗实无裨益也。

在上引寅恪先生之文中，先生又云：

> 考唐代安禄山叛变，玄宗幸蜀，肃宗即位于灵武，而灵武者，朔方军节度使之治所也。肃宗遂专倚朔方军戡定大难，收复两京，唐室因得延续百五十年之祚而后亡。故朔方军为唐室中兴之关键。少陵平生于朔方军及其主帅郭子仪、李光弼诸公，推崇赞美，形诸吟咏者，不一而足，此固不烦举例者也。此诗为少陵在安氏将领统治长安时所作，岂有反詈朔方军士卒昔勇今愚之理？造意遣词狂悖至此，则与唐室附逆诸臣，复何以异？释杜诗者，或以"朔方健儿"乃泛指安氏所统北方军队而言，则又不知"朔方"为军政区域固定之专名，不可用以泛指北方士卒。

永兴谨按：上引寅恪先生论述少陵此诗之作的历史背景。据此，则仇兆鳌氏之详注不仅无裨益于少陵诗句之正确理解，且埋没少陵忠义之忱。

寅恪先生对"朔方健儿好身手，昔何勇锐今何愚"以及《哀王孙》全诗之精确论述，其文甚长，不能引录全文，兹谨要略述之。"朔方健儿"指同罗部落,乃朔方军武力之重要部分,勇于骑射战斗,后为安禄山以计谋劫取为其叛乱之资。安禄山叛军攻占长安,同罗亦在其中,故寅恪先生分析云:

> 同罗,昔日本是朔方军劲旅,今则反覆变叛,自取败亡,诚可谓大愚者也。

永兴谨按:寅恪先生对少陵诗之所以由不知至知之精确,主要由于不知为不知,因不知而必求得知,其终乃求得精确之知。斯即圣言所谓"知之为知之,不知为不知,是知也"。仇兆鳌氏之所以对少陵诗不知,主要由于以不知为知,自以为已知矣,何能再求得知,故始终不知矣。据此,圣言乃读书人能否有进步之关键。所谓有进步,即增广知识、善于知人论事,如寅恪先生之了解同罗以及杜少陵忠义之忱;所谓无进步,如仇兆鳌氏之似是而非之详注,对唐室中兴之关键朔方军以及中国第一诗人杜少陵(永兴谨按:两者均为寅恪先生评语)均可谓无知。如不知为不知,即求之而得新知,寅恪先生是也;如不知以为知,则始终无知,仇兆鳌氏注少陵《哀王孙》诗是也。两者之区别如此明显,学者向何者取法,不待赘言矣。

总括以上全部阐述,"读书不肯为人忙"(即学以为己)乃根本也。学以为己乃可脱俗谛之桎梏;乃可具有独立之精神、自由之思想;乃可责己以诚,待人待民族国家以诚;乃可知之为知之,不知为不知,是知也,即为真知之人也。

读书为己,为孔子论学者得失之际,最切要者,宋儒亦反复申论,再三强调,视为治学根本。寅恪先生奔走东西洋数万里归国,称自己读书为学秘方为"读书不肯为人忙",亦即读书为己,寅恪先生的思想与中华民族传统学术文化一脉相承,可确言矣。寅恪先生著书立说,以治学为人的实际行动证明了自己所奉行的读书为己的原则,也以脱俗谛、扬真理,独立精神、自由思想,发展丰富了读书为己的内涵。实际上,读书为己,即读书为国家民族;而读书为人,则读书为个人名利。立志于为国家民族的振兴而读书,方能不计个人名利,唯真理是求,此寅恪先生为我们所树立之新模楷也,愿千百万学人继之,则中国传统学术文化终有振兴之日。

我学识浅陋,但自信先师寅恪先生之学乃衰微数百年吾华夏民族之学术文化得以振兴之根柢,故不自量,对先生视为做人与治学之秘方敬阐述之。受业王永兴述。

附录三 王永兴先生事略

先生1914年6月16日生于辽宁省昌图县前靠河屯,原名王中九。祖籍山东省莱州府掖县,因旱灾北走关东,举家在艰苦条件下辛勤创业,建立了新的家园——宝勤堂。他自幼参加劳动,养成了勤俭创业、艰苦奋斗、自强不息的性格。

幼年在离靠河屯二十里的嘎辖镇读高小,后考入昌图中学,成绩优异。1931年9月初,升入沈阳东北大学附属中学高中班一年级(理科)。读书仅十余日,"九一八"事变爆发,日本侵略军占领沈阳。他不甘做亡国奴,流亡至北京。举目无亲,无以为生,过着讨吃要饭的乞丐生活。后在大伯父的资助下,积极补习功课,用四平街交通中学毕业的王永兴的文凭,考入清华大学文学系,至此更名为王永兴。

初入清华,勤苦攻读,文思泉涌,以黄刊的笔名,在《清华周刊》和《副刊》上发表《夜半》《春水——家之一》《矮人观场》《第四条道路》等诗文,也阅读哲学、经济学著作。但清华宁静舒适的生活,并未使他忘记故园沦陷之痛。

1935年末,日本帝国主义不断地向华北进攻,偌大的北平已安不下一张平静的书桌。先生毅然参加了"一二·九"学生运动,在接下来的"一二·一六"游行中被捕,坚贞不屈。几天后经学校师生声援出狱,又参加平津学生南下扩大宣传团,加入中华民族解放先锋队。1936年春,他加入中国共产党,当选为救国会委员,成为学生运动领袖,主持了"六·一三"示威游行。他代表清华学生救国会参加在燕京大学召开的北平学联第一届成立大会,被选为北平学联执行委员,负责统战工作。为拓展统一战线,他日夜奔走,广泛联系学校及社会同情学运人士,力矫运动中的极左之风,并参加编辑了《学生与国家》。因强调统一战线,反对学生运动中的过激行为,与民先队领导产生分歧。1937年初,他肺结核病发,休学治疗,脱离了学生运动,并脱党。在病中他还撰写《北方青年的回响》,发表于《国闻周报》。

"七七事变"后,清华大学南迁,他扶病辗转来到长沙临时大学继续学业。肺结核在当时是不治之症,病友相继去世,让他常感到时日无多;加之烽火连天,国土日益沦丧,报国无门,他更觉苦闷。11月,在长沙圣经学院,他第一次听到陈寅恪先生授课,如醍醐灌顶,他找到了一生要走的路。于是从中文系转入历史系,开始师从寅恪先生。

在陈寅恪先生指导下,王永兴先生开始系统学习魏晋南北朝史、隋唐史。他仔细研读了相关史籍,完成了学位论文《唐代后期黄头军考》。1940年,他考入北京大学文科研究所史学部研究生,在昆明东北郊的龙头村,终日苦读。后因寅恪先生滞港未归,由郑天挺、向达先生任导师。他撰写《论唐代朔方军》一文,阐扬寅恪先生"种族文化"学说,指出朔方军之所以强大,因其主力乃胡族之部落兵也。之后,又撰写了《中晚唐的牙兵》。

1943年,他被西南联大聘为历史系教员,讲授隋唐史。后返回北平,1946年任北京大学文科研究所研究助教。10月末,陈寅恪先生返回清华任教,双目失明,王永兴助其教学工作,回到清华大学历史系。他一方面协助寅恪先生备课、上课,一方面研读唐史,直到1948年12月寅恪先生离开北平。侍读在寅恪先生之侧,是他一生难得的平静幸福时光。他也在这一时期开始了自己的唐代经济研究,撰写了《中晚唐的估法和钱币问题》一文,用较多史料阐述了以虚估实估为特征的估法问题。

1949年,他继续任教于清华大学,讲授中国通史。11月,被安排讲授联共党史,同时担任政治经济学课辅导员。1950年,被派去担负清华职工业余学校部分教学、行政工作。1951年3月,受清华大学委派,离开历史系教学岗位,负责清华附设工农速成中学筹备工作,任副校长。他为筹建清华工农速成中学而兢兢业业、忘我工作,在杂草丛生的荒地中建立了校舍,并制定办校章程和方针,聘请教师,建立工作、会议制度等。

1954年初,先生被调到人民教育出版社,编辑历史教科书,负责编辑高中课本中的中国古代史部分。编写之暇,他去北京图书馆阅读敦煌文书,重新拾起已放下五六年的历史研究。他参加编辑了《高级中学课本中国历史》第二册、《初级中学课本中国历史教学参考书》、《高级中学课本中国历史教学参考书》,同时研读唐代法律,并逐一阅读北图所藏敦煌文书缩微胶卷,开始敦煌学研究。1957年,他发表第一篇关于敦煌学的文章——《敦煌唐代差科簿考释》。该文考出 P. 3559、P. 2657、P. 3018、P. 2083 四个历来被视为"丁籍簿""名籍"的文书,实为唐天宝十载敦煌县诸乡征发徭役而编制的"差科簿",这是唐代徭役制施行的一份宝贵遗存。此文一经刊出,即受到国际学术界的高度评价,不但为中国赢得了荣誉,而且在此后几十年成为敦煌学研究的必读之作,影响了几代学人,也推进了中国经济史的研究。

1958年初,因在反右斗争中划不清界限,先生被驱逐出人民教育出版社,遣送到山西劳改,以"控制使用"的身份,被安排在位于太原南郊黄陵村的山西教育学院。在饥寒苦厄之中,他仍坚持读书,继续唐代法律研究,并细读《资治通鉴》,详考黄巢军侵入岭南的路线,发表了《〈唐律〉所载"同居有罪相为隐"一语如何理解?》《试谈黄巢军侵入岭南的路线》《论魏征》等文。1963年冬,被中华书局借调参加校点"二十四史"工作。他暂时埋首古籍,安心校点《魏书》,对魏晋南北朝时期的重大问题有了更深刻的理解。

1966年"文化大革命"爆发,他被打成大"封资修"分子,完全失去人身自由。三年来,经多次抄家,图籍、衣物荡然,遭批斗、游街、毒打和严刑逼供等,几至于死。

1970年,先生被押送到交城县北十里岭底大队监督劳改。1972年秋,被派到交城中学,教历史、语文、数学等课。课余开始研读《敦煌资料》,用了数不尽的日夜整理了这本书所刊载的斯0613V文书("邓延天富等户残卷"),即现在标题为"西魏大统十三年计帐户籍"。他复原十六个断片的原本顺序,基本上恢复文书原貌,初步解决了文书内容中均田制和租调制等问题。1974年回到山西教育学院,重获自由后,他利用有限的资料,恢复了读书研究生活,连续撰写《释充夫式》《中晚唐的赋税》等考证文章,并编写《隋末农民战争史料汇编》,校注《册府元龟·邦计部》,同时继续研读敦煌吐鲁番文书。他完成了近十万字的《册府元龟邦计部校注举例》,校注内容包括先条列相关史料,之后从史实、文字、意义三个方面研究《册府》每条史料和与它直接有关的史料,实际上是对《册府》经济资料的系统整理。为了给隋唐五代史和隋唐五代经济史的研究者提供便于使用的资料,他还着手编撰《隋唐五代经济史料汇编校注》,全书拟包括七个部分:阶级和阶级关系、土地所有制、农业生产、手工业生产、交通运输、商业、财政。

1978年11月,先生调入北京大学历史系。在当时中国"科学的春天"带着激情和温暖扑面而来的同时,他也迎来了个人学术生命中的第二个春天。

重返北大后,先生以满腔的热情,投入教学之中。他每学年坚持讲授两门课,一是隋唐史,包括唐代经济史、唐代政治史、唐代制度史,以及隋唐史专题、专书等课程;一是敦煌吐鲁番文书研究。在十几年中,他为本科生和研究生连续开设敦煌吐鲁番文书研究课十八个学期,连续二十一学期开设隋唐史专题课。直到1991年,七十七岁高龄的他仍时为本科生和研究生讲授隋唐史课。他还在北京师范学院(首都师范大学的前身)历史系讲授隋唐五代经济史专题课数年,为中国人民大学历史系本科生开唐史专题课一年,并多次为上海师大历史系和古籍所的青年教师与研究生等授课。

先生用"人以十之,我以百之"的精力,认真备课,一丝不苟。他用了几乎全部时间授课和培养学生。他开设隋唐史专题课,不但讲授详尽深透,旁征博引,务求其详其实,而且要求学生读《资治通鉴》《唐六典》《通典》等史籍并写笔记。在课堂以外,他定期到学生宿舍去检视选课学生读书情况,对每一个学生,都进行个别辅导,耳提面命,诲人不倦。他教授敦煌吐鲁番文书研究课的方法更为独特。他认为,设置这门课的目的是为我国培养训练独立研究敦煌学的学者,因此他把教学的重点放在培养训练学生独立研究敦煌文书的能力上,以学生实习为主,讲授为辅。他先整理研究一份篇幅较长、内容较多的敦煌吐鲁番文书,写成文章,向学生讲述从录文,识字,分句,分段,解释名词,考证文书的时间性、空间性以及文书的性质,到最后写成论文的全过程,为学生示范如何从读懂文书到以文书为主参以其他史料进行研究并解决问题。之后,带领学生进入整理研究文书实习阶段。他选用百行以下或百行左右敦煌吐鲁番文书多件,发给每一学生一篇,一一指导学生录文,详细指定不同的必读书和参考书,认真批改学生整理研究文书的初稿和定稿。每个学生的作业,都要至少批改六次。他鼓励学生以创新精神,多次读书,通解全文,为文书正确定名,并将新材料与史籍文献结合,提出并解决新问题。通过这种严格的训练,先生言传身教,循循善诱,培养出一大批高水平的研究人才,桃李遍天下。薪尽火传,现在他的学生大多成为高校及科研机构的骨干。

为了改变中国敦煌学落后的局面,先生付出了一生的努力。他不但以顽强的毅力,不屈不挠地坚持敦煌学研究,花大力气培养人才,而且奔走呼号,催生了"中国敦煌吐鲁番学会",并为学会筹措了数百万活动经费,直接促成"中国敦煌吐鲁番学会成立大会"的召开。在思想禁锢、学术凋敝的"文革"时代结束不久,他以开风气之先的创新精神,创办并主编了独具特色的敦煌学刊物。在出版困难的情况下,他锲而不舍,克服种种难以想象的困难,协调解决经费、排版、印刷、装订等诸多难题,出版了五大册《敦煌吐鲁番文献研究论集》,这成为中国敦煌学研究的里程碑。他还为北京图书馆敦煌资料中心讲授"敦煌学"课一年,又远赴兰州、徐州等地讲授敦煌学研究方法,呕心沥血地策划"敦煌丛书",并编辑了《敦煌吐鲁番学研究论文集》,极大地推进了中国的敦煌学研究。

先生积极筹划和参与历史学科的建设,为历史学的繁荣发展不遗余力。1981年,他不顾年迈体弱,多方奔走协调,创建专门的学术研究机构——北京大学中国中古史研究中心,为北大史学发展赢得了空前的发展机遇。他还筹建了"敦煌吐鲁番文献研究室",亲自购置图书,筹集资料,复制敦煌文书的胶卷,翻拍照片,积累了大量资料,也培养出了一批优秀人才。

先生锲而不舍,钩沉索隐,潜心研究,老而弥笃。在晚年目衰手颤、书写不便的情况下,八十八岁高龄的他仍苦学电脑,著述不缀。他先后出版了《隋末农民战争史料汇编》《隋唐五代经济史料汇编校注》《唐勾检制研究》《陈门问学丛稿》《唐代前期西北军事研究》《敦煌经济文书导论》《陈寅恪先生史学述略稿》《王永兴学述》《唐代前期军事史略论稿》《唐代后期军事史略论稿》等十部著作和大量笔记、未刊书稿。目前,除《王永兴说隋唐》和《唐代经营西北研究》已被整理出版外,一些未刊稿仍在陆续整理出版中。

除了敦煌学和唐史研究,先生的学术的一个重要方面是义宁之学。

先生时刻以陈寅恪先生为楷模,治学做人,一丝不苟;几十年里,不管风云如何变幻,他的坚守历劫不改,始终如一。为纪念被边缘化多年的陈寅恪先生,他参加编辑《纪念陈寅恪先生诞辰百年学术论文集》(北京大学出版社,1989年),整理寅恪先生的读书札记,倡议和组织清华大学举办"纪念陈寅恪先生百年诞辰学术讨论会"(1990年),并主编《纪念陈寅恪先生百年诞辰学术论文集》(江西教育出版社,1994年)。

他将弘扬"义宁之学"视为自己一生的事业,探寻陈寅恪先生的史学体系,孜孜不倦地阐述其治学之道。他认为,长期以来,有关陈寅恪先生的生平专著不少,但对其史学尚乏系统论述,且对其史学渊源、史学思想等多有误解之处。他撰著《陈寅恪先生史学述略稿》,通过对寅恪先生所有论文专著的分析研究,指出其继承发展了宋代史学,从而理清了我国古代至近现代史学的发展脉络。他还分析了陈寅恪先生以"求真实、供鉴诫""独立精神、自由思想"为核心的史学思想,阐明了其"一方面吸收输入外来学说,一方面不忘本来民族之地位"的思想对中外文化交流的指导意义,研究了其继承宋代"长编考异"的治史方法,探讨了陈寅恪先生史学的本质特征。

先生为什么会选择走义宁之学的路呢?在他1956年写的"交代"中说:"我听他(陈寅恪先生)讲魏晋南北朝史,我为他的精博学识所惊倒。我那时候心情很苦闷,就选择了跟陈寅恪先生研究历史,治考证之学这条道路。"其实应该是寅恪先生的独立精神、自由思想,让他那洋溢澎湃的一腔对国家民族的激情找到了奔流的出口,化作埋首于线装书中的寂寥日子里不变的壮志和深情。寅恪先生最后所皈依的是中华民族的文化。王永兴也跟随寅恪先生,以民族文化为皈依。他那飞扬的民族感情,比"一二·九"运动时更深沉,更理智,也更坚定了。于是求仁得仁,他满怀虔诚地读陈寅恪先生的书,听陈寅恪先生的话,行陈寅恪先生的道,以寅恪先生的思想和方法读书治学,成为"义宁之学"的弘扬者。

王永兴先生是一个具有开拓性和勇于实践、勇于创新的人,在他个人的研究和言传身教中都体现了独立精神。在学问方面,他从不囿于前人成说和为教条左右。20世纪50年代中,他并没有陷入那个时代"五朵金花"的框框,而是从攻读敦煌卷子开始,打开了经济史研究的思路,并因此最早与国际接轨。他在命运给他的最后三十年中不畏艰难,从头做起,最终证明了自己的生命价值。他的研究虽细微而关乎大局,但他关于唐代经济史、制度史和后来关于军事史的论述其实都蕴含有对大问题、大方向的追求,且都不是简单地重复陈寅恪,而是同样体现着人文关怀,是具有一定规模系统和独特风格、历经严密思考与实践的一家独创。他将敦煌文书结合制度史的研究,对于中国的唐史和敦煌学学者而言开创了一种最具实用性的研究方法,为中国学者赶上和超过世界敦煌学研究的步伐做出了卓越的努力。他的读书与实践结合的教学方式不但教育了一代学者,至今也仍被使用和证明为最成功的教学方式。

2008年9月15日,先生平静去世。九十五岁也是高龄了,但他一生坎坷,最后六十四岁来到北大,留给他真正做学问的时间并不多。在他去世的前一天夜里,他紧握着《陈寅恪诗集》,坐在椅子上,说:"我还想再看一会儿,不想这么早睡觉。"这样强烈的读书愿望,闻之令人百感交集。

李锦绣

附录四 主要论著目录

一、教材

《初级中学课本中国历史第一册教学参考书》，人民教育出版社，1956年（与王剑英合编）

《初级中学课本中国历史第二册教学参考书》，人民教育出版社，1956年（与王剑英、王芝九合编）

《高级中学课本中国历史第一册教学参考书》，第一分册，人民教育出版社，1956年（与王剑英、王芝九合编）

《高级中学课本中国历史第一册教学参考书》，第二分册，人民教育出版社，1956年（与王剑英、王芝九合编）

《高级中学课本中国历史第二册教学参考书》，第一分册，人民教育出版社，1956年（与王芝九、邱汉生、王剑英合编）

《高级中学课本中国历史第二册教学参考书》，第二分册，人民教育出版社，1956年（与王芝九、邱汉生、王剑英合编）

《高级中学课本中国历史》第二册，人民教育出版社，1956年，（与陈乐素、李光壁、邱汉生、王芝九合编）

二、著作

《隋末农民战争史料汇编》，中华书局，1980年8月

《隋唐五代经济史料汇编校注》（第一编上下），中华书局，1987年4月

《唐勾检制研究》，上海古籍出版社，1991年5月

《陈门问学丛稿》，江西人民出版社，1993年11月

《敦煌经济文书导论》，台北新文丰出版公司，1994年6月

《唐代前期西北军事研究》，中国社会科学出版社，1994年12月

《陈寅恪先生史学述略稿》，北京大学出版社，1998年2月

《王永兴学述》，浙江人民出版社，1999年1月

《唐代前期军事史略论稿》，昆仑出版社，2003年4月

《唐代后期军事史略论稿》，北京大学出版社，2006年1月

《王永兴说隋唐》，上海科技文献出版社，2009年1月

《唐代经营西北研究》，兰州大学出版社，2010年9月

《唐代土地制度研究——以敦煌吐鲁番田制文书为中心》，兰州大学出版社，2014年12月

《敦煌吐鲁番文书出土唐代军事文书考释》，兰州大学出版社，2014年12月

三、论文

《中晚唐的估法与钱币》，《社会科学》第5卷第11期，1949年

《论朔方军》，《周叔弢先生六十生日纪念论文集》，1950年

《专制主义在唐代行会制度上的表现》，《光明日报》1956年2月16日

《初级中学课本中国历史第一册试教工作里的一些经验》，《历史教学》1956年6月

《介绍初级中学课本中国历史第一册》,《历史教学》1956年7月

《从西晋到唐劳动人民徭役负担的减轻》,《光明日报》1956年8月30日

《初级中学课本中国历史第二册的基本线索和重点》,《历史教学》1957年3月

《关于唐朝法律的几个问题》,《历史教学》1957年4月

《敦煌唐代差科簿考释》,《历史研究》1957年第12期。

《〈唐律〉所载"同居有罪相为隐"一语如何理解?》,《历史教学》1962年3月

《论魏征》,《学术通讯》1962年第3期

《试谈黄巢军侵入岭南的路线》,《光明日报》1962年6月6日《史学》

《关于黄巢之乱的一些史料考辨》,《文史》第5辑,1978年

《关于〈唐律疏议〉中三条律疏的修改》,《文史》第8辑,1980年

《唐田令研究——从田令和敦煌文书看唐代土地制度中的几个问题》,《纪念陈垣诞辰百周年史学论文集》,1981年

《试论唐前期布的货币职能》,《中华学术论文集》,中华书局,1981年

《介绍敦煌文书西魏大统十三年记帐户籍残卷》,《历史论丛》2,1981年

《唐天宝差科簿研究——兼论唐代色役制度和其他问题》,《敦煌吐鲁番文献研究论集》,1982年

《唐代土贡资料系年——唐代土贡研究之一》,《北京大学学报》,1982年第4期

《试论勾官——唐代官制研究之一》,《敦煌吐鲁番文献研究论集》第 2 辑,1983 年

《试论唐代丝纺织业的地区分布》,《魏晋隋唐史论集》第 2 卷,1983 年

《七十年来我国敦煌研究文献目录》,《丝路访古》,1982 年

《吐鲁番出土范德达告身校释》,《敦煌吐鲁番文献研究论集》第 2 辑,1983 年

《敦煌吐鲁番文书与唐史研究》,《文史知识》1985 年第 6 期

《论唐代前期行政管理的较高效率与法制的关系》,《北京大学学报》1985 年第 3 期

《关于唐代均田制中给田问题的检讨——读大谷欠田退田给田文书》,《中国史研究》1986 年第 1 期

《唐代的小自耕农和租佃制及其他》,《中华文史论丛》1986 年第 4 期

《敦煌写本唐开元水部式校释》,《敦煌吐鲁番文献研究论集》第 3 辑,1986 年

《略谈陈寅恪先生的治史方法》,《清华大学学报》1986 年第 1 期

《再论唐代勾检制——唐代官制研究之二》,《北京大学学报》1986 年第 2 期

《敦煌吐鲁番文书中有关唐勾检制资料试析》,《敦煌吐鲁番文献研究论集》第 4 辑,1987 年

《论唐代的均田制》,《北京大学学报》1987 年第 2 期

《论韦皋在唐和吐蕃、南诏关系中的作用》,《北京大学学报》1988 年第 2 期

《关于唐代后期方镇官制新史料考释》,《纪念陈寅恪先生

诞辰百年学术论文集》，北京大学出版社，1989年

《武则天长安二年西州括田括户中官府勘田支书考释》，《出土文献研究续集》，1989年

《关于唐代门荫制的一些史料校释》，《郑天挺纪念论文集》，1990年

《伯三三四八背文书研究》，《敦煌吐鲁番学研究论文集》，1990年

《关于唐代流外官两点意见——唐流外官制研究之二》，《北京大学学报》1990年第2期

《读吐鲁番文书札记二则》，《中国文化》第4卷，1991年

《吐鲁番出土唐代天宝四载十一—十二月交河郡财务案残卷考释》，《北京大学学报》1991年第5期

《读吐鲁番出土唐代军事文书札记》，《纪念李埏教授从事学术活动五十周年史学论文集》，1992年

《〈通典〉载唐开元二十五年官品令流外官制校释》，《文史》第35辑，1992年

《杨隋氏族问题述要》，《季羡林教授八十华诞纪念论文集》，1992年

《吐鲁番出土唐西州某县事目文书研究》，《国学研究》第1卷，1993年

《论敦煌吐鲁番出土唐代官府文书中"者"字的性质和作用》，《九州学刊》第5卷第4期，1993年

《读吐鲁番文书札记》，《北京大学学报》1994年第1期

《唐灭高昌及西州庭州考论》，《北大史学》第2卷，1994年

《试论唐代前期的河西节度使》，《国学研究》第2卷，1994年

《敦煌吐鲁番出土唐官府文书缝背表记事押署钤印问题初探》,《文史》第 40 辑,1994 年

《学习〈柳如是别传〉的一点体会——柳如是的民族气节》,《柳如是别传与国学研究》,浙江人民出版社,1995 年

《陈寅恪史学的渊源和史学思想述略稿——斯文自有千秋业》,《学人》第 10 辑,1996 年

《读〈陈寅恪读书札记·旧唐书新唐书之部〉》,《学人》第 2 辑,1996 年

《论唐代前期幽州节度》,《学人》第 11 辑,1997 年

《从陈寅恪读两唐书札记看他的史学》,《中国文化研究》1997 年第 4 期

《论唐代前期的陇右节度》,《国学研究》第 4 卷,1997 年

《宋本大唐六典说明》,《一九一一——一九八四影印善本书序跋集录》,中华书局,1995 年

《简述陈寅恪先生之学》,《学人》第 13 辑,1998 年

《陈寅恪"读书不肯为人忙"述义》,《学人》第 14 辑,1998 年

《试论唐太宗对敕勒族的政治军事政策》,《北大史学》第 6 卷,1999 年

《敦煌文书与唐史研究》,《文物》2000 年第 8 期

《陈寅恪先生对华夏民族优良传统文化的重要贡献述略稿》,《学术研究》2000 年第 12 期

《关于敦煌文书研究的两点意见》,《东方》2000 年第 7 期

《关于读〈资治通鉴〉的一些意见》,《文史知识》2002 年第 1 期

《述陈寅恪先生〈论韩愈〉之作的重大意义》,《上海师范大

学学报》2003 年第 3 期

《学习〈唐代政治史述论稿〉的一些体会》,《书品》2003 年第 4 期

《唐人小说红线的历史背景》,《文史知识》2004 年第 2 期

《唐人小说虬髯客与唐史研究》,《文史知识》2006 年第 6 期

《论李靖》,《仰止集——王玉哲先生纪念文集》,天津人民出版社,2007 年

《读〈唐六典〉的一些体会》,《文史知识》2009 年第 2 期

《论北周武帝宇文邕》,《文史知识》2009 年第 6 期

四、主编

《敦煌吐鲁番文献研究论集》第 1 至 5 辑,中华书局、北京大学出版社,1982—1990 年

《纪念陈寅恪先生百年诞辰学术论文集》,江西教育出版社,1994 年

五、整理

《陈寅恪读书札记·旧唐书新唐书之部》,上海古籍出版社,1989 年

《陈寅恪读书札记·韩翰林之部》,《陈寅恪读书札记二集》,生活·读书·新知三联书店,2001 年

六、点校

《通典·食货典》卷一至十二,《通典·职官典》卷十至二十二,中华书局,1988 年

后　　记

　　本所宫长为先生邀我为外子编选此书,作为"大家说历史"系列丛书之一部。受命欣然。根据丛书体例、原则,征询外子意见,于今年3月底编选完毕。

　　将书稿呈给外子,他说又欣喜,又惭愧。他从陈寅恪先生受教,治隋唐史、敦煌吐鲁番学几十年,百折不回,九死不悔,但遭际坎坷,真正的学术生命,开始于1978年,当时他已64岁。即使他焚膏继晷,只争朝夕,皓首穷经,老而弥笃,毕竟过了研究著述的最佳年龄。更兼长达二十余年的非人折磨,在肉体和精神上都留下了不可磨灭的烙印。肉体病苦,沦肌浃髓;精神伤痛,历久弥新。他奋力挣扎,克服常人难以想象的困难,长期超负荷工作,甚至艰难地学会使用电脑,笔耕不辍,但无力回天,发展义宁之学之愿只能形诸梦寐,待诸来者了。

　　本书之前的四校样排出时,外子已辞世十天了。物有盛衰,人有生死,然学术宏业,斯文千秋。外子生前对青年后学寄予厚望,念兹在兹。倘此书能为弘扬义宁之学略尽绵薄之力,倘有读者能读书知世,从中窥见外子和他这一辈学人的苦心孤诣,也就告慰了外子在天之灵。

　　感谢编辑为本书配制了图片。感谢为本书顺利出版付出辛勤劳动的出版社。

　　子规啼血,东风不回。抚卷长恸,忍泪校之。

李锦绣

2008年10月17日于北京荷斋

又及。十易寒暑。今年年初,接生活·读书·新知三联书店出版社编辑杨女士来信,知此套丛书将由三联书店再版。于是在原稿之上,增加了《关于〈唐律疏议〉中三条律疏的修改》一文,以见王先生对唐代法律史研究之一斑。为便于读者了解作者的学术经历,又增补《王永兴先生事略》和《主要论著目录》。杨女士认真负责,对书稿修订提出了很好的建议,为本书增色不少。谨致衷心感谢!

李锦绣
2019 年 3 月 24 日